Werner Vontobel

So funktioniert die Wirtschaft

Klassische Fragen und
neue Antworten

UEBERREUTER

Die Deutsche Bibliothek – CIP-Einheitsaufnahme

Vontobel, Werner:
So funktioniert die Marktwirtschaft : Klassische Fragen
und neue Antworten / Werner Vontobel. –
Wien/Frankfurt : Wirtschaftsverlag Ueberreuter, 2000
ISBN 3-7064-0702-7

unsere Web-Adressen:

http://www.ueberreuter.at
http://www.ueberreuter.de

S 0583   1   2   3   /   2002   2001   2000

Umschlag: INIT, Büro für Gestaltung
unter Verwendung eines Bildes der Bildagentur *Bavaria*
Copyright © 2000 by Wirtschaftsverlag Carl Ueberreuter, Wien/Frankfurt
Druck: Ueberreuter Print und Digimedi@ – Korneuburg
Printed in Austria

Inhaltsverzeichnis

Einleitung

Man kann es auch so sehen: Noch nie in der Geschichte der Menschheit ist es so vielen Menschen so gut gegangen wie heute. Aber gleichzeitig gilt: Noch nie in der Geschichte der Menschheit war die Kluft zwischen dem technisch-wissenschaftlichen und dem sozialen System so groß. Käme es allein auf die wissenschaftlichen Erkenntnisse und auch die darauf beruhenden technischen Möglichkeiten an, so könnte die Lebensqualität fast aller Menschen dieser Erde erheblich besser sein. Doch offensichtlich gelingt es nicht, die sozialen Strukturen zu finden, die es uns erlauben, diese Möglichkeiten zu realisieren.

Wo genau die Trennlinie zwischen der Effizienz des technischen Systems und der Ineffizienz der sozialen Strukturen verläuft, ist unklar. Auf der Ebene der Betriebe kann die technische Effizienz oft noch organisatorisch umgesetzt werden. Zumindest in den traditionellen Industrie- und in vielen Schwellenländern gibt es viele hervorragende Produktionsbetriebe, welche alle Möglichkeiten der Microtechnik, der Informatik und der »Lean Production« sehr weitgehend umsetzen und auch auf diesem schon hohen Niveau noch jährliche Produktivitätssteigerungen von 5 bis 10 Prozent erzielen.

Auf der Ebene der Volkswirtschaften klappt aber diese Umsetzung immer weniger. Die gegenwärtige Phase der Hochkonjunktur darf nicht darüber hinwegtäuschen, dass die Wachstumsraten des Bruttosozialprodukts seit den sechziger Jahren tendenziell abnehmen. (vgl. Tabelle). Die zunehmende Marktsättigung ist dafür keine hinreichende Erklärung. Zwar trifft es zu, dass der Konsum letztlich an zeitliche Grenzen stößt – der Tag hat nur 24 Stunden. Aber es gibt keinen Grund, warum der technologische Fortschritt nicht zu einer ständigen Steigerung der Summe von Freizeit und Konsum für alle führen sollte.

Das tut er allerdings nicht. In den USA muss der Durchschnittsbürger heute 9 Prozent länger arbeiten, um sich denselben materiellen Wohlstand leisten zu können wie anno 1973. Parallel zu den sinkenden Wachstumsraten wird auch die Verteilung der Einkommen immer ungleicher. Dieses Phänomen ist vor allem in den USA sehr ausgeprägt.

Dass auch in Europa der Markt die Einkommen immer ungleicher verteilt, zeigt das Beispiel Frankreich. Während noch in den siebziger Jahren die unteren Löhne leicht überproportional stiegen, stehen sie seither stark unter Druck. Dieser wird allerdings durch die staatliche Umverteilung, insbesondere durch die Arbeitslosengelder viel stärker abgefedert als in den USA.

Weltweite Wachstumsraten

Land	1961–69	1970–79	1980–89	1990–2000
USA	4,3	2,8	2,8	3,0
Japan	10,2	5,1	4,0	1,4
Deutschland	4,4	3,1	1,8	2,4
Frankreich	5,5	3,7	2,3	1,9
Italien	5,8	3,8	2,4	1,4
England	2,9	2,4	2,4	1,9
Schweden	4,4	2,4	2,0	1,4

Legende: In den Industrieländern gehen die Wachstumsraten tendenziell zurück. Zwei der wenigen Ausnahmen bilden Deutschland, wo die Wiedervereinigung zu Beginn der 90er zu einem kurzlebigen Boom geführt hat, sowie die USA, auf deren »New Economy« (neue Wirtschaft) wir noch zurückkommen werden. (Quelle: OECD)

Offensichtlich ist also das soziale System immer weniger in der Lage, die technologischen Möglichkeiten für den Durchschnittsbürger nutzbar zu machen. Konkret bedeutet dies, dass die offizielle Wirtschaftspolitik, so wie sie von großen Wirtschaftsorganisationen wie OECD und IMF, sowie von sämtlichen Zentralbanken gepredigt wird, allen Teilerfolgen zum Trotz insgesamt versagt hat. Dieses Buch vertritt die These, dass dieses Versagen letztlich die Folge

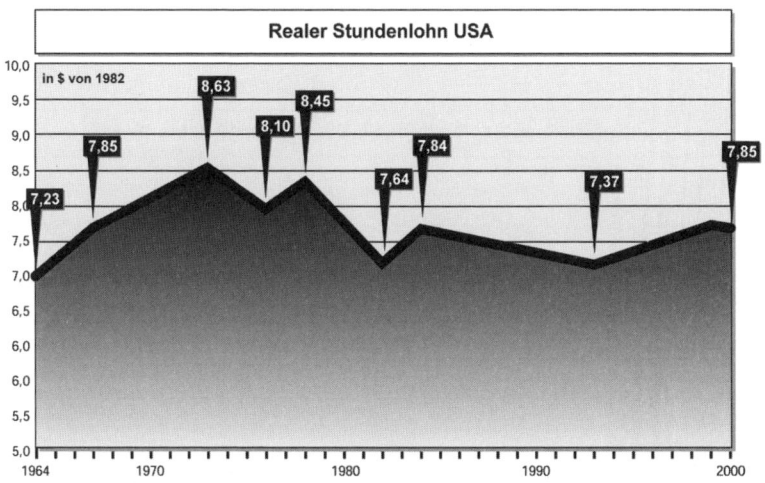

Legende: Seit 1993 nehmen die realen Stundenlöhne der Arbeitnehmer in der Privatindustrie wieder zu. Sie bleiben aber noch immer deutlich unter dem Rekord von 1973. (Quelle: Bureau of Labour Statistics)

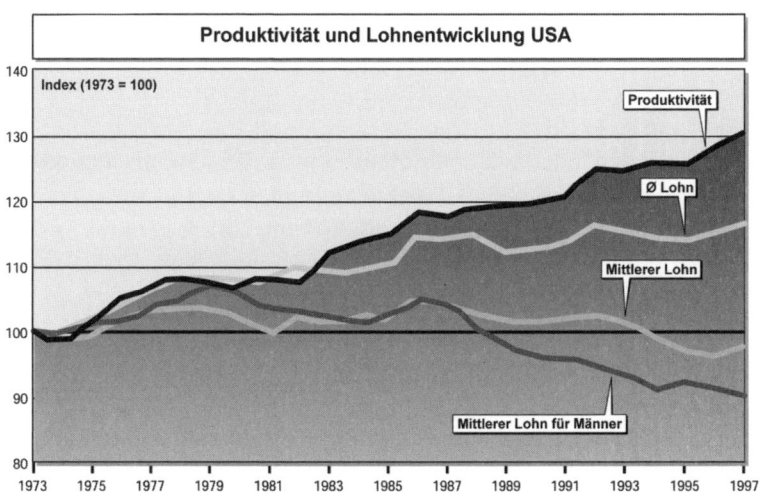

Legende: Seit 1973 stagniert der Reallohn des Durchschnittsamerikaner. Männer verdienen sogar deutlich weniger. Der Durchschnittslohn ist um rund 12 Prozent gewachsen, hinkt aber deutlich hinter der Produktivität her. Das heißt, dass die Lohnverteilung ungleicher geworden ist und die

11

Kapitalerträge schneller gestiegen sind als die Löhne. (Quelle: The State of Working America 1998-99)

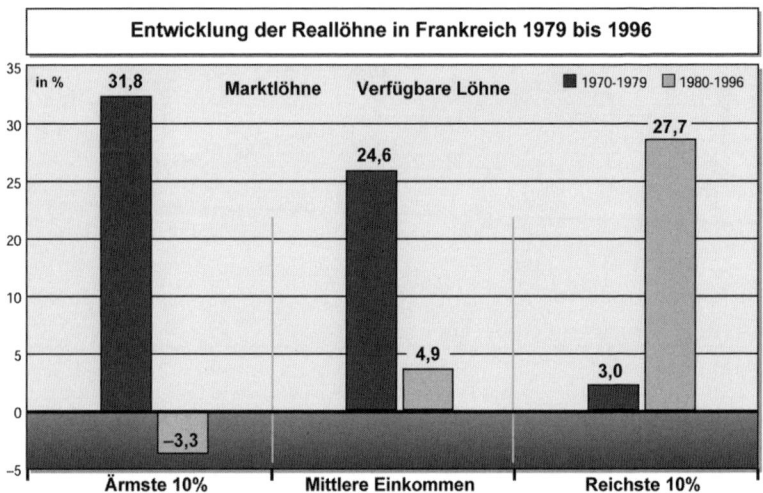

Entwicklung der Reallöhne in Frankreich 1979 bis 1996

Legende: 1970 bis 1979 waren die Frankreich die goldenen Jahre der Mittel- und der Unterschicht. Seither ging es praktisch nur noch für die reichsten 10 Prozent aufwärts. (Quelle.INSEE, Alternatives Economiques)

eines falschen oder zumindest einseitigen Verständnis der Wirtschaft ist, in dem wichtige Aspekte ausgeklammert werden. Zu den blinden Flecken der Mainstream-Wirtschaftspolitik gehören insbesondere die Verteilungsfragen bei Reallohn und realen Zinsen, die Zusammenhänge zwischen physischem Kapital und Finanzmärkten sowie das Wechselspiel zwischen Bevölkerungsentwicklung und Ersparnissen.

Das Wirtschaftsverständnis von OECD etc. ist stattdessen auf namentlich zwei Größen fixiert: auf die Preisstabilität und auf die Konkurrenzfähigkeit. Beides hängt – im Verständnis der offiziellen Wirtschaftspolitik – wie folgt zusammen: Steigende Löhne führen zu einem Preisdruck bzw. zu einer Lohn-Preisspirale und gleichzeitig wird die internationale Konkurrenzfähigkeit geschwächt. Das Kapital wandert dorthin, wo die Löhne tief und die Gewinne hoch sind. Um Kapital anzuziehen und Arbeitsplätze zu schaffen, müssen deshalb die Löhne tief gehalten werden. Dies geschieht dadurch, dass die Zentralbank die Zinsen jedes Mal erhöht, wenn die Löhne zu steigen beginnen, bzw. wenn die Arbeitslosigkeit auf ein Niveau sinkt, das es den Arbeitnehmern erlaubt, höhere Löhne zu fordern.

Dem hält dieses Buch eine andere Theorie gegenüber. Danach kann eine Wirtschaft nur dann auf Dauer wachsen und den wachsenden Wohlstand einigermaßen gerecht verteilen, wenn sich das interne Angebot und die interne Nachfrage im Gleichschritt entwickeln. Für die Konsumnachfrage bedeutet dies, dass die realen Löhne langfristig genauso schnell wachsen müssen wie die Produktivität pro Arbeitskraft. Nur so hält der Konsum mit der Produktion Schritt. Auf der anderen Seite müssen auch die realen Zinsen in etwa genauso hoch sein wie das reale Wachstum der Gesamtwirtschaft. Nur so bleiben Investitionen und Ersparnisse im Gleichgewicht.

Diese »alternative« Theorie lässt sich mit Fakten gut belegen. Es lässt sich zeigen, dass Volkswirtschaften, wie etwa diejenige Deutschland, Koreas, Japan oder der USA solange schnell wachsen und von Arbeitslosigkeit, steigenden Staatsschulden oder Ungleichgewichten im Außenhandel weitgehend verschont bleiben, wie sich die Reallöhne in etwa parallel zum Wirtschaftswachstum bewegen und die Löhne mit dem Wachstum der Produktivität Schritt halten. Sobald dieses Gleichgewicht dauerhaft gestört wird, muss entweder der Konsum dadurch aufrechterhalten werden, dass sich die Verlierer im Umverteilungskampf verschulden, oder es kommt zu einer Abschwächung des Wachstums, was meist ebenfalls mit einer Schuldenwirtschaft verbunden ist, beispielsweise deshalb, weil der Staat die Arbeitslosen unterstützen muss.

Allerdings muss eingeräumt werden, dass auch die herkömmliche, von der OECD und Konsorten vertretene Theorie mit Fakten »bewiesen« werden kann. Es ist nicht einfach Zufall oder böser Wille, dass eine (allerdings bröckelnde) Mehrheit der Ökonomen der offizielle Lehrmeinung zuneigt. In der Ökonomie haben Theorien die Eigenschaft, dass sie – sobald sie allgemein anerkannt sind – zu selbsterfüllenden Prophezeiungen werden können.

Dies ist auch deshalb so, weil die ökonomische »Realität« nur beschränkt beobachtbar ist. Die »Fakten« der Volkswirtschaft, wie Arbeitslosenquoten, Bruttosozialprodukte, Wachstumsraten, Konsumneigungen usw. sind ihrerseits abstrakte Konzepte, die irgendeiner – wenn auch oft nicht explizit formulierten – Theorie entsprungen sind. Deshalb läuft jede Theorie immer Gefahr, in der »Wirklichkeit« genau das zu beobachten, was die Theorie voraussagt.

Gegen diese Gefahr ist auch dieses Buch nicht gefeit. Es verfolgt deshalb nicht nur den Zweck, die Leserin und den Leser davon zu überzeugen, dass uns die offizielle Wirtschaftspolitik in eine Sackgasse geführt hat, und dass eine ausgewogene Entwicklung der Realzinsen und der Reallöhne mehr bringt als das sture Starren auf Preisstabilität und Wettbewerbsfähigkeit. Definitive Antworten sind immer gefährlich. Deshalb will das Buch in erster Linie die neuen Entwicklungen auf dem Gebiet der Ökonomie zusammentragen, die es erlauben, die wirklich relevanten Fragen zu stellen.

Das Subsystem Wirtschaft

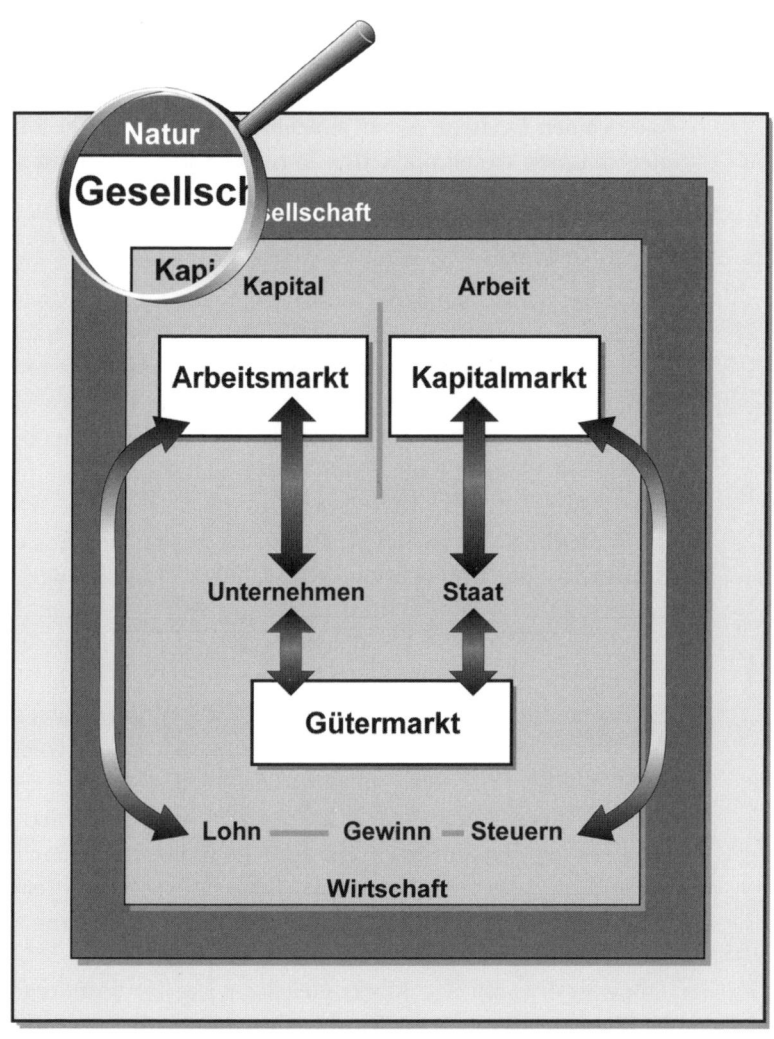

Was ist eigentlich Wirtschaft, und was ist Markt? In diesem Kapitel wird folgende Sprachregelung vorgeschlagen: Der Markt ist einer der zahlreichen Koordinationsmechanismen, mit denen die Menschen ihre wertschöpfenden Tätigkeiten organisieren. Das Merkmal, das den Markt von den anderen Koordinationsmechanismen unterscheidet, ist die Verwendung von Geld. Doch aufgepasst: Bloß die Hälfte bis ein Viertel aller wertschöpfenden Tätigkeiten haben einen Geldwert – mit abnehmender Tendenz! Die Marktmechanismen treten nur selten in reiner Form auf. Meist sind sie mit anderen Organisationsprinzipien gemischt.

Wer über etwas nachdenkt, sollte sich zuerst einmal überlegen, in welchen Gesamtzusammenhängen das Objekt seines Nachdenkens steht, und welchen Trends diese Zusammenhänge unterliegen. Gerade die Ökonomen vergessen nur zu leicht, dass die Marktwirtschaft bloß ein Subsystem im sozialen Gefüge ist. Deshalb zunächst einmal ein Versuch einer Einordnung.

Der Markt ist eines von vielen Ordnungsprinzipien, nach denen die Menschen den sozialen Austausch regeln. Professor Samuel Bowles von der University of Massachusetts hat dies wie folgt formuliert: »Die Produktion und Verteilung von Gütern und Dienstleistungen wird in jeder Gesellschaft durch eine Anzahl von Regeln organisiert, namentlich durch Zuteilung auf Befehl, durch patriarchalische und gewohnheitsmäßige Zuteilung basierend auf Geschlecht, Alter oder Familienbande, ferner durch Gaben, Diebstahl, direkten Tausch und natürlich auch durch die Märkte. Je nachdem, wie diese Regeln kombiniert sind, kann man Gesellschaften als ›kapitalistisch‹, ›patriarchalisch‹, ›traditionell‹, ›kommunistisch‹ oder als ›korporativ‹ bezeichnen. Diese verschiedenen Zuteilungsregeln entscheiden darüber, wie sich jemand verhalten muss, um seinen Lebensunterhalt zu bestreiten.«

Bowles erwähnt den Markt gleichsam nur im Vorübergehen. Das ist überraschend, denn wir sind es gewohnt, alles, was mit Produktion und Verteilung von Gütern und Dienstleistungen zu tun hat, mit dem Markt schlechthin gleichzusetzen. Vor allem die Ökonomen halten von vornherein nur das für Wertschöpfung, was gegen

Geld produziert und auf dem Markt ausgetauscht wird. Umgekehrt wird auch automatisch alles, was irgendwie mit Geld zu tun hat, dem Markt zugeordnet. Dabei wird übersehen, dass all das, was innerhalb der Unternehmen geschieht, eben nicht durch den Markt, sondern durch Befehl, Hierarchie oder durch eine »politische« Ausrichtung koordiniert wird.

Der wichtigste Ausdruck dieser Gleichsetzung von Wertschöpfung und Markt ist das Bruttosozialprodukt, in welchem alle gegen Geld ausgetauschte Wertschöpfung zusammengezählt wird. Nun gibt es aber neben dem Geld noch einen anderen, umfassenderen gemeinsamen Nenner – die Zeit. Die Zeit erlaubt es uns, Dinge miteinander zu vergleichen, unabhängig davon, ob sie gegen Geld getauscht werden können oder nicht. Mit Hilfe dieses gemeinsamen Nenners können wir in einer ersten Annäherung erst einmal versuchen, die Bedeutung der Geldwirtschaft mit der Gesamtheit der wertschöpfenden Tätigkeiten zu vergleichen.

Der amerikanische Wirtschaftshistoriker und Nobelpreisträger Robert W. Fogel hat dazu folgende Daten erhoben:

Zeitbudget* in Stunden pro Tag

	1880	1995	2040
Schlaf	8,0	8,0	8,0
Übriges**	3,7	3,5	3,0
Lohnarbeit	8,5	4,7	3,8
Hausarbeit	2,0	2,0	2,0
Freizeit	1,8	5,8	7,2

* Stunden pro Tag/Jahresdurchschnitt
**Essen, Arbeitsweg, Krankheit

Diese Zeiten gelten für einen werktätigen männlichen Haushaltsvorstand in den USA. Wenn man annimmt, dass die Rubriken

Lohnarbeit, Hausarbeit und Freizeit die Gesamtheit der nutzenstiftenden Tätigkeit bilden, so hat sich der »Marktanteil« der Geldwirtschaft an der gesamten Wertschöpfung wie folgt entwickelt: 1880: 69 Prozent; 1995: 38 Prozent; 2040: 29 Prozent.

Wenn man berücksichtigt, dass nur rund drei Viertel aller 20- bis 65jährigen überhaupt beschäftigt sind, dass Frauen weniger Lohnarbeit verrichten, und dass die lohn- und arbeitslose Lebenszeit seit 1880 dramatisch zugenommen hat, dann fällt der Anteil der Lohnarbeit heute insgesamt noch deutlich geringer aus als 38 Prozent.

Nun kann man sich natürlich darüber streiten, ob es erlaubt ist, eine Stunde Lohnarbeit plus eine Stunde Hausarbeit plus eine Stunde Freizeit ohne weiteres zu drei Stunden nutzenstiftender Tätigkeit zu addieren. Folgende Argumente stellen diese Gleichsetzung in Frage:

■ Im Geschäft wird normalerweise härter gearbeitet als in der Freizeit.

■ Die Hausarbeit erfordert meist geringere Qualifikationen und weniger Kapitaleinsatz als Lohnarbeit.

■ Dass für eine Leistung nichts bezahlt wird, beweist, dass sie auch nichts wert ist.

Bei einigem Nachdenken kommt man aber auch auf viele Gegenargumente:

■ Viele Tätigkeiten sind zu wichtig, als dass man sie dem Markt überlassen könnte, beispielsweise die Fortpflanzung und die Erziehung der Kinder. Auch die Kranken- und Altenpflege geschieht weitgehend im Familienkreis.

■ Freizeitaktivitäten, etwa im Schrebergarten, bringen zwar oft wenig fassbaren Output, dafür macht die Arbeit viel Spaß und Freude, was auch Nutzen stiftet.

■ Für eine immer größere Zahl kommerzieller Tätigkeiten (etwa für die Herstellung von Swatch-Uhren) muss die Nachfrage erst künstlich und mit großem Werbe- und Marketingaufwand geschaffen werden.

■ Auch abgesehen von der Werbung sind viele bezahlte Tätigkeiten mit einem hohen organisatorischen Aufwand und Leerlauf verbunden, so dass man sich nur schwer vorstellen kann, dass freiwillige und unbezahlte Tätigkeit tatsächlich ineffizienter ist.

■ Schließlich gilt nach der reinen Lehre des Marktes ohnehin die Gleichung, dass der Output der letzten Arbeitsstunde genau gleichviel Nutzen bietet wie die letzte zusätzliche Mußestunde. Der Wert einer Stunde ist also immer genau gleich, unabhängig davon, wofür sie verwendet wird.

Wenn man all dies in Betracht zieht, macht sich Fogel wohl kaum der Übertreibung schuldig, wenn er zusammenfassend feststellt: »Das Geldeinkommen macht heute nicht einmal mehr die Hälfte des gesamten Konsums aus, und in einer Generation wird es wohl nur noch ein Viertel sein.«

Mit dieser Feststellung haben wir zwar die Geldwirtschaft in ihre Schranken gewiesen, aber noch nichts über die Bedeutung des Marktes gesagt. Geldwirtschaft ist nämlich nicht gleich Markt. Oder anders gesagt: Nicht alles, was gegen Geld getauscht oder hergestellt wird, gehorcht den Regeln des Marktes. Der Markt wirkt selten allein, sondern meist im Zusammenspiel mit anderen sozialen Regeln. Die Bedeutung der an sich trivialen Erkenntnis ist den Ökonomen erst so richtig klar geworden, nachdem sie erstmals ernsthaft versucht haben, den Arbeitsmarkt von der beobachtbaren Praxis statt von der Theorie her zu verstehen.

Dabei zeigte sich unter anderem folgender Widerspruch: Wenn die reine Theorie des Marktes zutreffen würde, müssten die Arbeitgeber die (bei gleicher Qualität) jeweilig preisgünstigsten Arbeitskräfte einstellen. Das tun sie jedoch nicht, sondern sie bezahlen regelmäßig mehr Lohn, als sie aufgrund der reinen Marktverhältnisse müssten – und sie lehnen die Angebote von Preisbrechern in aller Regel ab.

Das vertrauteste Beispiel dafür sind die Gehälter von Top-Managern. Sie liegen in der Regel deutlich über dem Lohnniveau der nächsttieferen Stufe. Dies widerspricht den Erwartungen eines funktionierenden Preiswettbewerbs. Angenommen, die Firma X muss einen ihrer fünf Generaldirektoren mit einem Gesamtgehalt von je 1 Mio. Euro ersetzen. Allein im Unternehmen gibt es mindestens 10 fähige Anwärter auf diesen Posten, von denen zur Zeit keiner mehr als 500'000 Euro verdient. Auf dem freien Markt wartet ein weiteres Dutzend Anwärter. Alle würden auch für 900'000, 800'000, ja gar für 600'000 Euro unterschreiben. Dennoch werden diese Angebote nie angenommen. Der Neue wird in etwa gleich viel verdienen wie die bisherigen. Der Grund: Arbeitskräfte auf jeder Stufe vergleichen ihren Lohn immer mit dem der Kolleginnen und Kollegen auf derselben Stufe. Verdienen sie weniger, so werden sie schon bald entweder mehr Lohn verlangen, oder aber ihre (Gegen–) Leistung nach unten anpassen. Und weil die Arbeitgeber dies wissen, zahlen sie von vornherein Löhne, die diesem sozialen Vergleich standhalten.

Heißt das nun, dass die (Markt-)Regeln von Angebot und Nachfrage nicht stimmen und dass die Annahme vom nutzenmaximierenden »Homo Ökonomicus« falsch ist? Keineswegs. In vielen Situationen sind die Annahmen der klassischen Ökonomie über das Funktionieren der Märkte und der Menschen eine durchaus brauchbare Annäherung an die Realität. Die spannende Frage ist nun die: Wann ist der Markt ein Markt und wann beginnen andere Institutionen (bzw. soziale Koordinationsmechanismen) den Markt zu überlagern oder zu ersetzen?

Eine gute Antwort auf diese Frage lautet so: Der Markt ist umso eher ein Markt, je punktueller und unpersönlicher die zugrunde liegende Beziehung ist. Zum Beispiel dominieren beim Verkauf genormter Chiquita-Bananen auf dem Touristenmarkt mit Kunden, die man nie wieder sieht, die reinen Marktgesetze. Wer in einem Dorfladen Havelaar-Bananen an eine Stammkundschaft verkauft, dürfte – entgegen den Marktgesetzen – auch noch einen rechten Umsatz machen, wenn der Supermarkt nebenan eine Chiquita-Aktion durchführt. Der Grund: Käufer und Verkäufer kennen sich, sie teilen sogar ein Stück weit dieselben Wertvorstellungen.

Auf dem Arbeitsmarkt nun werden noch engere persönliche Beziehungen eingegangen, und diese sind darüber hinaus noch auf eine längere Dauer angelegt. Es ist deshalb völlig natürlich, dass eine solche Beziehung durch die Regeln des Marktes allein nicht erklärt werden kann. Vielmehr kommt hier eine ganze Reihe von

Verhaltensmustern zur Anwendung, welche die Menschheit über Tausende von Generationen entwickelt hat. Insbesondere der Gabentausch spielt hier eine wichtige Rolle. Wer Ökonomie betreibt, muss sich also vor einem doppelten Irrtum in Acht nehmen. Erstens unterliegen Ökonomen ständig der Gefahr, nur solche Tätigkeiten überhaupt als wertschöpfend zu betrachten, bei denen Geld im Spiel ist. Wie wir gesehen haben, trifft dies aber nur für einen Bruchteil aller Tätigkeiten zu. Fogel schätzt, dass heute nur schwach die Hälfte des realen Konsums durch Lohnarbeit erarbeitet wird, und dass dieser Anteil schon in der nächsten Generation unter 25 Prozent sinken wird.

Der zweite Irrtum besteht in der Annahme, dass alle Tätigkeiten, die mit Geld verbunden sind, automatisch und vollumfänglich den Regeln des Marktes unterstehen. Dies ist aber nicht »nur« für den wichtigsten Markt überhaupt – nämlich den Arbeitsmarkt – nicht ganz richtig, sondern beispielsweise auch für den Staatssektor, dessen Einnahmen über Steuern beschafft werden, und dessen Leistungen nach politischen Gesichtspunkten verteilt werden. Doch auch die Privatunternehmen werden nur ansatzweise über den Markt gesteuert. Gegen innen sind sie weitgehend hierarchisch organisiert.

Am ehesten entsprechen noch die Kapitalmärkte dem reinen Bild des Marktes. Hier sind die Beziehungen punktuell, laufen anonym über den Computer und betreffen vollkommen standardisierte Waren. Dennoch gibt es auch im praktischen Verhalten der Kapitalmärkte wichtige Abweichungen von den Vorhersagen der reinen Theorie. Und vor allem zeigen die Kapitalmärkte exemplarisch auf, dass fast reine Märkte zu extrem ineffizienten und ungerechten Ergebnissen führen können.

Alles in allem regelt das Organisationsprinzip Markt bloß einen kleinen Teil der wertschöpfenden Aktivitäten. Dennoch sollte man die Bedeutung des Marktes nicht unterschätzen. Märkte wirken nämlich nicht bloß als ein sozialer Koordinationsmechanismus unter vielen, sondern sie prägen auch Wertvorstellungen. Was die Menschen in einem Kontext lernen, zum Beispiel in der Wirtschaft, wenden sie auch in anderen Zusammenhängen an, zum Beispiel in der Familie. Das gilt natürlich auch umgekehrt, doch weil sich gerade in der Wirtschaft sehr viel verändert, sind die von diesem Lebensbereich ausgehenden Veränderungen besonders wichtig. Nun soll hier nicht über den Markt gejammert werden. Die Marktwirtschaft ist grundsätzlich eine soziale Errungenschaft, die eine enorme Steigerung des materiellen Wohlstands gebracht hat. Dies war nur möglich, weil der Markt den Grad der sozialen Freiheit deutlich erhöht hat. Dank dem Markt können sich Frauen und Kinder der Tyrannei des Familien- oder Sippenoberhauptes entziehen, kann der Geselle zum Meister und Unternehmer werden, ohne den Zunftmeister um Erlaubnis bitten zu müssen, wird die Macht des Staates gezähmt, können Ideen um die Welt reisen usw.

Aber natürlich ist auch in punkto Markt das Optimum erreicht, lange bevor das Maximum in Sichtweite gerät. Die Stärke des Marktes, also die Beziehungslosigkeit, das Tauschen und Handeln ohne Rücksicht auf persönliche Beziehungen und Animositäten, ist zugleich auch seine Schwäche.

Das Prinzip Markt birgt auch immer die Gefahr in sich, das soziale Fundament, auf dem es steht, zu unterminieren. Zuviel Markt schwächt zum Beispiel die Institution der Familie, indem sie dem Familienoberhaupt zu viele Wechsel des Wohnortes oder zu lange Arbeitsstunden zumutet. Oder kann jemand ein guter Vater sein, wenn er die »Quality Time«, die er in seiner Agenda für die Familie reserviert hat, als ein »Investment« betrachtet? Auch der Staat ist schnell kaputt, wenn sich in der Politik das Marktdenken durchsetzt und politische Entscheidungen käuflich werden!

Diese Aspekte werden im vorliegenden Buch nicht weiter vertieft. Doch wer über Wirtschaft spricht oder schreibt, sollte die Grenzen der Ökonomie wenigstens erwähnt haben.

Marktwirtschaft oder Eigentumswirtschaft

Was ist eigentlich Geld? Die Antwort auf diese Frage ist entscheidend für das Verständnis der Marktwirtschaft. Geld ist viel mehr als ein bloßes Tauschmittel. Es ist vielmehr ein Schuldtitel, der mit belehntem Eigentum abgesichert ist. Dieser Vorgang, das Belehnen von Eigentum gegen Zins, ist der eigentliche Kern der Marktwirtschaft. Diese kann deshalb nur mit einem breit verteilten Eigentum richtig funktionieren. Fehlt dieses, so kämpft die Markt- bzw. Eigentumswirtschaft auf verlorenem Posten – so in Südamerika oder Osteuropa.

»Das am besten gehütete Geheimnis der Ökonomie ist, dass es sich dabei um das Studium des Kapitalismus handelt« – diese oft zitierte ironische Behauptung des US-Ökonomen Robert Heilbronner wird durch den Umgang der Ökonomie mit dem Geld voll bestätigt. Geld wird fast immer als bloßes Tauschmittel dargestellt – was es *auch* ist. Dabei wird jedoch der kapitalistische Charakter des Geldes übersehen. Geld existiert zwar in fast allen Wirtschaftssystemen, doch nur im Kapitalismus hat das Geld einen direkten Bezug zum Kapital bzw. zum belehnbaren Eigentum. Und dieser Bezug – und nicht etwa die Lust am Tausch – ist die Triebfeder, welche die Überlegenheit des kapitalistischen Systems ausmacht.

Ob wir Geld als bloßes Tauschmittel oder ob wir es in seinem kapitalistischen Zusammenhang begreifen, mag auf den ersten Blick als rein theoretische Wortklauberei erscheinen. Doch wenn es um die Frage geht, wie man eine kapitalistische Wirtschaft im Gleichgewicht und damit funktionstüchtig erhält, kommt diesem theoretische Unterschied eine große praktische Bedeutung zu.

Konkret geht es um zwei grundlegend unterschiedliche Vorstellungen von Geldpolitik: Die eine geht davon aus, dass es genügt, den Tauschwert des Geldes stabil zu halten und die Wirtschaft ausreichend mit Zentralbankgeld zu versorgen, um so optimale Bedingungen für den Tausch zu schaffen. Die andere setzt beim kapitalistischen Verständnis von Geld an. Sie erkennt, dass Geld nicht in den Zentralbanken entsteht, sondern durch die Fähigkeit der einzelnen Produzenten und Konsumenten, sich zu verschulden. Das wichtigste Ziel dieser Geldpolitik ist es, diese Verschuldungsfähigkeit zu erhalten. Damit sind unter anderem auch Verteilungsfragen angesprochen. Mehr davon im Kapitel *Die Geldpolitik*. Hier geht es vorerst einmal darum, das Verständnis für die kapitalistische Natur des Geldes zu schärfen. Zu diesem Zweck müssen wir ein wenig ausholen:

Die heutige Wirtschaftspolitik gründet auf der selten hinterfragten Überzeugung, dass der wichtigste Wachstumsmotor der modernen Wirtschaft der Tausch (und insbesondere der Außenhandel) sei. Das Geld wird in dieser Sichtweise fast ausschließlich als Medium des Tausches gesehen. Diese Optik ist jedoch zumindest einseitig. Die tragische Folge davon ist insbesondere eine falsche, weil destabilisierende Geldpolitik.

Ökonomische Lehrbücher sind geradezu besessen von Tausch, Arbeitsteilung und Spezialisierung. Dieses Denken fängt an bei Adam Smith und seiner berühmten Schilderung der extremen Arbeitsteilung in einer Nadelfabrik. Es setzt sich fort beim ebenfalls britischen Ökonomen David Ricardo, der als erster die Vorzüge des internationalen Austausches systematisch gewürdigt hat, und ist bei Henry Ford, Frederic Taylor und schließlich in den Autofabriken von Toyota auf die Spitze getrieben worden.

Der wirtschaftliche Fortschritt wird in erster Linie als ein Prozess gesehen, in welchem sich jedermann darauf konzentriert, das zu tun, was er am besten kann. Dadurch werden viel größere Mengen von Gütern und Dienstleistungen produziert, als wenn jeder Einzelne oder zumindest jedes Land nur gerade für den eigenen Bedarf produziert. Um Produktion und Bedürfnisse wieder in Übereinstimmung zu bringen, braucht es einen globalen Markt, aus welchen alle Wirtschaftssubjekte sich im Rahmen ihres nicht unbeschränkten Budgets die Mischung von Gütern und Dienstleistungen zusammenstellen können, die ihren persönlichen Nutzen optimiert.

In diesem Gedankenmodell ist der Tausch die entscheidende Triebfeder der Wirtschaft. Wie stark dieses Modell die moderne Wirtschaftspolitik prägt, zeigt unter anderem die Bedeutung, die dem Abbau von Zollschranken, der Vereinheitlichung von Währungen, dem freien Personenverkehr oder der Liberalisierung der globalen Finanzmärkte zugemessen wird. Hinter dem weit verbreiteten Schlagwort vom »Standortwettbewerb« steckt die Überzeugung, dass letztlich nur der Export Wohlstand bringt, dass er die eigentliche Kerntätigkeit darstellt, von der alle anderen abhängen. Je globaler die Wirtschaft, desto extremer die Arbeitsteilung und desto mehr internationaler Handel und desto mehr Wohlstand, so lautet ihre Logik.

Die Tausch-These klingt plausibel, zumal sie von allgemein bekannten Tatsachen ausgeht. In der Tat war die Zunahme des Wohlstandes nach dem 2. Weltkrieg begleitet von einem überdurchschnittlichen Wachstum der Exporte, und dass die Spezialisierung und Arbeitsteilung laufend zunimmt, dürfte auch kaum bestritten werden (siehe dazu auch das Kapitel *Der Außenhandel*).

Dennoch haben Gunnar Heinsohn und Otto Steiger, beide Professoren für Ökonomie an der Universität Bremen, eine Gegenthese formuliert. Sie klingt ebenfalls plausibel, weil auch sie von bekannten Tatsachen und täglichen Erfahrungen ausgeht. Kurz zusammengefasst lautet sie so:

Die eigentliche Triebfeder der modernen Ökonomie ist nicht der Tausch, sondern das Eigentum und der Zins. Der Grund: Eigentum kann belehnt werden, das ist die Voraussetzung für den Kredit. Kredite müssen verzinst werden. Der Schuldner muss also nicht nur die Hauptschuld zurückbezahlen, sondern auch Zins und Zinseszins und das zwingt ihn, mit dem aufgenommenen Kredit einen Mehrwert zu schaffen. Dieser Mehrwert bedeutet Wachstum.

Es ist wohl kein Zufall, dass Steiger und Heinsohn ihre Theorie zu Beginn der neunziger Jahre entwickelt haben, in jener Zeit also, da sich die ehemals kommunistischen Ostblockstaaten daran machten, vom Kommunismus zum Kapitalismus überzuwechseln. Dieses historische Experiment ist noch immer im Gange. Die wesentliche Frage, die sich dabei ganz praktisch stellt, ist die: Was ist das wesentliche Erfolgsrezept einer kapitalistischen Wirtschaft? Was macht im Kern den Unterschied aus zwischen Stagnation und Prosperität? Wie kommt es, dass sich eine Gesellschaft plötzlich ganz anders organisiert und dabei im ökonomischen Sinne kontinuierlich produktiver wird?

Das ist letztlich eine historische Frage. Sie wird meist etwa so beantwortet: Die Menschen haben schnell gemerkt, dass der Realtausch schwierig ist, wenn diejenige, die Fleisch hat und Kleider will, auf einen trifft, der zwar Kleider hat, diese aber gegen Weizen austauschen müsste. Also hat man nach tauscherleichternden Gütern gesucht, die für alle einen Wert haben, und ist dabei von Vieh über den Weizen allmählich zum Gold, zur Goldmünze und schließlich zum Papiergeld vorgestoßen.

Diese Theorie klingt zwar plausibel, sie ist aber, wie Heinsohn in seinen Literatur-Recherchen feststellen musste, von den Historikern und Völkerkundlern nie bestätigt worden. Auch ein Zins konnte selbst dort nicht festgestellt werden, wo ein Güter über längere Zeit hinweg getauscht oder geliehen wurden. Geld und Zins treten erst dann auf, wenn – wie etwa in der Antike – feudaler Großgrundbesitz durch Stadtstaaten abgelöst wird. Deren Bürger haben sich durch die Zerschlagung der herrschaftlichen Güter nicht nur erstmals Freiheiten erkämpft. Ein wichtiger Bestandteil dieses erweiterten Freiheitsraums war die Möglichkeit, Boden nicht nur in Besitz zu nehmen, sondern ihn auch kaufen und verkaufen zu können. Dies setzte einen Rechtstitel auf physischen Besitz voraus – Besitz wurde dadurch zu Eigentum. Dies wiederum ist die Voraussetzung für die Belehnbarkeit des Eigentums. Nur wer sein Eigentum am Boden veräußern kann, hat die Möglichkeit, dieses Eigentum zu belehnen, d. h. einen Kredit aufzunehmen, verbunden mit dem Versprechen, dem Gläubiger bei Zahlungsunfähigkeit das Eigentum an einem Grundstück abzutreten.

Wenn man unbedingt will, kann man die oben beschriebene Transaktion auch als Tausch bezeichnen. Es fehlt ihr aber eine wichtige Eigenschaft, die normalerweise zu Tausch gehört, nämlich die Gleichzeitigkeit. Beim Tausch wechseln Güter (oder Leistungen) Zug um Zug den Besitzer. Die Belehnung hingegen erstreckt sich über einen mehr oder weniger langen Zeitraum. Das setzt erstens Vertrauen voraus und zweitens auch eine gewisse Erzwingbarkeit und Formalisierung.

Theoretisch könnte zwar das Versprechen, notfalls das belehnte Eigentum abzutreten, auch rein mündlich abgegeben werden. Praktisch ist jedoch die schriftliche Form besser. Damit aber entsteht ein »Wertpapier«. In der Definition von Steiger und Heinsohn ist jede verbriefte Belehnung Geld. Geld ist ein Schuldbrief. Je nach der

Reputation des Schuldner und nach der Laufzeit des Schuldbriefes gibt es allerdings Gelder unterschiedlicher Ordnung. Das Geld höchster Ordnung ist der Brief, mit welchem sich die Zentralbank verpflichtet, jedem, der ihr diesen Brief vorlegt sofort (auf Sicht) eine bestimmte Menge Gold zu bezahlen. Fast so gutes »Geld« ist ein sofort verfügbares Konto bei einer großen Bank. Etwas weniger gut ist ein Schuldbrief der Regierung, der erst in fünf Jahren fällig wird. Nicht mehr so gut ist eine Privathypothek bei einem Nachbarn, der soeben seine Stelle verloren hat.

Nun, nehmen Sie an, Sie hätten einen Schuldbrief der Zentralbank, den Sie jederzeit gegen ein Kilo Gold einlösen können, und nun schlägt Ihnen jemand vor, diesen Schein gegen einen anderen Schein einzulösen, der zwar ebenfalls auf 1 Kilo Gold lautet, aber von einem weniger vertrauenswürdigen Schuldner unterschrieben ist, und der erst in vier Jahren eingelöst werden kann. Werden Sie dem Deal zustimmen? Ja, aber nur, falls Ihr Tauschpartner etwas draufzahlt, und zwar umso mehr, je schlechter der Schuldner und je länger die Laufzeit. Dieses etwas ist der Zins.

In dieser Erklärung wird der Zins von oben, also vom Zentralbankgeld her, abgeleitet. Steiger und Heinsohn erklären den Zins allerdings ein wenig anders, nämlich von unten her, so wie er historisch entstanden ist. Danach ist der Zins die Entschädigung dafür, dass jemand sein Eigentum belehnt und damit blockiert. Der Gläubiger schafft Geld, indem er dem Schuldner verbriefte Ansprüche auf sein eigenes Eigentum überlässt. Geld wurde also ursprünglich von privaten Gläubigern geschaffen, die zu diesem Zweck ihr Eigentum belehnt haben. Erst später ist diese Aufgabe von professionellen Banken übernommen worden.

Es lohnt sich, den Prozess der Geldschöpfung am Beispiel des Bankkredits einmal konkret durchzudenken: Die Bank übergibt dem Schuldner Scheine, auf denen sie sich zur Bezahlung einer gewissen Summe verpflichtet. Zu diesem Zweck muss sie Eigentum belehnen (Konkret: Sie muss pro 100 Franken oder Euro Kredit 8 Franken oder Euro Eigenkapital haben, was vom Staat kontrolliert wird). Aber auch der Schuldner muss, um gegenüber der Bank kreditwürdig zu sein, Eigentum belehnen. In der Regel geschieht dies durch eine Hypothek.

Zur Not könnte der Hypothekargläubiger Hans Müller auch seinen eigenen hypothekarisch gesicherten Schuldschein in 1000 kleine Schuldscheine aufteilen und damit, beispielsweise beim Bau seines Eigenheims, die Lieferanten bezahlen. Vielleicht würden diese das so geschaffene Geld auch akzeptieren, weil sie den Auftrag wollen und weil sie den Schuldner kennen und seine Zahlungsfähigkeit beurteilen können. Doch sie hätten Mühe, Hans Müllers Privatgeld ihrerseits zu verwenden, weil ihre Lieferanten Hans Müller nicht kennen.

Hier springt nun die Bank ein. Sie leiht Müller (gegen einen Hypozins) ihre Glaubwürdigkeit. Versehen mit dieser höheren Glaubwürdigkeit kann sie nun ihrerseits bei der Zentralbank anklopfen und sich (zu einem Zins, der Diskontsatz heißt) die Glaubwürdigkeit der Zentralbank »ausleihen«. Konkret: Sie holt sich bei der Nationalbank deren Schuldscheine ab und gibt diese an Hans Müller weiter. Auf diese Weise kann Müller seine Lieferanten mit der Glaubwürdigkeit der Zentralbank bezahlen.

Diese »Vertrauenskette«, die sich im einfachsten Fall über fünf Stationen erstreckt, von Müller über die Bank zur Zentralbank und via Bank zurück zu Müller, ist zentral für das Verständnis der Eigentumswirtschaft. Dabei ist das Geld der Notenbanken gleichsam nur die veredelte Form des Geldes, das seinen Anfang im Eigentum von Hans Müller nimmt. Hier geschieht das Entscheidende: Hans Müller belehnt sein Eigentum, wird damit zum Unternehmer und wird durch den Zins gezwungen, einen Mehrwert zu erwirtschaften.

Das Funktionieren der Eigentumswirtschaft hängt deshalb nicht nur vom Bankensystem ab. Entscheidend ist vielmehr, dass es genügend Müllers gibt, die über belehnbares Eigentum verfügen und damit kreditfähig werden. Bei diesem Eigentum muss es sich übrigens nicht zwingend um eine Immobilie oder ein Grundstück handeln. Entscheidend für die Schuldfähigkeit Müllers ist letztlich bloß, ob er erstens über etwas verfügt, das ein laufendes Einkommen erzeugt, und ob es zweitens eine Institution gibt, die Müller zwingen kann, diese Einkommensquelle (oder Teile davon) dem Gläubiger bis zur Befriedigung seiner Ansprüche zur Verfügung zu stellen.

In diesem Sinne kann auch eine sichere (Beamten-)Stelle ein belehnbares Eigentum sein. Dieser umfassenden Gelddefinition von Steiger und Heinsohn steht nun die auf dem Tausch beruhende Geldtheorie gegenüber. In dieser Betrachtung ist Geld zunächst einmal ein Gut wie jedes andere auch. Seine spezifische Eigenschaft besteht lediglich darin, dass es besonders gut getauscht werden kann, weil es leicht transportiert und mit geringen Kosten aufbewahrt werden kann, und weil es (anders als etwa Fische) wertbeständig über die Zeit ist. Geld hat danach vor allem die Aufgabe, den Tausch zu erleichtern. Wer Fische verkaufen will, um sich Ferien leisten zu können, muss nicht zu dem Hotelier ziehen, der zufällig gerade frische Fische braucht.

Diese Definition von Geld ist zweifellos für viele Fragestellungen absolut genügend. Sie unterschlägt aber zwei ganz zentrale Aspekt der Eigentumswirtschaft.

1. Die Eigentumswirtschaft hat durch das Spiel von Zins und Zinseszins die Tendenz, Reichtum in immer weniger Händen zu konzentrieren und damit – mangels verschuldungsfähiger potentieller Unternehmer – die eigene Triebfeder lahm zu legen. Volkswirtschaften, in denen der belehnbare Reichtum stark konzentriert ist, sind ineffizient. Dies gilt beispielsweise für alle Staaten des ehemaligen Ostblocks, wo das gesamte produktive Eigentum dem Staat gehörte. Dies gilt aber auch für fast den gesamten südamerikanischen Kontinent. Dort sind die Einkommen und Vermögen so konzentriert, dass ein effizienter Massenmarkt mangels Nachfrage gar nie entstehen kann.

2. Dies bringt uns zu einem zweiten wichtigen Aspekt der Eigentumswirtschaft. Sie beruht in hohem Masse auf Vertrauen und Institutionen. Die Eigentumswirtschaft braucht zunächst einmal Institutionen, welche das Eigentum schützen und dessen Belehnung regeln. Dazu gehören unter anderem Gerichte, Banken, eine Bankenaufsicht, eine Zentralbank und natürlich die entsprechenden Gesetze und Verordnungen und den Bankenapparat.

Um auf Dauer erfolgreich zu sein, muss eine Eigentumswirtschaft aber auch die Institutionen schaffen, mit denen eine zu starke Konzentration des Eigentums vermieden werden kann, ohne dass damit aber zugleich den Motor der Wirtschaft abzuwürgen, nämlich das Bestreben, Eigentum zu erwerben, bzw. den Verlust des beliehenen Eigentums zu vermeiden. Zu den Institutionen, die mithelfen, dieses Gleichgewicht zu wahren, gehört insbesondere die Möglichkeit, Firmen mit beschränkter Haftung zu gründen, ein Schuldengesetz, das die Interessen von Schuldnern und Gläubigern sorgfältig abwägt, eine maßvolle Erbschaftssteuer, die Volksschule, eine staatliche Altersversicherung usw. Andere Gesellschaften sind sogar noch weiter gegangen, und haben in regelmäßigen Abständen tabula rasa gemacht und alle Schulden getilgt. Eine milde Form dieser Schuldentilgung ist die Inflation, welche die Schulden entwertet.

Die reine Tauschtheorie hat diese institutionellen Aspekte des Wirtschaftens aus ihrem Blickfeld weitgehend verdrängt. Die einzige Institution, welche die reinen Tauschtheortiker in ihre Modell einbeziehen, ist die Zentralbank. Und die einzige Aufgabe, die sie dieser Institution übertragen, ist die Stabilisierung des Geldwertes. Nun gibt es zweifellos Momente im Leben einer Volkswirtschaft, in denen eine Stabilisierung des Geldwertes richtig ist. Eine Verallgemeinerung dieser Politik ist jedoch gefährlich. Eine eindimensionale Politik der Inflationsbekämpfung kann zu einer gefährlichen Destabilisierung der Eigentumswirtschaft führen. Mehr davon im Kapitel *Die Geldpolitik.*

Im Übrigen hat die Tauschtheorie zwar Recht, wenn sie darauf hinweist, dass der Tausch und das Geld die Arbeitsteilung und damit die Spezialisierung erleichtert. Doch so sehr es auch zutrifft, dass Fachkräfte effizienter arbeiten als Amateure, so beruht doch die Effizienz der kapitalistischen Wirtschaft in erster Linie auf der Kapitalausstattung.

Entscheidend ist nicht, dass jede nur das tut, was sie am besten kann, sondern, dass vor der eigentlichen Arbeit zuerst die besten Werkzeuge hergestellt werden. Das ist nicht ganz einfach, denn zu diesem Zweck müssen teilweise sehr lange Zeitspannen zwischen Arbeit und Konsum überbrückt werden. Der wohl wichtigste praktische Nutzen der Institutionen Eigentum, Zins und Geld besteht also darin, dass sie die Kapitalbildung unterstützen. Davon handeln die nächsten Kapitel.

Das System Wirtschaft im Gesamtzusammenhang

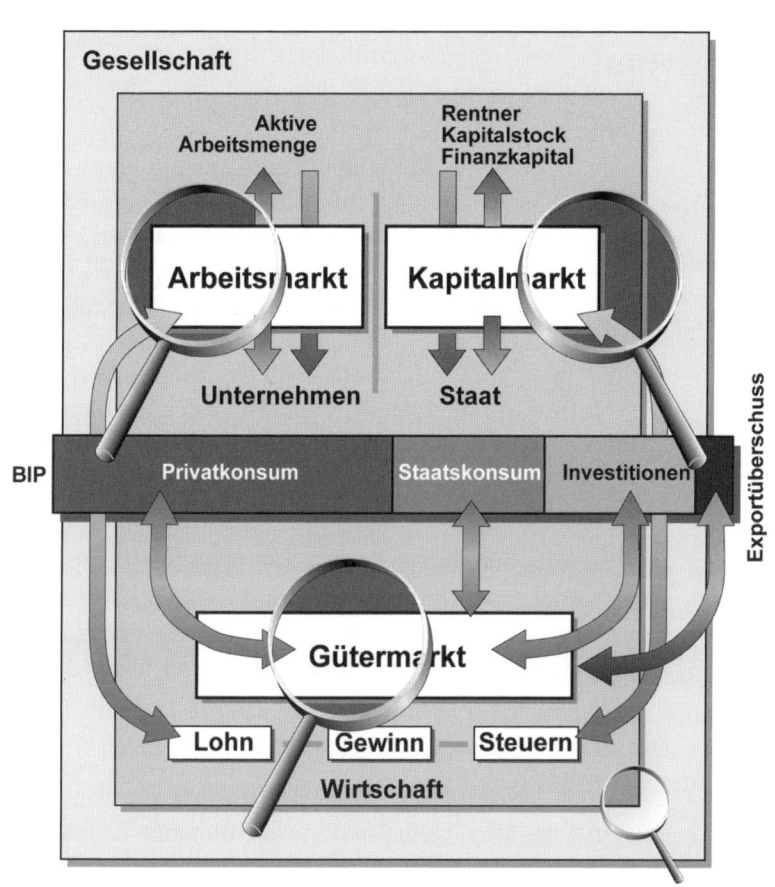

Dieses Kapitel bringt einen groben Überblick über die Mechanik der Geldwirtschaft. Ausgehend von den Begriffspaaren »Aktive und Rentner« sowie »Konsum und Investitionen« wird das Wechselspiel zwischen der realen Sphäre (Arbeitsmärkte, realer Kapitalstock, reale Produktion) einerseits und der Geldsphäre (Finanzkapital, Kapitalmärkte) andererseits grob skizziert. Auch die Rolle des Staates und des Auslands wird in diesem Gesamtzusammenhang eingebettet.

Im Zentrum des Wirtschaftens stehen die Menschen, dicke, dünne, dumme, intelligente, große und kleine, junge und alte. Im Hinblick auf das Wirtschaften sind vor allem die beiden Kategorien alt und jung, bzw. Aktive und Passive wichtig. Als Aktive bezeichnen wir alle, die mit ihrer Arbeit zur Wertschöpfung der Wirtschaft beitragen. Meist wird der Begriff »mit Arbeit zur Wertschöpfung beitragen« sehr eng gefasst, nämlich im Sinne von Arbeiten verrichten, für die man eine finanzielle Gegenleistung (meist einen Lohn) bezieht. Umfassendere Modelle unterscheiden auch zwischen Lohnarbeit und sozialer Arbeit (auf Gegenseitigkeit). In unserem Grundmodell sind die Aktiven Leute, die gegen Geld arbeiten. Wir nennen sie Arbeitskräfte.

Die Passiven sind demnach die Leute, die keine Lohnarbeit verrichten. Das können Jugendliche, Kranke, Adelige, Milliardäre oder Rentner sein. Um die Sache zu vereinfachen sind in unserem Grundmodell die Passiven identisch mit den über 65jährigen. Wir nennen sie deshalb Rentner. Somit gilt (im Grundmodell):

Gesamtbevölkerung = Arbeitskräfte + Rentner.

Die Arbeitskräfte stellen Güter und Dienstleistungen her. Alle von den Arbeitskräften eines Landes während eines Jahres hergestellten Güter und Dienstleistungen ergeben zusammen (sind definiert als) das Bruttoinlandprodukt.

Die Güter und Dienstleistungen (Bruttoinlandprodukt) können auf verschiedene Weise unterteilt werden. Die gebräuchlichste Unterteilung ist folgende:

Bruttoinlandprodukt = Konsum + Investitionen

Damit taucht allerdings auch schon ein schwieriges Problem auf. Die Investitionen werden nämlich auf zwei völlig unterschiedliche Weisen definiert – was allerdings meist gar nicht bemerkt wird. Die Gegenüberstellung von Konsum und Investitionen suggeriert eine von der Produktionslogik geprägte Definition. Danach versteht man unter Investitionen alle Güter und Dienstleistungen, die nicht direkt dem Konsum, bzw. der Befriedigung von Bedürfnissen dienen, sondern die Produktion von Konsumgütern erleichtern. Insbesondere handelt es sich dabei um Produktionsmaschinen, Fabrikgebäude und Bürohäuser.

Der Zweck der so verstandenen Investitionen besteht letztlich darin, Konsumgüter mit weniger Aufwand an Arbeit und Rohstoffen herstellen zu können. Investitionen sind sozusagen ein lohnender Umweg zum Konsum. Weil bei der Herstellung von Investitionen Erfahrungen gesammelt werden, die zu laufenden Verbesserungen führen, bringen die Investitionen nicht nur einen einmaligen, sondern einen ständigen Gewinn an Effizienz. Das heißt, sie führen zum Wirtschaftswachstum. In den meisten Wachstumstheorien spielen deshalb die Investitionen eine wesentliche Rolle. Je höher die Investitionen, desto höher das Wirtschaftswachstum.

Doch wenn man genauer hinsieht, was denn nun eigentlich normalerweise zu den Investitionen gezählt wird, so kann man feststellen, dass hinter der Definition der Investitionen letztlich nicht die Logik der Produktion und des Wachstums steckt, sondern die kapitalistische Logik der Eigentumswirtschaft. Das zeigt sich, wenn man beispielsweise Ausgaben für Wohnung und Berufsausbildung betrachtet. In der Logik der Produktion etwa sind Wohnungen ganz klar Konsumgüter. Sie dienen direkt der Befriedigung des Bedürfnisses Wohnen und werden nicht für die Herstellung anderer Güter benutzt. Eine Berufsausbildung hingegen wäre klar eine Investition.

Im praktischen Sprachgebrauch und in den offiziellen Statistiken hingegen sind die Ausgaben für die Berufsbildung eindeutig Konsumausgaben, während Wohnungen in jeder Wirtschaft das zahlenmäßig wichtigste Investitionsgut sind. Warum? Weil Wohnungen ein Eigentum darstellen, das man belehnen und in Finanzkapital umwandeln kann. Eine Berufsausbildung hingegen kann zwar vielleicht ein Leben lang zur Erhöhung der eigenen Produktionskraft einsetzen, doch weiterverkaufen kann man sie nicht, und sie lässt sich auch kaum belehnen. Sie stellt zwar Sachkapital dar, ist aber zur Bildung von Finanzkapital ungeeignet.

Die Vermengung von Investitionen im Sinne von produktivem Realkapital und Investitionen zum Zwecke der Bildung von Finanzkapital hat in der Ökonomie schon viel Unheil gestiftet. Insbesondere lässt etwa die Tatsache, dass Investitionen im Sinne von Finanzkapital praktisch unbeschränkt angehäuft werden können, viele Ökonomen vergessen, dass zwischen (Sach-)Investitionen und Konsum ein sehr enger Zusammenhang besteht. Sachinvestitionen dienen letztlich immer dem Konsum. Sie sind eigentlich bloß aufgeschobener Konsum.

Zwischen Konsum und Investitionen (in produktives Kapital) besteht deshalb ein klarer technologischer Zusammenhang. Sofern sich die Technologie nicht verändert, wird der mögliche Konsum von morgen durch die Investitionen bestimmt, die heute getätigt werden bzw. in der Vergangenheit getätigt worden sind. Um ein höheres Wachstum zu erreichen, bzw. damit in Zukunft mehr konsumiert werden kann, müsste deshalb der Konsum heute zugunsten der Investitionen eingeschränkt werden. Konsum und Investition hängen also auf eine verzwackte Art zusammen: Mehr Investitionen sind nur sinnvoll, wenn in Zukunft konsumiert wird, sie setzen aber voraus, dass in der Gegenwart mehr gespart bzw. weniger konsumiert wird.

Zurück zu unserem Modell. Wir haben bisher folgende zwei Begriffspaare unterschieden:
Aktive und Rentner
Konsum und Investitionen.

Ferner haben wir definiert:
Summe der Investitionen = Kapitalstock.

Zwischen diesen fünf Kategorien gilt folgende Beziehung:
Die Aktiven erschaffen während eines Jahres das Bruttoinlandprodukt, bestehend aus Konsum und Investitionen. Der Konsum setzt sich zusammen aus dem Konsum der Rentner und dem der Aktiven. Die Rentner kommen zu ihren Konsum, indem sie den Aktiven ihren Besitz am Kapitalstock (Produktivgütern) käuflich

oder Leihweise zur Verfügung stellen. Im gleichen Zuge bauen die (heute) Aktiven einen Besitz an Kapitalgütern auf, der ihnen später (als Rentner) erlaubt, ihrerseits Ansprüche auf das Produkt der späteren Aktiven zu erwerben.

Diese Beschreibung ist nicht ganz vollständig. Nebst den aus dem laufenden Bruttoinlandprodukt entstehenden Investitionen gibt es nämlich noch andere dauerhafte Güter, aus denen die Rentner Ansprüche auf Konsumgüter anmelden können. Die beiden wichtigsten sind Boden und Edelmetalle. Die Summe von Kapitalstock, Boden und Edelmetallen nennen wir den erweiterten Kapitalstock.

Die Kapitalgüter können jedoch ihre Funktion bei der Verteilung des Bruttoinlandprodukts auf die Rentner und die Aktiven nur im Rahmen rechtlicher Konventionen erfüllen. Insbesondere braucht es das Rechtsinstitut des belehn- und verbriefbaren Eigentums. Die physischen Kapitalgüter (Investitionen, Boden, Edelmetalle) werden (in der Regel) nicht direkt gehandelt, sondern man kauft und verkauft die entsprechenden Besitztitel.

Die Summe dieser Besitztitel nennt man Finanzanlagen.

Den Handel mit den Finanzanlagen nennt man Kapitalmarkt.

Er spielt eine wesentliche Rolle nicht nur bei der Verteilung des Bruttoinlandprodukts, sondern auch in Bezug auf Wachstum, Inflation und Konjunktur. Wichtig ist dabei insbesondere der Zins. Das Verhältnis zwischen dem Zins der Kapitalgüter und der Wachstumsrate des BIP bestimmt im Wesentlichen die Verteilung zwischen Rentnern und Aktiven.

Nun ist allerdings der Kapitalmarkt nicht die einzige Vermittlungsinstanz zwischen Aktiven und Rentnern. Die Rentner können ihre Ansprüche auf das Sozialprodukt auch über einen sogenannten Generationenvertrag anmelden und durchsetzen. In der vorindustriellen Gesellschaft geschah dies in der Regel dadurch, dass die Aktiven und die »Rentner« im gleichen Haushalt lebten. Heute bezahlen die Aktiven meist Lohnprozente, die den Rentnern direkt (bzw. ohne Umweg über eine Investition) gutgeschrieben werden. Im Fachjargon nennt man dies Umlageverfahren.

Zurück zu unserem Modell: Wir haben bisher das Verhältnis von

Aktiven, Rentnern, Bruttoinlandprodukt, Kapitalstock und Finanzanlagen betrachtet, und dabei festgestellt, dass die Rentner ihre Ansprüche an das BIP vor allem über die Verzinsung bzw. den Verkauf von Kapitalgütern anmelden, und dass der Austragungsort des Matches »Rentner gegen Aktive« der Kapitalmarkt ist, auf dem nebst den Eigentumsansprüchen an den Investitionen auch der Boden, die Edelmetalle und vor allem der Zins eine Rolle spielen. Dabei sind wir jedoch den Ereignissen etwas vorausgeeilt. Welchen Anspruch der einzelne Rentner an das (jährlich) BIP stellen kann, hängt nämlich (nebst seinem Glück am Kapitalmarkt) vor allem davon ab, wie viel sie oder er am Arbeitsmarkt verdient hat. Der Arbeits-, nicht der Kapitalmarkt ist die primäre Verteilinstanz einer Volkswirtschaft. Dabei gelten folgende Beziehungen:

Arbeit (Aktive) und Kapital (Rentner) produzieren zusammen ein Produkt. Der Preis der Arbeit hängt erstens davon ab, wie viele Produkte nachgefragt werden, und zweitens davon, in welchem Verhältnis sich das Kapital und die Arbeit an der Herstellung dieser Produkte beteiligen wollen. Konkret: Wenn viel Kapital eine gewinnbringende Investition sucht und nur wenige Aktive mehr arbeiten wollen, dann steigen die Löhne. Im umgekehrten Falle sinken sie.

Umgekehrt hängt die Nachfrage nach Konsum, Investitionen und nach Finanztiteln auch von der primären Verteilung der Arbeitseinkommen ab. Ein Beispiel: Wenn, wie etwa in Brasilien, 20 Prozent der Bevölkerung 70 Prozent des Bruttoinlandprodukts verdienen, dürfte die Nachfrage nach Konsumgütern (und folglich auch nach Investitionen) relativ gering ausfallen, weil die Reichen ihren Überfluss vor allem in Finanztitel platzieren wollen.

Der Arbeitsmarkt steht also in einem direkten Zusammenhang zur gesamten Nachfrage und zu den Kapitalmärkten.

Das Ausland

Zum Schluss wollen wir unser Modell noch etwas verfeinern. Das Bruttoinlandprodukt kann nämlich nicht nur noch Konsum und Investition unterschieden werden, sondern auch danach, ob die produzierten Güter im Inland oder ins Ausland verkauft werden. Der Verkauf von Gütern und Dienstleistungen ist kein Selbstzweck, sondern er dient letztlich dazu, die Importe zu bezahlen. Dieser Zusammenhang wird oft übersehen, da wir ja für die Exporte schließlich ausländische Devisen erhalten – und auf die Bank legen können. Für Buchhalter ist dies das Ende der Geschichte – Geld erhalten, verbucht, abgehakt. Aus volkswirtschaftlicher Sicht erfüllen die ausländischen Devisen (und die Zinsen, die uns das Ausland darauf bezahlt) ihren Zweck jedoch erst, wenn wir dafür ausländische Ware gekauft haben. Exporte und Importe müssen immer als Paar betrachtet werden. Unsere ergänzte Formel lautet deshalb:

BIP = Konsum + Investition + (Export-Import)

Die Logik hinter dieser Formel ist folgende: Je weniger Investitionen wir brauchen, um ein gegebenes Sozialprodukt herzustellen, umso besser. Je mehr das Ausland für uns arbeitet, desto besser, zurückzahlen können wir auch später.

Die Differenz zwischen Exporten und Importen (von Gütern, Dienstleistungen und Kapitalentgelt) schwankt bei den meisten Ländern zwischen minus 3 und plus 3 Prozent des BIP. Die USA weisen zur Zeit ein Defizit von rund 3 Prozent auf, Frankreich einen eben solchen Überschuss. Deutschlands Bilanz ist zur Zeit in etwa ausgeglichen, weil der Überschuss im Waren- und Dienstleistungsverkehr durch Transferzahlungen an die EU und an die neuen Bundesländer belastet wird. Zumindest in der Theorie müssten die Wechselkurse dafür sorgen, dass sich die Handelsbilanzen langfristig ausgleichen. Tatsächlich trifft dies auch für die meisten Länder zu. Einzig die USA, Japan und die Schweiz haben sich diesem Gesetz seit bald 20 Jahren entziehen können.

Dass der Außenhandel dennoch in den meisten Ländern eine fast mystische Bedeutung erlangt hat, hängt mit den großen und abrupten Schwankungen zusammen, denen er unterworfen ist, und die auf die gesamte Volkswirtschaft einwirken. Diese Schwankungen haben im Wesentlichen zwei Gründe:

■ Importe müssen mit Devisen bezahlt werden. Deren Preis wird an den Kapitalmärkten gemacht und unterliegt großen spekulativen

Schwankungen. Diese Schwankungen sind in beiden Richtungen sehr unangenehm: Werden die Devisen teurer, so steigen die Importpreise, was zu einem Absinken des allgemeinen Lebensstandards führt. Sinken die Preise, so wird die einheimische Produktion durch billige Importe gefährdet. Auch dies kann (muss aber nicht) via Entlassungen, Arbeitslosigkeit und weniger Konsum letztlich zu einem sinkenden Lebensstandard führen.

■ Über den Import ist die einheimische Produktion ständig der weltweiten Konkurrenz ausgesetzt. Wenn irgendwo auf der Welt eine verbesserte Produktionstechnik erfunden wird, kann dies in kürzester Zeit die einheimische Produktion unter Druck setzen. Es ist deshalb kein Zufall, dass Länder mit einem (im Vergleich zum BIP) hohen Import einen überdurchschnittlich gut ausgebauten Sozialstaat haben. Die Abfederung sozialer Risiken erleichtert die weltwirtschaftliche Integration.

Der Staat

Mit diesen Überlegungen sind wir beim Staat angelangt, bzw. bei der Unterteilung des Bruttoinlandprodukts in staatliche und in private Ausgaben. Gekoppelt mit der Unterteilung in Konsum und Investitionen sowie in Importe und Exporte ergibt sich somit folgende Aufteilung des Bruttoinlandprodukts:

BIP = Konsum (der Privaten + des Staates) + Investitionen (der Privaten + des Staates) + (Export - Import)

In der üblichen Definition des Staatskonsums sind die sogenannten Transferausgaben nicht enthalten. Staatliche Renten oder Krankenversicherungen werden zwar vom Staat finanziert, die entsprechenden Ausgaben werden aber von Privaten getätigt und werden deshalb zum Privatkonsum gezählt. Hingegen sind Ausgaben für Verwaltung, Justiz, Landesverteidigung usw. typische Staatsausgaben. Es handelt sich dabei um sogenannte öffentliche Güter, die nur gemeinsam konsumiert werden können. Ein Beispiel: Wenn sich jeder seine private Justiz kaufen will, ist es keine Justiz mehr. Schulen sind ein halböffentliches Gut – zwar wird die Schule letztlich individuell konsumiert, aber ohne eine breite Grundausbildung für jedermann kann weder die Demokratie noch eine moderne Wirtschaft funktionieren. Insofern ist die Schule auch ein öffentliches Gut.

Das Problem der öffentlichen Güter bzw. Staatsausgaben ist ein zweifaches:

■ Erstens ist ihr Nutzen mit dem privater Güter nicht ohne weiteres vergleichbar. Der Nutzen privater Güter kann über den Preis verglichen werden. Öffentliche Güter haben keinen Marktpreis.

■ Zweitens können öffentliche Güter nicht individuell gekauft werden und müssen deshalb über Steuern finanziert werden. Der Nutzen, den der einzelne aus den öffentlichen Gütern zieht und die Steuer, die man dafür bezahlt, sind in der Regel nicht gleich.

Dies führt dazu, dass die Frage, wie viel öffentliche Güter ein Staat braucht, bzw. welches Verhältnis von privaten und öffentlichen Gütern optimal ist, immer umstritten bleibt.

Aktive und Rentner –
der Rhythmus der Wirtschaft

Geld, Eigentum und Zins erklären, wie und nach welchen Regeln in
der modernen Wirtschaft Kapital gebildet wird. Dass dies aber überhaupt nötig ist, hat noch einen anderen, älteren Grund: der Wechsel
der Generationen. Dieses Kapitel zeigt ein einfaches Modell der
Kapitalbildung über die Generationen hinweg. Das Modell vermittelt
wesentliche Einsichten in den Zusammenhang von Finanz- und
Sachkapital sowie in die volkswirtschaftlichen Verteilungsprozesse.

Die Notwendigkeit für das Alter vorzusorgen und die Art und
Weise, wie die Generationen dieses Problem lösen, ist entscheidend
für die Struktur und den Rhythmus einer Wirtschaft. Der physische
Kapitalstock und die Kapitalmärkte hängen eng mit der Verteilung
des laufenden Sozialprodukts zwischen den Aktiven und den Rentnern zusammen. Diese Zusammenhänge werden oft vergessen.
Dabei sind sie bei der Beurteilung vieler wesentlicher Vorgänge im
Bereich der Wirtschaft von großer Bedeutung. Das folgende Modell
dient dazu, diese Zusammenhänge besser zu verstehen.

Das Generationen-Modell

Nehmen wir einmal an, man könne nicht nur die Milch homogeni-
sieren, uperisieren und stabilisieren, sondern auch ganze Länder.
Das erlaubt es uns, das Land HUS (homogenisiert, uperisiert, stabi-
lisiert) mit folgenden Eigenschaften zu basteln: Alle Bewohner
gehen bis 20 in die Schule, beteiligen sich dann 45 Jahre lang am
Erwerbsleben und sterben exakt mit 80. Jede und jeder hinterlässt
zudem zwei Kinder, die Zahl der Bewohner bleibt also gleich.
Zudem wollen wir annehmen, dass alle Bewohner, ob Rentner oder
Aktive, immer gleichviel reales Einkommen haben. Diese Annah-
men sind zwar nicht ganz realistisch, aber sie vereinfachen das
Rechnen.

So ist es beispielsweise leicht, herauszufinden, dass im Lande

HUS auf je drei Aktive ein Rentner entfällt. Damit nur alle gleichviel Einkommen haben, müssen die Aktiven den Rentnern 25 Prozent ihres Einkommens abtreten. Gegenprobe: Jeder Rentner erhält von »seinen« drei Aktiven je 25 Prozent = 75 Prozent. Die Aktiven geben 25 Prozent ab, behalten also auch je 75 Prozent.

Dieser Ausgleich kann nun auf zwei Arten geschehen – durch ein Umlageverfahren oder durch ein Kapitaldeckungsverfahren. Beim Umlageverfahren treten die Aktiven 25 Prozent ihrer Einkommen direkt an die Rentner ab. Beim Kapitaldeckungsverfahren legen die Aktiven 25 Prozent ihres Einkommens auf die Bank und beziehen später eine Rente von 75 Prozent. Gegenprobe: 45 Jahre zu 25 Prozent = 15 Jahre zu 75 Prozent. (In unserer Modellwirtschaft gibt es vorerst keinen Zins – wir kommen später darauf zurück.)

Nehmen wir nun einmal an, dass die Altersrente im Lande HUS ausschließlich über das Kapitaldeckungsverfahren finanziert werde. Jeder erwerbstätige Einwohner legt also jedes Jahr 25 Prozent seines Erwerbseinkommens, d. h. also 3 von 12 Monatslöhnen, zur Seite. Nach vier Jahren liegt also bereits ein ganzes Jahreseinkommen auf der Bank, nach 8 Jahren zwei, usw. bis nach 45 Jahren 11,25 Jahreseinkommen auf der hohen Kante liegen. Ab dem 66. Jahr verbraucht er dann jährlich 75 Prozent eines Jahreseinkommens. Am Ende des 66. Altersjahres hat er also noch 10,5 Jahreseinkommen Reserve, dann von 9,75 usw. bis Ende 80 sowohl das Leben als auch die Reserven aufgebraucht sind.

Das klingt zwar brutal, hat aber den Vorteil, dass wir genau berechnen können, wie hoch im Lande HUS der Kapitalstock ist. Wenn wir annehmen, dass jeder Jahrgang genau gleich stark ist, also beispielsweise 1000 Leute umfasst, dass alle Jahreseinkommen aller Aktiven gleich sind, und dass deshalb die Währungseinheit von HUS ein normierter Bruttojahreslohn ist, dann gilt:

Bruttosozialprodukt = 45'000 Bruttojahreslöhne.

Gegenprobe: Die 45 Jahrgänge von 20 bis 65 umfassen je 1000 Leute mit je 1 Bruttojahreslohn Produktion pro Jahr und Kopf.

Kapitalstock = 348'750 Bruttojahreslöhne.

Gegenprobe: 45'000 Aktive haben im Schnitt 5,75 Jahreslöhne   43 (zwischen 0,25 und 11,25 Jahreslöhne) in Reserve, macht 258'750 Bruttojahreslöhne.

15'000 Rentner haben im Schnitt 6 Bruttojahreslöhne Reserve (Mittel von 0,75 bis 11,25 Jahreslöhne). Das ergibt 90'000 Jahreslöhne für die Rentner, macht zusammen 348'750 Jahreslöhne.

Fazit: Bei der gegebenen Altersstruktur in HUS, und unter der Annahme, dass alle HUSer, Aktive und Rentner, in jedem Altersjahr genau gleich viel Nettoeinkommen haben wollen, beträgt die notwendige Sparquote 25 Prozent des Bruttosozialprodukts. Unter diesen Annahmen beträgt der Kapitalstock rund das achtfache des jährlichen Bruttosozialprodukts.

Dieses Ergebnis unseres Modells ist dann einigermaßen realistisch, wenn wir vom erweiterten Kapitalstock ausgehen und insbesondere die Grundstücke in unsere Betrachtung einbeziehen. Konkret würde das heißen: Die aktiven HUSer kaufen jeweils im Gegenwert von drei Monatslöhnen pro Jahr Besitztitel auf Produktionskapital und Land. Ab 65 verkaufen sie dann ihre Wertschriften wieder und bestreiten damit ihren Lebensunterhalt.

Wenn die Menschen älter werden: Umlage oder Kapitaldeckungsverfahren

In diesem Abschnitt benutzen wir unser einfaches Generationenmodell, um das aktuelle Problem der sogenannten Überalterung zu beleuchten. Dabei fallen einige überraschende Erkenntnisse ab, beispielsweise, dass Sparen genau die falsche Altersvorsorge sein kann, dass Sachkapital und Finanzkapital zwei völlig verschiedene Dinge sind, und dass Japan ein gutes Beispiel für ein politisch schlecht bewältigtes Generationenproblem ist.

Unser einfaches Generationenmodell erlaubt es uns, einige aktuelle Fragen der Altersvorsorge zu diskutieren, wie zum Beispiel das Problem der demographischen Überalterung – auch »Rentnerschwemme« genannt. Konkret: Wie können die Renten finanziert werden, wenn sich das Verhältnis von Aktiven zu Rentnern beispielsweise von 3 zu 1 auf 2 zu 1 verschiebt, wenn also nur noch 2 statt wie bisher 3 Aktive für einen Rentner sorgen müssen?

Die konventionelle Antwort auf diese Frage lautet so:

Die Überalterung überfordert das Umlageverfahren. Deswegen muss die Altersvorsorge vermehrt mit dem Kapitaldeckungsverfahren finanziert werden.

Zur Erinnerung: Das Umlageverfahren funktioniert so, dass der Staat bei den Aktiven Lohnprozente einzieht und das Geld direkt an die Rentner weitergibt. Im Lande HUS bräuchte es 25 Lohnprozente, damit alle – Aktive und Rentner – denselben Lohn von 0,75 Bruttolöhnen haben.

Wenn nun die Leute älter werden und damit Zahl der Rentner von 15'000 auf 22'500 steigt (bei 45'000 Aktiven wäre das ein Verhältnis von 2 zu 1), und wenn die Rentner einen unveränderten Rentenanspruch von 0,75 Bruttojahreslöhnen (bzw. 9 Monatslöhnen) pro Jahr haben, dann sieht es für die Aktiven schlecht aus: Vom unveränderten BIP von 45'000 Bruttojahreslöhnen beanspruchen die Rentner jetzt 16'875 Einheiten (22500 x 0,75). Den 45'000 Aktiven bleiben also noch 28'125 Einheiten oder pro Kopf gerechnet noch 0,625 Bruttojahreslöhne (bzw. 7,5 Monatslöhne). Um die Renten weiterhin unverändert auszahlen zu können, müssten die Aktiven also statt wie bisher 3 jetzt 4,5 Monatslöhne an die Rentner abtreten. Umgerechnet auf Lohnprozente bedeutet dies eine Zunahme von 25 auf neu 37,5 Prozent.

Fazit: Beim Umlageverfahren kommt der Generationenvertrag im Falle einer Überalterung ganz schön ins Schleudern.

Beim Kapitaldeckungsverfahren ist dies anscheinend nicht der Fall. Hier müssen die Aktiven den Rentnern nichts abgeben, weil jede Generation für sich selber sorgt, indem sie während ihrer aktiven Zeit Geld zur Seite legt, und im Alter davon lebt. Jeder lebt von seinem eigenen Geld.

Doch schauen wir genauer hin: Zunächst bauen wir unser Modell so um, dass es der neuen Vorgabe (1 Rentner auf 2 Aktive) entspricht. Zu diesem Zweck verlängern wir die einheitliche Lebenserwartung aller HUSer von 80 auf 87,5. Auf 45 aktive Jahrgänge (von 20 bis 65) entfallen dann 22,5 Rentnerjahrgänge (von 65 bis 87,5).

Um sich trotz verlängerter Lebensdauer eine unveränderte Rente von 9 Monatslöhnen zu sichern, müssen die Huser nun während ihren 45 aktiven Jahren statt je 3 jetzt 4,5 Monatslöhne zur Seite legen. Doch das Problem ist damit nur scheinbar gelöst. Das Bruttoinlandprodukt von HUS beläuft sich nämlich immer noch auf 45'000 Bruttojahres- bzw. 540'000 Bruttomonatslöhne. Davon beanspruchen jetzt 22'500 Rentner je 9 oder total 202'500 Monatslöhne. Den Aktiven bleiben somit noch (540'000 - 202'500 =) 337'500 Monatslöhne. Für jeden der 45'000 Aktiven sind das noch 7.5 Monatslöhne.

Mit anderen Worten: Wir sind wieder genau gleich weit wie beim Umlageverfahren. Um die Renten der Alten zu sichern, müssen die Aktiven größere Opfer bringen – Umlage- oder Kapitaldeckungsverfahren hin oder her. In beiden Fällen beträgt das Opfer genau 1,5 zusätzliche Monatslöhne: 4,5 statt wie bisher 3. Nur die Art und Weise, wie dieses Konsumopfer dargebracht wird, unterscheidet sich. Beim Kapitaldeckungsverfahren ist das Sparen freiwillig, im Umlageverfahren werden Lohnprozente eingefordert.

Vor dem Hintergrund unseres Grundlagenmodells kann dies nicht überraschen. Durch das Sparen ist zwar mehr Geld da, doch vom Geld allein kann niemand leben. Das Grundlagenmodell zwingt uns, zu unterscheiden zwischen dem, was auf der Ebene des laufenden Sozialprodukts geschieht und den Veränderungen im Kapitalstock bzw. beim Finanzkapital.

Doch das Modell HUS enthüllt noch andere Geheimnisse der Volkswirtschaft. Beispielsweise können wir damit ziemlich realistisch nachvollziehen, warum Japan im Verlaufe der neunziger Jahre in eine tiefe Krise gerutscht ist. Nach Ansicht des US-Ökonomen und MIT-Professors Paul Krugman ist die japanische Depression wesentlich auf die Überalterung Japans zurückzuführen.

Um dies zu verstehen, kehren wir zurück nach HUS und nehmen an, dass die Verlängerung der Lebensdauer in einem bestimmten Zeitpunkt plötzlich allen klar wird, und dass fortan alle HUSer versuchen, sich nun mit Hilfe des Kapitaldeckungsverfahrens rechtzeitig auf diese neue Gegebenheit einzurichten und die erwartete Rente von 9 Monatslöhnen jährlich möglichst zu sichern. Ferner bleiben wir vorerst bei der Annahme, dass es in HUS weder Inflation noch Zins gibt. Wie wirkt sich das nun aus?

Die Antwort auf diese Frage hängt vom Alter der HUSer ab. Die 20jährigen, die am Anfang ihrer Berufstätigkeit stehen, haben 45 Jahre Zeit, um sich eine Rente von 9 Monatslöhnen ersparen, die während 22,5 Jahren anhält. Zu diesem Zwecke muss jeder von ihnen 22,5 x 9 Monatslöhne = 202,5 Monatslöhne zur Seite legen. Da sie diesen Sparbatzen in 45 Jahren anhäufen wollen, müssen sie jedes Jahr 4,5 Monatslöhne zur Seite legen. (Gegenprobe: 202,5 : 45 = 4,5)

Für eine 21jährige Huserin sieht es schon ein wenig schlechter aus. Sie hat nur noch 44 Jahre Zeit zum Sparen und muss entsprechend mehr zur Seite legen. Für den 65jährigen ist es bereits zu spät. Er realisiert (in unserem Modell) schlagartig, dass seine Rente für 22,5 statt für 15 Jahre reichen muss, und wird deshalb seine jährlichen Ausgaben vernünftigerweise von 9 auf 6 Monatslöhne reduzieren.

Doch auch wenn alle älteren HUSer ihr ehrgeiziges Spar- und Rentenziel (9 Monatslöhne Rente pro Jahr) aufgeben und realistischere Ziel anstreben, so ist doch klar, dass die Verlängerung der Lebensdauer und die befürchtete Überalterung zu einer starken Zunahme der Spartätigkeit führen dürfte. Um die Sache etwas einfacher und auch realistischer zu machen, wollen wir annehmen, dass die Sparquote (von bisher 25 Prozent) nicht auf 37,5 Prozent steigt, wie es nötig wäre, um den Rentnern eine unveränderte Rente zu sichern, sondern bloß auf 33 Prozent. Das ist der Betrag, der im Gleichgewicht nötig wäre, um Aktiven und Rentner je dasselbe Einkommen zu gewähren. (Gegenprobe: Wenn 45'000 Rentner je 8 Monatslöhne konsumieren und 4 an die Rentner abtreten, können sich damit 22'500 Rentner je 8 Monatslöhne Konsum leisten.)

Nun stellen sich aber zwei Probleme.

Erstens braucht es, wenn wir diesen Sparprozess im Kapitaldeckungsverfahren bewältigen wollen, einen viel größeren Kapitalstock. Bis zur Pensionierung hat jeder Aktive 45 mal 4 Monatslöhne = 180 Monatslöhne angehäuft (bei 25 Prozent Sparquote, bzw. 3 Monatslöhnen sind es bloß 125 Monatslöhne) Und die Rentner bauen ihre Guthaben jetzt langsamer (nur noch 8 Monatslöhne) und über einen längeren Zeitraum (über 22,5 statt 15 Jahre) ab. Insgesamt wird dadurch der rechnerisch nötige Kapitalstock fast verdoppelt (13,9-mal das Bruttoinlandprodukt statt 7,8-mal). Die Bevölkerung von HUS nimmt aber nach vollzogener Überalterung nur um 12,5 Prozent zu, nämlich von 60'000 auf 67'500 Personen.

Zweites Problem: Beim Kapitaldeckungsverfahren beginnen die Leute (vernünftigerweise) sofort zu sparen, denn jede muss (in unserem Modellstaat HUS) damit rechnen, dass sie statt bisher 80 jetzt 87.5 Jahre alt wird. Der zusätzliche Konsum der zusätzlichen Rentner stellt sich jedoch erst nach und nach ein.

Die Quintessenz beider Probleme ist, dass ein Land, welches sein Überalterungsproblem ausschließlich mit dem Kapitaldeckungsverfahren zu lösen versucht, Gefahr läuft, sich ein gewaltiges Nachfrageproblem einzuhandeln, weil die Leute lieber erst in der Zukunft konsumieren als heute. Unser einfaches Modell erlaubt es zwar nicht, auszurechnen, wie die (im Modell nicht vorhandenen) Unternehmer auf den massiven Rückgang der Nachfrage reagieren werden, doch es ist einleuchtend, dass sie kein Interesse daran haben, mehr zu investieren, wenn ihre eigenen Maschinen mangels Nachfrage nicht mehr ausgelastet sind, und wenn (auf absehbare Zeit) weniger konsumiert wird.

In unserem Modell dauert es übrigens genau 6 Jahre und 8 Monate, bis der Konsum wieder auf dem alten Niveau ist. Die Erklärung dafür: Zunächst nimmt der Konsum um 11 Prozent ab. Rentner und Aktive konsumieren statt 9 nur noch 8 Monatslöhne. Gleichzeitig kommt aber jedes Jahr ein neuer Rentnerjahrgang dazu. Damit wächst der Konsum jährlich um 1,66 Prozent. Nach 6 Jahren und 8 Monaten hat der zusätzliche Konsum der zusätzlichen Rentner den Konsumverzicht aller HUSer wieder ausgeglichen.

Wohlgemerkt: Diese Rezession von rund 7 Jahren ist nicht die Folge einer Panik, sondern das (kollektiv dumme) Ergebnis individuell rationellen Überlegens. Nicht die einzelnen Akteure sind in diesem Falle dumm, sondern die politischen Rahmenbedingungen. Mit einem Umlageverfahren wäre das Problem der Überalterung leichter in den Griff zu kriegen, weil die Lohnprozente in dem Maß erhöht werden können, wie der Anteil der Rentner zunimmt.

Doch zurück zur Frage, was konkret geschieht, wenn die Aktiven und Rentner weniger konsumieren, aber niemand Anlass hat, das gesparte Geld (bzw. die gesparten Arbeitskräfte und die frei gewordenen Teile des Kapitalstocks) in die Produktion neuer Maschinen zu stecken? Hier hilft wieder unser Grundlagenmodell: Rentner und Aktive investieren ihr nichtkonsumiertes Einkommen nicht direkt in den Kapitalstock, sondern in das Finanzkapital. Solange nun aber mehr Geld in das Finanzkapital einfließt, als von dort für echte Investitionen wieder abfließt, steigen einfach die Preise des Finanzkapitals. (Mehr dazu im Kapitel *Die Kapitalmärkte*)

Genau dies ist übrigens in Japan (und nicht nur dort) geschehen. Die Angst der Japaner vor einer überalterten Zukunft hat zu einem übertriebenen Sparen geführt, wodurch zunächst einmal die Aktien- und Immobilienpreise aufgebläht worden sind, was zu einer Nachfrage nach Bauten und Finanzdienstleistungen geführt hat, bevor dann die Konjunktur doch noch – und umso spektakulärer eingebrochen ist. So sind etwa die Investitionen, die zwischen 1984 und 1992 jährlich noch um rund 10 Prozent zugenommen hatten, in den nächsten drei Jahren um insgesamt mehr als 20 Prozent geschrumpft!

Fazit: Das einzige Problem, das sich mit dem Übergang von einem Umlage- auf ein Kapitaldeckungsverfahren lösen lässt, ist das einer Unterkapitalisierung bzw. einer Sparlücke. Das bekannteste Beispiel dafür die Chile, dessen chronisch (und für Südamerika typisch) tiefe Sparquote von 15 Prozent unter anderem dank der Einführung einer kapitalgedeckten Volkspension im Verlaufe der achtziger und neunziger Jahre auf rund 24 Prozent erhöht werden konnte. Zudem wurde auf diese Weise das Volksvermögen breiter gestreut.

Überall dort, wo Ersparnisse und Investitionsquote bereits hoch genug sind, ist jedoch die Erhöhung der Kapitaldeckung die denkbar schlechteste Antwort auf eine drohende Überalterung. Der Grund dafür liegt hauptsächlich im dynamischen Ablauf: Die Überalterung bzw. der zusätzliche Konsum der Rentner trifft erst allmählich ein. Das Kapitaldeckungsverfahren erfordert jedoch einen Sparprozess, der dem Konsum weit vorausgeht. Dadurch kommt es zur geschilderten Konsumkrise.

Doch was sind die Alternativen? Grundsätzlich gibt es zwei Möglichkeiten. Erstens: eine Verlängerung des aktiven Lebensabschnittes. In unserem Beispiel müsste das Pensionierungsalter von 65 auf 70,5 Jahre erhöht werden, damit Rentner und Aktive wieder dasselbe Einkommen erhalten. Falls diese Erhöhung des Rentenalters nicht gewünscht wird, bleibt – ob im Kapitaldeckungs- oder im Umlageverfahren – nur die Möglichkeit, den Transfer der Aktiven zu den Rentnern zu erhöhen. Dabei ist allerdings entscheidend, dass der Übergang genau so langsam geschieht wie die Überalterung selbst. Dies ist praktisch nur mit einem Umlagesystem möglich.

Überalterung? Kein Problem! Das Beispiel Frankreichs

Der Fall Frankreichs ist typisch für die Probleme der meisten Industrieländer. Gemäß den offiziellen Berechnungen des »Commissariat général du Plan« wird sich das Verhältnis von Bezugsberechtigen (Aktive und Passive) zu den Rentenbezügen zwischen 1995 und 2040 von heute 1,46 auf 1,84 erhöhen. Bei sonst unveränderten Bedingungen (gleiche Arbeitslosenquote) würde dies eine Erhöhung der Beitragsprozente um gut einen Viertel bedeuten. Weil dies als (für die Aktiven) unzumutbar gilt, schlägt das Commissariat eine Umstellung auf das Umlageverfahren vor.

Die Frage der Zumutbarkeit ist allerdings falsch gestellt. Es muss nämlich bedacht werden, dass der Übergang erstens 45 Jahre dauert, und dass zweitens die Produktivität während dieser Zeit nicht stillstehen wird. Rechnet man mit einem Produktivitätsfortschritt von 2 Prozent jährlich (was dem Schnitt der letzten 100 Jahre entspricht und weit unter dem Mittel der Nachkriegszeit liegt), dann genügt es, dass die Aktiven den Rentner 45 Jahre lang 0,5 Prozent des Produktivitätsfortschritts abtreten. Statt 2 Prozent Reallohnerhöhung erhalten sie also 1,5 Prozent pro Jahr. Wenn sie zudem 0,6 Prozentpunkte ihrer Lohnerhöhungen in Form von Arbeitszeitverkürzungen »kassieren«, dann können sie bis ins Jahre 2040 die wöchentliche Arbeitszeit auf 30 Stunden reduzieren und dann noch den Konsum um fast 50 Prozent erhöhen. Ähnliche Größenordnungen gelten im Übrigen auch für Deutschland, Österreich und die Schweiz.

Ist nun ein solcher Verzicht wirklich unzumutbar? Offensichtlich nicht. Zwar steigen die für die Finanzierung der Renten nötigen Lohnprozente in der Tat um rund einen Viertel an. Dennoch können Aktive und Rentner ihren Lebensstandard deutlich erhöhen. Die Aktiven finanzieren mit den zusätzlichen 0,5 Prozent letztlich bloß die Verlängerung ihres Rentenbezugs. Abgesehen davon gelten die 0,5 Prozent nur unter der Voraussetzung, dass es nicht gelingt, die Arbeitslosenquote deutlich zu senken. Rein volkswirtschaftlich gesehen bedeutet ja die Überalterung nur, dass die absolute Arbeitszeit pro Leben zunimmt. Überalterung schafft also per Definition (und wenn alles andere gleich bleibt) mehr Arbeit. Man kann logischerweise nicht gleichzeitig ein Problem der Überalterung und der Arbeitslosigkeit haben: Überalterung bedeutet ja letztlich, dass den produzierenden Aktiven zu viele konsumierende Rentner gegenüberstehen. Nur dann ist die Überalterung überhaupt ein Problem. Arbeitslosigkeit jedoch ist das Gegenteil davon, nämlich ein Überschuss von produktionswilligen Aktiven im Verhältnis zum Konsum.

Das Beispiel zeigt, dass soziale Veränderungen immer sehr unterschiedlich dargestellt werden können. Hier unzumutbare Beitragserhöhung, dort Verteilung von Überfluss. Allerdings ist die Art der Darstellung nicht ohne Einfluss auf den Gang der Dinge.

Zins und Zinseszins

In diesem Kapitel geht es um die Bedeutung des Zinses für die Verteilung des Sozialprodukts zwischen Aktiven und Rentnern. Entscheidend dafür ist das Verhältnis zwischen Zinsen und Wachstum. Liegt der Zins dauerhaft auch nur wenige Zehntel über den Wachstumsraten des Sozialprodukts, so erhalten die Aktiven einen deutlich kleineren und die Rentner einen entsprechend größeren Anteil.

Bei der Analyse des Verhältnisses zwischen Rentnern und Aktiven sind wir bisher davon ausgegangen, dass es in unserem Labor-Land HUS weder ein Wirtschaftswachstum noch einen Zins gibt. Diese unrealistische Annahme wollen wir jetzt fallen lassen. In einem ersten Schritt führen wir erst einmal nur ein **Wirtschaftswachstum** ein, und nehmen an, dass das Bruttosozialprodukt von HUS jedes Jahr um 2,4 Prozent wächst. Konkret heißt das, dass sich die Menge der von einem Aktiven pro Jahr produzierten Güter und Dienstleistungen innerhalb von jeweils 30 Jahren verdoppelt. Was bedeutet dies nun für das Verhältnis der Generationen?

Zunächst spielen wir die Frage im **Umlagesystem** durch. Dieses funktioniert in unserem Beispiel von HUS mit den 45'000 Aktiven und den 15'000 Rentnern so, dass jeder Aktive 25 Lohnprozente (3 Monatslöhne pro Jahr) an die Rentner abtritt, womit Aktive und Rentner je 9 Monatslöhne (zu beispielsweise 1000 Euro) pro Jahr konsumieren können. Im Jahre 0 besteht zwischen dem Modell A (ohne Wachstum) und dem Modell B (2,4% Wachstum) noch kein Unterschied. Alle haben netto 750 Euro zur Verfügung. Nach 30 Jahren hat sich im Modell B das Bruttosozialprodukt verdoppelt. Weil direkt umverteilt wird, haben jetzt Rentner und Aktive je 1500 Euro pro Monat zur Verfügung.

Jetzt dasselbe im **Kapitaldeckungsverfahren**. (Der Zins ist in HUS noch nicht erfunden worden.) Die aktiven HUSer müssen also jedes Jahr drei Monatslöhne zinslos auf die Bank legen. Zwar nimmt ihr Jahreslohn jedes Jahr um 2,4 Prozent zu, die jährliche Rücklage wird also immer größer, doch reicht dies aus, um später als Rentner mit dem Lebensstandard der Aktiven mitzuhalten?

Die Antwort ist ein klares Nein. Um dies festzustellen, braucht es keine großen Zinseszinsrechnungen. Ein kleines Gedankenexperiment genügt: Nehmen wir an, Rentnerin M. finanziert ihre Rente jeweils aus den zuletzt gesparten Monatslöhnen. Im Lebensjahr 66 konsumiert sie also die 9 in den aktiven Jahren 65, 64 und 63 gesparten Monatslöhne. Wegen des Wachstums sind diese aber um 2,4, 4,8 und 7,2 Prozent tiefer als das Normeinkommen eines aktiven HUSers. Es ist klar, dass sich auf diese Weise die Rente immer weiter vom Einkommen der Aktiven entfernt. Im letzten Lebensjahr, dem 80sten, konsumiert unsere Rentnerin dann noch die Monatslöhne, die sie rund 60 Jahre zuvor in den Lebensjahren 20, 21 und 22 gespart hatte. Ihre Rente entspricht dann zwar noch dem damaligen Reallohn, doch weil die Aktiven inzwischen real vier mal mehr verdienen, macht die Rente nur noch ein Viertel des Nettoeinkommens der Aktiven aus.

Fazit: In einer Welt (in einem Land HUS) ohne Zins, aber mit Wachstum, können zwar die Rentner ihre reale Kaufkraft erhalten, aber ihr Lebensstandard entfernt sich immer weiter von dem der Aktiven.

Das führt uns zur nächsten Frage: Wie hoch muss der Zins sein, damit bei einem gegebenen Wachstum der Gleichstand zwischen Aktiven und Rentnern gewahrt wird?

Antwort: **Zins und Wachstumsraten müssen gleich sein.**

Die Erklärung ist unmittelbar einleuchtend: Wenn die realen Monatslöhne der Aktiven jedes Jahr um x Prozent wachsen, dann muss mein Monatslohn, den ich im Jahre 0 zur Seite lege, ebenfalls um x Prozent zunehmen, damit er in jedem beliebigen Jahr gleichviel wert ist wie der Lohn eines Aktiven.

Nun kann man sich natürlich darüber streiten, welche Kombination von Zins und Wachstum richtig ist. Warum, so könnte man sich fragen, soll nicht jedermann zufrieden sein, wenn er im Alter genau das zurückerhält, was er in der Jugend gespart hat? Warum sollte der Lebensstandard, der im Alter von 30 Jahren zumutbar war, oder uns vielleicht sogar glücklich gemacht hat, im Alter von 70 plötzlich nicht mehr zumutbar sein? Oder anders gefragt: Warum sollte jemand von einem Wachstum profitieren, für das er nichts mehr tut?

Genau diese Frage kann aber auch zum gegenteiligen Standpunkt führen. Das Wachstum von morgen beruht nämlich mutmaßlich auf den Erfahrungen, dem Wissen und der Forschung von gestern. Jede Generation baut auf den Vorleistungen der vorherigen Generation auf. Deshalb ist es durchaus zu rechtfertigen, dass die Alten am allgemeinen Wohlstand teilhaben – sei es durch ein Umlageverfahren oder durch ein Kapitaldeckungsverfahren, bei welchem der Zins dem Wirtschaftswachstum entspricht.

Doch wie steht es nun im dritten möglichen Fall, wenn der Realzins höher ist als das Wirtschaftswachstum? Dieser Fall war lange Zeit reine Theorie bzw. eine kurzfristige Ausnahmeerscheinung. Vom Ende des 2. Weltkriegs und bis in die Mitte der siebziger Jahre war das Wirtschaftswachstum regelmäßig höher als der Realzins (beispielsweise der Staatsobligationen). Seither hat sich dieses Verhältnis aus Gründen, auf die wir noch ausführlich zurückkommen werden, grundsätzlich gewandelt. Und diese neue Konstellation (hoher Realzins, tiefe Wachstumsraten) dürfte einer der wichtigsten Gründe für eine Reihe von Problemen sein, die seit Ende der siebziger Jahre zu beobachten sind. Mehr dazu später.

Wehe den Aktiven, wenn der Zins höher ist als das Wachstum

Zunächst wollen wir die Konstellation »Zins höher als Wachstum« einmal anhand unseres Modells HUS durchspielen. Wir nehmen wie bisher an, dass die Zentralbank die Inflation auf 0 drückt, dass das reale Wachstum jährlich 0 Prozent betrage und sich die Rentenansprüche zu 2,4 Prozent verzinsen. Diese Zahlen entsprechen in etwa den Verhältnissen in der Schweiz der neunziger Jahre. In Deutschland (und in vielen andern Ländern) ist die Differenz zwischen realem Wachstum pro Kopf und dem Realzins (abzüglich der Inflationsrate) der Staatsschulden sogar noch höher.

Was bedeutet dies nun für die Verteilung zwischen Aktiven und Rentnern im Lande HUS? Um die Berechnung zu vereinfachen, machen wir HUS noch ein wenig homogener. Wir nehmen an, dass alle aktiven HUSer ihr ganzes Bruttoeinkommen in der Mitte ihrer aktiven Laufbahn, also mit 42,5 Jahren auf einen Schlag verdienen, und dass sie ihre Rente in der Mitte ihres Rentnerlebens, also mit 72,5 Jahren auf einen Schlag wieder ausgeben. Bei einer (unveränderten) Sparquote von 25 Prozent liegt somit genau ein Viertel eines Lebenseinkommens genau 30 Jahre am Zins. Bei 2,4 Prozent Realzinsertrag bedeut dies, dass sich die Ersparnisse real genau verdoppelt haben.

Glück für die Rentner!

Nun zu den Aktiven. Deren Bruttolohn bleibt gleich, weil HUS ja kein Wachstum kennt. 25 Prozent ihres Lohnes legen die aktiven HUSer auf die Bank. Mit den restlichen 75 Prozent wollen sie Konsumgüter kaufen. Doch jetzt kommt das Problem: Dieselben Konsumgüter wollen auch die Rentner, und die haben ihre Kaufkraft inzwischen verdoppelt. Es kommt zum Verteilungskampf. Wie geht er aus?

Um diese Frage zu beantworten, nehmen wir zunächst einmal an, dass die Rentner ihre Ansprüche voll durchsetzen können. Die Frage ist dann: wie viel bleibt für die Aktiven übrig?

Das Bruttosozialprodukt ist unverändert. Es besteht weiterhin aus dem 540'000 Bruttomonatslöhnen der 45'000 Aktiven. Bisher haben davon die 15'000 Rentner und die 45'000 Aktiven je 9 Monatslöhne erhalten (60'000 mal 9 = 540'000). Jetzt haben die Rentner ihre Ansprüche auf 18 Monatslöhne pro Jahr verdoppelt. 15'000 mal 18 = 270'000. Das ist genau die Hälfte des BSP. Die andere Hälfte teilen sich die 45'000 Aktiven. Für sie bleiben noch je 6 Monatslöhne übrig. Das Einkommensverhältnis zwischen Aktiven und Rentner hat sich also von 1 zu 1 auf 3 zu 1 zugunsten der Rentner verändert.

Nun ist natürlich nicht sicher, dass die Rentner ihre Ansprüche in diesem Verteilungskampf voll durchsetzen können. Deshalb wollen wir noch eine zweite Variante rechnen: Die Rentner haben dank Zins und Zinseszins ihre Ansprüche an das unveränderte Bruttosozialprodukt (von 540'000 Monatslöhnen) auf 270'000 Monatslöhne verdoppelt (siehe oben). Die Aktiven halten jedoch an ihrer Forderung von 9 Monatslöhnen (9 mal 45'000 = 405'000) fest. Insgesamt wollen also 675'000 Monatslöhne ein Bruttoinlandprodukt von 540'000 Monatslöhnen kaufen. Diese Rechnung geht nur dann auf, wenn das Preisniveau des Bruttosozialprodukts um genau 25 Prozent steigt (540'000 mal 1,25 = 675'000). Die Folge dieses Verteilungskampfes ist also ein Inflationsschub von 25 Prozent. Oder anders ausgedrückt: die Kaufkraft der Löhne wird um 20 Prozent gesenkt.

Was bedeutet dies nun für die Verteilung zwischen Rentnern und Aktiven? Jeder der Rentner erhält 18 nominelle Monatslöhne (270'000 : 15'000), die nun aber real nur noch 80 Prozent der ursprünglichen Kaufkraft haben, also 18 x 0,8 = 14,4 Monatslöhne wert sind. Die Aktiven erleiden auf ihren 9 Monatslöhnen ebenfalls einen Realwertverlust von 20 Prozent. Ihnen bleiben also noch 7,2 reale Monatslöhne. Im Vergleich zum ersten Beispiel, bei dem die Rentner ihre Ansprüche voll durchsetzen konnten, hat sich also das Verteilungsverhältnis Aktive/Rentner von 1 zu 3 auf 1 zu 2 aus Sicht der Aktiven leicht verbessert.

Ob 3 zu 1 oder bloß 2 zu 1 zugunsten der Rentner – die verteilungspolitischen Auswirkungen eines Zinsniveaus, das die Wachstumsraten übersteigt, sind beträchtlich. Sie sind sogar geradezu grotesk – zumindest in unserer Modellrechnung. Dies führt natürlich zur Frage, wie viel denn diese Modellrechnung noch mit der Wirklichkeit zu tun habe. Oder politisch gefragt: Ist es überhaupt denkbar, dass sich die Aktiven im Verteilungskampf derart über den Tisch ziehen lassen? Um dies abschätzen zu können, müssen wir uns die Mechanismen dieses Verteilungskampfes etwas genauer ansehen.

Die Notenbank als Schiedsrichter im Verteilungskampf

Die obigen Modellrechnungen unterscheiden sich vor allem dadurch, dass im zweiten Fall Inflation zugelassen wird. Konkret: Die Aktiven stellen sich besser, wenn die Notenbank zulässt, dass die Guthaben der Rentner durch die Inflation teilweise entwertet werden. Die Notenbank ist also der Schiedsrichter im Verteilungskampf zwischen den Generationen. Rein mechanisch betrachtet, und unter Einbezug des Kapitalstocks, könnte ein Verteilungsergebnis von 3 zu 1 für die Rentner wie folgt erzielt werden:

Das Bruttosozialprodukt BSP betrage 540'000 Monatslöhne. Der Kapitalstock betrage das 5fache davon, also 2,7 Millionen Monatslöhne. Dieser Kapitalstock ist zu 100 Prozent belehnt, womit das Finanzkapital ebenfalls 2,7 Millionen Monatslöhne beträgt. Es gehört zu 100 Prozent den Rentnern. Damit nun die Rentner – wie in unserem ursprünglichen Szenario – ein Viertel des BIP beanspruchen können, muss der Zinssatz genau 5 Prozent betragen. (5% von 2,7 Mio. = 135'000 = ein Viertel von 540'000).

Wenn nun die Notenbank den Zins auf 10 Prozent verdoppelt und gleichzeitig dafür sorgt, dass das Preisniveau unverändert bleibt, dann verdoppelt sich der reale Anspruch der Rentner auf 270'000 Monatslöhne. Für die Aktiven bleiben dann statt 405'000 nur noch 270'000 Monatslöhne. Das Ergebnis ist eine Verschiebung des Verhältnisses von Rentner- zu Aktiveneinkommen von 1 zu 1 auf 3 zu 1.

Die Notenbank muss allerdings nicht allein schuld sein. Denkbar ist auch folgendes Szenario: Der Kapitalstock ist nur noch zu zwei Dritteln belehnt. Das restliche Drittel ist im Besitz von Aktionären. Das Finanzkapital setzt sich also zusammen zu 1,8 Millionen Monatslöhnen in Form von Obligationen und 0,9 Millionen in Form von Aktien. Aktien und Obligationen seien weiterhin zu 100 Prozent im Besitz der Rentner.

Zum Zeitpunkt 0 erhalten alle 5 Prozent Zins bzw. Dividende. Rentner und Aktive haben allesamt dasselbe Einkommen. HUS lebt in Frieden und Eintracht. Zum Zeitpunkt 1 wagt die Gruppe der Aktionärsrentner einen Putsch. Mit der Devise »20 Prozent Eigenkapitalrendite oder wir ziehen ins Ausland« setzen sie die Aktiven unter Druck. Die Notenbank spielt mit und sorgt dafür, dass die Preise trotz den hohen »Lohnforderungen« der Aktionärsrentner nicht steigen. Auch hier ist das Ergebnis für die Aktiven dasselbe: Sie verlieren einen Drittel ihres Lohnes (6 statt 9 Monatslöhne). Die Obligationenrentner bleiben bei ihren 9 Monatslöhnen. Die Aktienrentner hingegen vervierfachen ihren Lohn von 8 auf 36 Monatslöhne bzw. von 5 auf 20 Prozent Zins.

All dies sind natürlich bloß Modellrechnungen. Die Wirklichkeit ist viel komplexer. Zum einen besteht in der Wirklichkeit (anders als in unserem Modell) die Möglichkeit, überflüssige Ersparnisse zu exportieren und damit interne Nachfrageprobleme zu mildern. Diese Möglichkeiten sind allerdings beschränkt. Zweitens verläuft die Grenze zwischen Rentnern und Aktiven in der Realität nie so scharf wie im Modell.

Ferner haben wir im Modell angenommen, dass die Rentner ihr Finanzkapital nie vererben, sondern dass sie es bis zum Lebensende voll aufbrauchen und entsprechende Ansprüche an das laufende Bruttoinlandprodukt stellen. Die Wirklichkeit ist anders. Je mehr Finanzkapital eine Rentnerin besitzt, desto kleiner ist der Anteil davon, den sie real konsumiert. Das entschärft zwar einerseits (vorübergehend) den Verteilungskampf um das BIP, führt aber zu einer Aufblähung des Finanzkapitals. Es werden immer mehr Geldvermögen angehäuft, denen kein realer Wert (konkret: kein durchsetzbarer Anspruch auf einen Teil des produktiven Kapitalstocks) mehr entgegen steht. Damit herrscht eine ständige latente Inflationsgefahr: Wenn die Besitzer der Finanzvermögen aus irgend einem Grund (zum Beispiel weil sie eine inflationäre Entwertung ihrer Finanzvermögen befürchten) wesentlich mehr Güter und Dienstleistungen des BIP nachfragen, kann es zur Preisexplosion kommen. Um dies zu vermeiden, gibt es nur eine Möglichkeit: Die Zentralbank muss die Zinsen hoch halten. Damit kann sie die Rentner dazu überreden, ihre Einkommen weiterhin zu sparen. Die Inflation ist glücklich vermieden, doch der Ballon der fiktiven (bzw. nicht nachhaltigen) Vermögen wird weiter aufgebläht.

Unsere Modell-Wirtschaft HUS beruht auf zu einschränkenden Annahmen, als dass sich daraus Prognosen über die Vorgänge in einer realen Wirtschaft ableiten lassen. Aber es ist ein Werkzeug, mit dem zahlreiche aktuelle Probleme der Volkswirtschaft analysiert werden können. Dabei lichtet sich allerlei intellektueller Nebel. Beispielsweise wird klar, dass

■ zwischen Rentner und Aktiven ein Verteilungswettkampf herrscht.

■ Veränderung in der Alterspyramide einer Bevölkerung entscheidende Auswirkungen auf die Volkswirtschaft haben können.

- Zwischen den physischen Kapitalstock, den eine Wirtschaft braucht, um das laufende Sozialprodukt herzustellen, und dem Finanzkapital, das im Zuge des Alterssparens aufgebaut wird, eine spannungsreiche Wechselwirkung besteht.

- Dass die Zinsen genau so wie die Löhne ein Instrument der Verteilung sind. Dies wird meist übersehen. In der wirtschaftspolitischen Diskussion werden die Zinsen meist als ein in Bezug auf die Verteilung neutrales Instrument der Teuerungsbekämpfung und der Konjunktursteuerung gesehen. Eine Erhöhung der Zinsen drückt die Teuerung und dämpft die Konjunktur.

- Dass die Notenbank damit eine zentrale Rolle im Verteilungskampf zwischen Rentnern und Aktiven spielt.

Die Kapitalmärkte

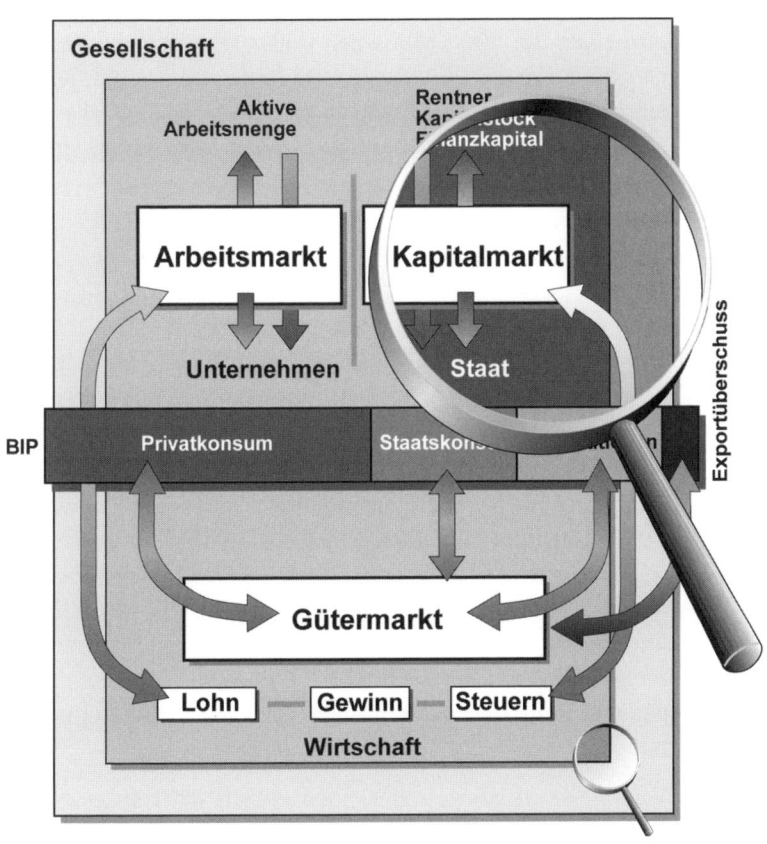

Kapitalstock und Finanzkapital – die Fakten

In den USA ist der Wert aller Aktien von 1995 bis Ende 1999 um 8000 Milliarden Dollar gestiegen. Einige US-Amerikaner sind also insgesamt um 8000 Milliarden Dollar reicher geworden. **Doch gilt dies auch für die USA insgesamt? In diesem Kapitel geht es noch einmal um den Zusammenhang zwischen Realkapital und Finanzkapital. Aktuelle Größenordnungen und langfristige Trends werden aufgezeigt.**

Die Zusammenhänge zwischen dem physischen Kapitalstock und dem Finanzkapital sind ein intellektuelles Sumpfgebiet, in dem auch gelernte Ökonomen immer wieder stecken bleiben oder sich von Irrlichtern vom sicheren Pfad abbringen lassen. Das Hauptproblem besteht darin, dass die Grenzen zwischen Grundstücken, Gebäuden, Maschinen usw. (also dem physischen Kapitalstock) und den Aktien, Obligationen, Bankguthaben usw. (also dem Finanzkapital) fließend sind. Einerseits lässt sich Finanzkapital (unter normalen Umständen) jederzeit in reales Kapital umwandeln. Andererseits ist reales Kapital zwar immer real, aber dennoch manchmal fast gar nichts mehr wert, wie zum Beispiel ein mit 20 Millionen Euro belehnter Gebäudekomplex, für den bei der Versteigerung aber niemand mehr als 5 Millionen bieten will. Finanzkapital kann also aus der Sicht seines Eigentümers sehr viel realer sein als Realkapital.

Vergegenwärtigen wir uns noch einmal die Funktionen des Kapitalstocks und des Finanzkapitals in unserem Grundlagenmodell:

Rentner und Aktive haben ein Geldeinkommen. Dieses verwenden sie teils für den Konsum, teils für Ersparnisse. Mit dem Konsumteil ihres Einkommens fragen sie direkt Güter und Dienstleistungen aus dem realen BIP nach. Mit dem Spartteil ihres Einkommens kaufen die Rentner und Aktiven erst einmal Finanzkapital, also Aktien und Obligationen oder sie bringen das Geld zur Bank oder überweisen es in die Pensionskasse. Damit erwerben sie sich Guthaben gegenüber der Bank oder der Pensionskasse. Auch das sind Finanzaktiva.

Dieser Erwerb von Finanzaktiva ist natürlich kein Selbstzweck. Letztlich werden auch damit Güter und Dienstleistungen aus dem laufenden Sozialprodukt nachgefragt. Entweder werden damit Investitionen (in den physischen Kapitalstock) getätigt, oder die Sparerin Müller finanziert damit den heutigen Konsum von Meier, der diesen Vorschuss mit einem späteren Konsumverzicht (plus Zins) zurückbezahlt.

Wir halten fest: Gesamtnachfrage = Konsumnachfrage + Sparnachfrage = Konsum + Investitionen.

Dabei ist die Konsumnachfrage eine direkte Nachfrage nach Konsumgütern. Die Sparnachfrage hingegen nimmt einen Umweg über Finanzkapital bzw. über den Kapitalmarkt. Es werden zunächst Besitztitel nachgefragt. Diese Nachfrage führt bloß indirekt (und mit zeitlicher Verzögerung) zu einer effektiven Investitionsgüternachfrage. Dieser Umweg ist wichtig.

Nun zu den Größenordnungen. In den entwickelten Volkswirtschaften sieht das Verhältnis von Brutto- und Nettokapitalstock zum Bruttoinlandprodukt wie folgt aus:

Bruttokapitalstock = 5 x Bruttoinlandprodukt
und
Nettokapitalstock = 3 x Bruttoinlandprodukt

Dies ist kein Gesetz, sondern eine Größenordnung. In Deutschland wurde 1990 für das Verhältnis von Bruttokapitalstock zum BIP ein Faktor von 4,8 gemessen, in der Schweiz war es 5,0; in Österreich war 1987 der Bruttokapitalstock 5,1 mal so groß wie das Bruttoinlandprodukt.

Der Bruttokapitalstock ist die Summe der Wiederbeschaffungswerte aller noch funktionstüchtigen Kapitalgüter. Er ist das Maß für die Produktionskapazität eines Landes. Der Nettokapitalstock bezeichnet den Zeitwert (oder Marktwert) aller Kapitalgüter. Die Differenz zwischen den Brutto- und dem Nettokapitalstock zeigt das Maß der Veraltung des Kapitalstocks eines Landes.

Das Verhältnis von Kapitalstock und Sozialprodukt nahm in praktisch allen Industrieländern bis in die achtziger Jahre stetig leicht zu. Die Produktion wurde kapitalintensiver. Inzwischen hat sich das Blatt gewendet – das Sozialprodukt wächst jetzt schneller als der Kapitalstock, das heißt, die Wirtschaft braucht pro Output-Einheit immer weniger Kapital. Dies könnte die Folge eines konjunkturellen Rückgangs sein: Die Unternehmen investieren aus Angst vor der Zukunft weniger und die Volkswirtschaft lebt von der Substanz.

Wesentlich wahrscheinlicher ist jedoch eine andere Interpretation dieses Trends: Danach braucht die Wirtschaft nachhaltiger weniger Kapital, weil einerseits die Kapitalgüter im Vergleich zu ihrer Leistungsfähigkeit immer billiger werden (sei es wegen dem Preiszerfall der Computer oder wegen besseren, »schlanken« Produktionsverfahren) und weil andererseits der Anteil der kapitalintensiven industriellen Wertschöpfung im Verhältnis zu den arbeitsintensiven Dienstleistungen laufend abnimmt. Zumindest in den USA ist dieser Trend deutlich zu beobachten: Dort machte der Nettokapitalstock 1979 noch gut das Zweifache (Faktor 2,23) des Bruttosozialprodukts aus. 1997 war diese Verhältniszahl auf 1,68 gesunken.

(Dazu eine kleine Bemerkung in Klammern: Bei sinkenden Kapitalkosten müssten eigentlich die Bruttogewinne der Unternehmen sinken, weil weniger Investitionen bzw. Abschreibungen finanziert werden müssen. Wenn diese Anpassung nicht geschieht, kommt es zu einer Umverteilung und zu Ungleichgewichten. Dies könnte eine Erklärung sein für die Umwälzungen ab Ende der siebziger Jahre.)

Doch zurück zum Nettokapitalstock. Es bildet die Grundlage für das Finanzkapital, denn dieses entsteht in aller Regel dadurch, dass Realkapital, bewertet zu Marktpreisen (also der Nettokapitalstock), belehnt wird. Eine zweite Möglichkeit, Realkapital in Finanzkapital umzuwandeln, ist die Herausgabe von Aktien.

Um abzuschätzen, wie viel Finanzkapital eine Volkswirtschaft unter normalen Umständen in etwa generieren kann, muss man wissen, wie das Realkapital bewertet zu Marktpreisen (d. h. der Nettokapitalstock) zusammengesetzt ist. Eine für Industriestaaten typische Aufteilung ist:

40 Prozent Unternehmen
40 Prozent Wohnbau

20 Prozent Staat

bzw.

20 Prozent Maschinen und Ausrüstungen
80 Prozent Bauten

Seriöse Banken belehnen **Wohnbauten** bis zu maximal 80 Prozent ihres Marktwertes. Wenn die Wohnbauten 40 Prozent des Kapitalstocks ausmachen, liegt die Grenze der auf die Wohnbauten entfallenden Kredite bei **32 Prozent des Nettokapitalstocks.** Bei den **Unternehmen** sind die Banken vorsichtiger. Mehr als 50 Prozent seines Produktionskapitals kann ein Unternehmen nur im Ausnahmefall mit Kredit finanzieren. 50 Prozent von 40 Prozent (Anteil der Unternehmen am Nettokapitalstock) ergeben eine Kreditgrenze von **20 Prozent des Kapitalstocks.**

Zusammen können die Privaten und die Unternehmer also 52 Prozent des volkswirtschaftlichen Nettokapitalstocks als Kredit aufnehmen. Da in einem typischen Industrieland der Nettokapitalstock höchstens das dreifache des Bruttosozialprodukts ausmacht, liegt die maximale Kreditgrenze bei **156 Prozent des Bruttoinlandprodukts.**

Diese Umrechung war nötig, weil die Kredite des Kapitalmarktes an den **Staat** unabhängig von dessen Vermögen sind – und deshalb nicht sinnvoll in Prozenten des Staatsvermögens ausgedrückt werden können. Staaten veröffentlichen normalerweise keine Bilanzen. Hingegen gilt die Faustregel (bekannt als »Maastrichter Kriterium«), dass die Staatsschulden **60 Prozent des BIP** nicht übersteigen sollten.

Zählt man die Schuldengrenzen von Privaten, Unternehmen und Staat zusammen und rundet ab, so kommt man auf eine Größenordnung von rund 200 Prozent des BIP. In diesem Umfang können Bankschulden gemacht bzw. Staatsobligationen und Schuldverschreibungen von Unternehmen emittiert werden.

Dazu kommen nun noch die Aktien. Wenn die Unternehmen 50 Prozent ihres Besitzes (bzw. Nettokapitalstocks) belehnt haben, bleiben ihnen noch 50 Prozent als Eigenkapital, die sie als Aktien auf den Markt bringen können. Die »Aktienschöpfungs-Grenze« liegt also nach dieser Rechnung bei 20 Prozent des Nettokapitalstocks (die Hälfte von 40%) bzw. bei 60 Prozent des BIP. Diese Zahlen sind natürlich Theorie, denn sie werden in der Realität weit überschritten. Dennoch macht diese Berechnung der Kreditgrenzen Sinn. Sie zeigt nämlich, dass ein im Verhältnis zum Kapitalstock hohes Finanzkapital kein Maßstab für den Reichtum eines Landes ist, sondern vielmehr ein Fingerzeig für das Ausmaß der Überschuldung. Darüber hinaus ist ein aufgeblähtes Finanzkapital ein Indiz für eine einseitige Vermögensverteilung. Wenn jeder Mensch der Besitzer seiner eigenen Wohnung und seines eigenen Produktivkapitals wäre, bräuchte es praktisch keine Finanzaktiva.

Zur Erhaltung des Kapitalstocks müssen jedes Jahr Investitionen getätigt werden. Dadurch wird ein Teil der Produktionskapazität der Wirtschaft absorbiert. Dieser Anteil beträgt

Investitionen = 25% des Bruttoinlandprodukt.

Diese Zahl, gekoppelt mit dem Faktor 5 für das Verhältnis von Kapitalstock und BIP, bedeutet, dass die Bestandteile des Kapitalstocks im Schnitt eine Lebensdauer von 20 Jahren haben. Damit ist auch gesagt, dass der Anteil der Investitionen am BIP unter anderem von der Zusammensetzung der langlebigen (z. B. Schulhäuser) und der kurzlebigen Investitionsgüter (z. B. Computer) abhängt. Je höher der Anteil der kurzlebigen Kapitalgüter am gesamten Kapitalstock, desto höher der Anteil der Investitionen am BIP. Der Spar- bzw. Investitionsanteil ist etwa auch dann höher, wenn ein (Schwellen-)Land seinen Kapitalstock erst noch aufbauen muss.

Korea 1994:	34%
Japan 1992:	32%
Schweiz 1958:	30%
Schweiz 1996:	28%
Holland 1996:	25%
Deutschland 1996:	20%

Das Finanzkapital

Während der Zusammenhang zwischen Kapitalstock, Investitionen und BIP weitgehend technologisch bedingt und deshalb einigermaßen berechenbar ist, gelten für das Verhältnis von Kapitalstock und Finanzkapital ganz andere Regeln. Zum Verständnis der Zusammenhänge lohnt es sich, zunächst einmal den Extremfall einer Wirtschaft ohne Finanzkapital zu betrachten. Das ist dann der Fall, wenn jedermann seine eigenen Produktionsmittel besitzt, und wenn die Verteilung zwischen Aktiven und Rentnern entweder im Familienverband geregelt wird oder über Lohnprozente im Umlageverfahren.

Im anderen Extrem ist es durchaus denkbar, dass das Finanzkapital einer Wirtschaft das Mehrfache seines Kapitalstocks beträgt. Das ist deshalb möglich, weil der Kapitalmarkt nicht nur den eigentlichen Kapitalstock belehnen kann, sondern insbesondere auch Bodenbesitz oder Arbeitskraft. Beispiel: Frau Müller macht eine Ausbildung und verdient deshalb zur Zeit kein Geld. Sie finanziert deshalb ihren laufenden Konsum mit einem Kredit, den ihr die Bank X gewährt, weil sie überzeugt ist, dass Frau Müller in ein paar Jahren mehr verdient, als sie zum Konsumieren braucht.

Größenordnungen

Die Größe des Finanzkapitals im Verhältnis zum BIP ist weitgehend eine Frage der Definition. Ein Beispiel: Frau Huber kann ihre Fabrik im Wert von 1 Million Euro als Einpersonengesellschaft besitzen und von ihrem Onkel einen Privatkredit von 0,5 Mio. aufnehmen. Sie kann zweitens eine Aktiengesellschaft gründen und sich 1000 Aktien zum Nennwert von 1000 Euro ausstellen. Drittens kann sie ihre Aktien auch an der Börse kotieren lassen (neu zulassen) und den Privatkredit durch einen Bankkredit ablösen.

Finanzkapital im üblichen Sinne entsteht nur im dritten Fall. Diese Definition ist weniger willkürlich als sie scheint. Für viele wirtschafts- und vor allem konjunkturpolitische Probleme macht es nämlich Sinn, Ansprüche auf Eigentum nach dem Grad ihrer Handelbarkeit zu ordnen. In diesem Sinne gelten als Finanzkapital insbesondere:

börsenkotierte Aktien

börsenkotierte Obligationen

Kassaobligationen der Banken

Guthaben bei Banken (Sparbücher usw.)

Seit Mitte der siebziger Jahre hat sich in fast allen entwickelten Volkswirtschaften die Wachstumsrate des Finanzkapitals im Vergleich zum Wachstum des BIP stark beschleunigt. Beispiele: In der Schweiz schwankte die Summe der Hypothekarkredite von 1950 bis 1977 ständig um die 75 Prozent des jeweiligen BIP. Danach nahm sie innerhalb von 20 Jahren rasant auf 140 Prozent zu. Die Konsumkredite in den USA haben sich von 1987 bis 1999 auf 1430 Milliarden Dollar verdoppelt, obwohl der Nominallohn der ärmeren 60 Prozent der US-Bevölkerung (also der Leute, die auf die teuren Konsumkredite angewiesen sind) in dieser Zeit bloß um 37 Prozent zugenommen und real sogar stagniert hat.

Zweitens hat innerhalb des Finanzkapitals eine Verschiebung zugunsten der leicht handelbaren Titel stattgefunden. Die mittleren und größeren Unternehmen haben ihre Bankkredite in handelbare Obligationen oder Commercial Papers umgewandelt. Immer mehr private Aktiengesellschaften haben ihre Aktien an der Börse kotieren lassen.

Sich einen Überblick über das Verhältnis von Kapitalstock, BIP und Finanzkapital zu verschaffen, ist nicht leicht, da die Gefahr von Doppelzählungen groß ist. So bieten an der Börse immer mehr »Unternehmen« ihre Aktien an, deren einziger Geschäftszweck darin besteht, die Aktien anderer Unternehmen gewinnbringend zu verwalten (Beispiel Pharma-Vision.) Auch unter den industriell aktiven Unternehmen gibt es viele, deren wichtigste Aktiva nicht aus Fabriken bestehen, und deren Gewinne nicht in erster Linie aus der Herstellung von Gütern und Dienstleistungen kommen, sondern aus dem Besitz von Wertpapieren.

Doch auch wenn die Zahlen keinen Anspruch auf absolute Genauigkeit erheben, sind die Größenordnungen doch eindrücklich.

Schweiz:

BIP 1998:	370 Mrd. Fr.
Kapitalstock:	ca. 1500 Mrd. Fr.
Finanzkapital:	ca. 2000 Mrd. Fr.

Davon:

Börsenkapitalisierung Ende 1998:	1020 Mrd. Fr.
Ausstehende, börsenkotierte Obligationen:	300 Mrd. Fr.
Inländische Bankenkredite:	670 Mrd. Fr.
Guthaben bei Versicherungen:	100 Mrd. Fr.

Dies sind, wie gesagt, nur grobe Anhaltspunkte. Außerdem ist die Zuordnung des Finanzkapitals zum BIP oder Kapitalstock eines Landes schwierig, da »Schweizer« Unternehmen Besitz im Ausland haben – und umgekehrt, da Schweizer Aktien zum Teil von Ausländern gehalten werden usw.

Welt:

BIP 1998:	31'000 Mrd. Dollar
Kotierte Aktien Sept. 1998:	24'200 Mrd. Dollar
Kotierte Obligationen:	15'300 Mrd. Dollar

Quelle: Fédération internationale des bourses de valeur

Allein diese beiden Kategorien von leicht handelbaren Finanztiteln machen also heute schon rund 160 Prozent des weltweiten Sozialprodukts aus. Das bringt eine Reihe schwerwiegender Probleme mit sich. Mehr davon im nächsten Kapitel.

Der globale Kapitalmarkt – die Hintergründe

Unter Ökonomen gilt der Kapitalmarkt als der effizienteste aller Märkte, und auch Laien erstarren in Ehrfurcht vor dem MARKT schlechthin. Der Grund für diese Ehrfurcht: Tausende Milliarden von Dollar werden fast kostenlos und sekundenschnell um den Erdball geschoben. Doch in Wirklichkeit ist der globale Kapitalmarkt nachweislich extrem ineffizient. Dafür gibt es drei Gruppen von Gründen, die alle untereinander zusammenhängen:

1. Der Kapitalmarkt hat eine doppelte Aufgabe. Er muss Ersparnisse in Investitionen bzw. in Realkapital umwandeln. Und er ist gleichzeitig Umschlagplatz für reines Finanzkapital. Die beiden Aufgaben kommen sich öfter in die Quere als der Volkswirtschaft lieb sein kann.

2. Der globale Kapitalmarkt stellt die Marktteilnehmer vor Informationsprobleme, deren rationale Lösung zwingend zu nicht rationalen Ergebnissen führt.

3. Gerade der globale Finanzmarkt bräuchte intelligente Institutionen. Die hat er jedoch nicht, weil in den internationalen Währungsinstitutionen die Schuldner nicht genügend Einfluss haben.

Der Kapitalmarkt als Gebrauchtwarenmarkt

Erinnern wir uns: Die Finanzmärkte haben volkswirtschaftlich gesehen die Aufgabe, Ersparnisse in Investitionen umzuwandeln. Genauer: Sie sind an dieser Aufgabe beteiligt, denn zur Not ginge es auch ohne Kapitalmarkt. Die Unternehmen können ihre Investitionen auch aus den eigenen Gewinnen finanzieren, und Herr Müller könnte sein Haus auch mit den 3000 Franken oder DM bauen, die er jeden Monat zur Seite legt – fünf Monate für die Baugrube, 6 Monate für das Fundament, 12 Monate für den 1. Stock usw.

Die beiden Beispiele zeigen schon, wie nützlich ein gut funktionierender Kapitalmarkt sein kann. Leider zeigt jedoch ein Blick auf die Wirklichkeit, dass der moderne, globale Kapitalmarkt die Stufe seiner maximalen Effizienz längst überschritten hat. Der Grund dafür liegt darin, dass der Kapitalmarkt heute in erster Linie als Gebrauchtwaren-Markt funktioniert. Professor Tibor Scitovsky hat dieses Problem in seiner »Theorie des Secondhand-Marktes« als erster scharf analysiert, denn sie beleuchtet einen für das Verständnis der aktuellen Probleme entscheidenden Aspekt des Kapitalmarktes, der bei der üblichen Betrachtungsweise völlig verschüttet wird.

Dabei geht es um das Zusammenspiel zwischen dem Markt für neue Produkte und dem für die entsprechenden »Gebrauchtwaren«. Nehmen wir den Markt für Personenwagen. Bei einer Konjunkturflaute kommen regelmäßig mehr Gebrauchwagen auf dem Markt. Dadurch wird die Nachfrage nach Neuwagen zusätzlich geschwächt. Beim Aufschwung geschieht das Gegenteil.

Auf den Kapitalmärkten gibt es solche Wechselwirkungen auch, doch sie werden kaum beachtet, weil hier nämlich der Gebrauchtwarenhandel derart dominiert, dass jedermann zuerst einmal scharf nachdenken müsste, um zu verstehen, was denn auf diesem Markt überhaupt die Neuproduktion ist.

Eine mögliche Antwort lautet: Neuproduktion ist, was neu an der Börse zugelassen (Fachausdruck: kotiert) wird. Nach dieser Definition sind 1997 in der Schweiz 2,9 Milliarden neue Aktien auf den Markt gekommen und ebenso viele verschwunden. Zudem wurden für 24,3 Milliarden Franken neue Obligationen kotiert und für 17,6 Milliarden abgemeldet. Netto belief sich die Neuproduktion also nur gerade auf 7 Milliarden Franken, und das bei einer Börsenkapitalisierung (Gesamtwert aller gehandelten Titel) von rund 1000 Milliarden Franken.

Doch diese Definition überzeugt nicht, denn bei den Neukotierungen werden oft bloß Bankschulden in Obligationen umgewandelt, oder die alten Besitzer bringen ihre bestehenden Aktien an die Börse, um sie dort zu verkaufen. In beiden Fällen werden zwar Besitztitel leichter handelbar gemacht, es fließt aber kein neues Geld an die Unternehmen.

Wirklich neue Wertpapiere entstehen nur dort, wo ursprünglich Ersparnisse in Investitionen umgewandelt werden. Dieser für jede Wirtschaft zentrale Vorgang war bis vor kurzem noch weitgehend statistisches Brachland und wird auch in der Theorie noch zu wenig beachtet. In der Schweiz etwa liegen erst seit 1997 (rückwirkend bis 1990) Zahlen vor, die zeigen, wie viel in welchen Sektoren gespart und investiert wird, bzw. welche Finanzströme sich zwischen Haushalten, Unternehmen, Staat und Ausland hin- und herbewegen. Wir werden auf diesen Vorgang im nächsten Kapitel noch ausführlicher zurückkommen. Hier interessiert er uns nur insofern, als wir wissen wollen, auf welche Weise und in welcher Größenordnung sich der Kapitalmarkt an der Umwandlung von Ersparnissen in Investitionen beteiligt. Um die Größenordnung zu illustrieren, beschränken wir uns auf die Verhältnisse in der Schweiz.

1997 wurden in der Schweiz 106 Milliarden Franken gespart, wovon 33 Milliarden ins Ausland exportiert und 73 Milliarden in der Schweiz investiert wurden. Zur Finanzierung dieser 73 Milliarden haben die Bankenkredite netto 28 Milliarden Franken beigetragen. Am Aktienmarkt wurden für 2,89 Milliarden Franken neue Aktien ausgegeben und für 2,96 Milliarden alte zurückgekauft. Per Saldo wurden also gar keine Investitionen über den Aktienmarkt finanziert. Am Obligationenmarkt wurden netto 6,8 Milliarden neue Gelder aufgenommen. 38,6 Milliarden wurden direkt aus den Ersparnissen finanziert.

Grob vereinfacht und im mehrjährigen Schnitt gerechnet, kann man also sagen, dass nur rund die Hälfte der gesamtwirtschaftlichen Investitionen über den Kapitalmarkt im weiteren Sinne finanziert werden. Davon entfällt allerdings die überwiegende Mehrheit auf die traditionellen Bankenkredite. Die Ausgabe von handelbaren Kapitalmarkttitel, die »Neuproduktion«, trägt also nur rund 10 Prozent zur Umwandlung von Ersparnissen in Investitionen bei. 90 Prozent dieser Aufgabe geschieht außerhalb des Kapitalmarktes.

Diese wenigen Milliarden Franken (bzw. 2 bis 3 Prozent des BIP), die jährlich an neuen Kapitalmarktpapieren geschaffen werden (Neuproduktion), liegen nun nicht einfach ruhig in den Tresoren ihrer Besitzerinnen, sondern sie veranstalten (zusammen mit den früher geschaffenen Titeln) einen riesigen Zirkus, den sogenannten Occasionsmarkt. Dieser bestand in der Schweiz Ende 1998 aus:

Börsenkapitalisierung Ende 1998: 1020 Mrd.
Ausstehende, börsenkotierte Obligationen: 300 Mrd.

Weltweit wurden im September 1998 folgenden Größenordnungen registriert:

Kotierte Aktien Sept. 1998:	24'200 Mrd. $
Kotierte Obligationen:	15'300 Mrd. $

Dazu kommt noch der (statistisch nicht erfasste) Bestand der kurzfristigen Geldmarktpapiere. Hingegen lässt sich für deren Umsatz anhand der Devisenstatistiken eine untere Grenze ermitteln. Sie liegt bei rund 300'000 Milliarden Dollar. Das ist das Zehnfache des globalen Sozialprodukts. Mit anderen Worten: Der Primärmarkt ist im Vergleich zum Occasionsmarkt lächerlich gering. Wie die folgenden Überlegungen illustrieren, ist dies aus volkswirtschaftlicher Sicht äußerst problematisch.

Der Occasionsmarkt verschlingt Unsummen von Geld:

Nach konservativen Schätzungen verursacht der Devisenhandel Kosten (Gebühren und Gewinnmargen) von 0,3 Prozent des Umsatzes. Das wären rund **900 Milliarden Dollar**, die jährlich im Bankensektor landen.

Die Verwaltung inklusive Kauf und Verkauf der Aktien verschlingt 1,5 Prozent des Wertes. Das sind weitere **360 Milliarden Dollar.**

Die Verwaltung der Obligationen kostet jährlich rund 0,5 Prozent des Bestandes. Das sind weitere **75 Milliarden Dollar.**

Diese Rechnung bewegt sich auf der vorsichtigen Seite. Nicht berücksichtigt sind etwa die Kosten, die sich aus den Rechtsstreitigkeiten ergeben und aus den Bemühungen, all dieses Geld und die Einnahmen daraus an den Steuerbehörden vorbeizuschleusen. Allein in den USA sind rund 100'000 Spezialisten mit diesen Ausgaben beschäftigt und ein Stundenansatz von 500 Dollar und mehr ist in diesen Kreisen nicht unüblich.

Alles in allem verschlingt also die Verwaltung der reinen Finanzvermögen jährlich weltweit mindestens 1300 Milliarden Dollar. Diese Summe muss ins Verhältnis gesetzt werden zu den rund 6000 Milliarden Dollar weltweiten Ersparnissen, bzw. zu den schätzungsweise rund 2000 Milliarden Dollar, die davon via Kapitalmarkt in Investitionen umgewandelt werden.

Mit anderen Worten: Misst man den Kapitalmarkt an seiner eigentlichen volkswirtschaftlichen Aufgabe, so ist er enorm ineffizient: **Er verschlingt 1300 Milliarden Dollar, um 2000 Milliarden Dollar von den Sparern zu den Investoren zu bringen.** Doch das ist nicht der einzige Nachteil des Gebrauchtwarenmarktes für Kapital.

In der Schweiz sind die Investitionen von 1990 bis 1997 um 13 Milliarden oder 15 Prozent zurückgegangen. Es gab also in dieser Zeit ein gewaltiges Überangebot an Spargeldern bzw. ein Missverhältnis zwischen den laufenden Ersparnissen und den laufenden Investitionen. Normalerweise, d. h. ohne Sekundärmarkt, hätte dies zu einem starken Rückgang der Zinsen führen müssen. Die Ersparnisse wären dadurch gesenkt und die Investitionen verbilligt bzw. erhöht worden – bis sich ein neues Gleichgewicht eingestellt hätte. Der »Gebrauchtwaren-Markt« hat nun aber diese gesunde Reaktion verunmöglicht und gar ins Gegenteil umgekehrt: Die Anleger hatten die Möglichkeit, bestehende Aktien und Obligationen zu kaufen, statt neue Investitionen zu finanzieren. Diese Nachfrage führte zu einer Verknappung der alten Titel und zu einem Kursanstieg, bzw. zu einem Aktienboom. Damit steigt die Gesamtrendite (Dividende und Kursgewinn) von Aktienanlagen. Das Sparen wird attraktiver und nicht etwa weniger rentabel.

Der Occasionsmarkt setzt also das wichtigste Navigationsinstrument einer Wirtschaft – den Zins bzw. die Renditeerwartung – weitgehend außer Kraft. Ungleichgewichte zwischen Ersparnissen und Investitionen werden nicht mehr über den Zins ausgeglichen, sondern durch übersteigerte Renditeerwartungen noch verschärft. Dies führt zu neuen Ungleichgewichten – bis zum Crash.

Und noch etwas kommt hinzu. Es braucht nicht viel Phantasie, um sich auszumalen, wer die Wirtschaft beherrscht: Die große Masse, die ein Jahr braucht, um Güter und Dienstleistungen im

Wert von 30'000 Milliarden Dollar herzustellen, oder die paar wenigen Occasionshändler, die jeden Monat Altpapier im Wert von Tausenden von Milliarden in der Welt herumschieben?

Die Informationsprobleme des Kapitalmarktes

Mitte 1998 fasste Charles Wyplosz, einer der führenden Finanzmarkt-Ökonomen, die stilisierten Fakten der neueren Finanz- und Währungskrisen, so wie sich seit der Mexiko-Krise von 1982 präsentieren, wie folgt zusammen:

1. Einer Währungskrise geht meist eine Überbewertung der eigenen Währung voraus, ferner nimmt die einheimische Kreditmenge stark zu und die Leistungsbilanz ist im Defizit (z. B. Korea, Brasilien).

2. Es gibt keinen klaren Zusammenhang zwischen der Fiskalpolitik und einer Währungskrise. (Korea ist 1997 in eine Währungskrise geraten, obwohl der Staatshaushalt praktisch schuldenfrei war.)

3. Währungskrisen werden gefolgt von einer Unterbewertung der Wechselkurse, Inflation, hohen Realzinsen und von einer Verbesserung der Leistungsbilanz.

4. Aktien- und Immobilienpreise fallen nicht schon vor der Krise. Sie sind in der Regel bis zum Zeitpunkt der Krise hoch und fallen dann rasch (Japan, Korea, Brasilien).

5. In den Entwicklungs- und Schwellenländern treten die Krisen meist erst dann auf, wenn die Zinsen in den Industrieländern tief sind, bzw. wenn die Investitionsgelegenheiten rar sind. Mit anderen Worten: Die Finanzkrisen in den Schwellen- und Entwicklungsländern sind meist die Folgen von Finanzüberschüssen in den Industrieländern.

Aus diesen stilisierten Fakten ergeben sich folgende einstweiligen Erkenntnisse:

1. Eine Liberalisierung der Finanzmärkte (insbesondere die Erleichterung von Kapitalimporten) ist das sicherste einzelne Warnzeichen für eine Währungskrise. Das traf sowohl für die Krisen der achtziger Jahre in Lateinamerika, als auch für die europäischen Krisen der frühen neunziger und für die südostasiatische Krise von 1997 zu.

2. Krisen scheinen sich wie Epidemien zu verbreiten. Wenn erst einmal eine Währung unter Spekulationsdruck steht, sind auch alle »ähnlichen« Währungen gefährdet. Welche Länder oder Währungen von den »Märkten« als ähnlich empfunden wird, ist allerdings nicht von vorneherein klar.

3. Krisen kommen überraschend und ohne Vorwarnung.

Charles Wyplosz ist nicht allein. Er gehört zur großen Gruppe von Finanzwissenschaftern (und Laien wie George Soros), welche die globalen Finanzmärkte grundsätzlich für problematisch und in höchstem Masse für ineffizient halten. Er widerspricht damit der heute praktisch nur noch von Martin Ebner, der NZZ und der FAZ vertretenen Theorie, wonach der globale Finanzmarkt alle Spargelder weltweit volkswirtschaftlich optimal angelegt und wonach Finanzkrisen die gerechte Strafe für schlechte Wirtschaftspolitik seien.

Wyplosz und Co. halten dem folgende Argumente entgegen:

Die Theorie der perfekten Märkte setzt vollkommene Information voraus. Diese ist aber aus mindestens zwei Gründen nicht gegeben: Erstens kostet die Information Geld. Zweitens ist sie auf den Finanzmärkten ungleich verteilt: Der Schuldner kennt den Wert der Ware (des Kredits) besser als der Gläubiger. Vor allem in (fernen) Entwicklungs- und Schwellenländer können auch große Schuldner selten richtig eingeschätzt werden. Da die Schuldner ein Interesse haben, ihre Lage zu positiv darzustellen, sind ihre Informationen nicht glaubhaft. Die Gläubiger gehen mit dieser Informationsunsicherheit wie folgt um:

■ Sie verlangen bei jedem Anzeichen von Unsicherheit hohe Risikoprämien. Dadurch wird die Aufnahme von Krediten nur für jene Schuldner interessant, die ein hohes Risiko aufweisen, das sie aber verheimlichen können. (Vor allem die japanischen Banken und koreanischen Chaebols waren und sind Weltmeister im Frisieren von Bilanzen und Erfolgsrechnungen.) Es kommt somit zu einer negativen Auswahl. Die schlechten Risiken erhalten mehr Kredit als die guten (die auf bessere Zeiten und tiefere Zinsen warten).

■ Sie reduzieren das Risiko, indem sie sich nur kurzfristig und nur in liquiden Märkten engagieren und indem sie sich schon bei geringen Anzeichen von Unsicherheit zurückziehen.

■ Internationale Kredite gehen selten direkt an die Schuldner, sondern werden von Banken vermittelt. Diese übernehmen damit das ganze Währungs- und Fristenrisiko (sie leihen kurzfristige Gelder langfristig aus). Damit entsteht zwar ein Klumpenrisiko, doch die Gläubiger gehen davon aus, dass der Staat die Bank nicht Pleite gehen lässt.

Da aber das globale Kapital in den Industrieländern oft zuwenig lukrative Anlagen findet, kommt es immer wieder zu massiven Kapitalexporten in erfolgreiche Schwellenländer. Deren Regierungen haben dann zwei Möglichkeiten.

■ Entweder sie lassen die Kapitalimporte zu, was zu einer massiven Aufwertung der eigenen Währung führt. Die Importe werden massiv billiger. Die Zahlungs- und Leistungsbilanz verschlechtert sich.

■ Oder die Kapitalimporte werden sterilisiert, d. h. die Regierung kauft sie auf und gibt dafür eigene Obligationen aus, deren Zins logischerweise höher sein muss. Folge: Kredite in Dollar oder DM werden billiger als in einheimischer Währung. Folglich strömen immer mehr Devisen ins Land und der Zinsverlust der Regierung (oder Notenbank) wird immer größer.

Beide Möglichkeiten führen dazu, dass sich die Lage destabilisiert. Sobald dies offensichtlich wird, zieht sich das Kapital sofort zurück. Damit werden gerade erfolgreiche Länder vom Kapitalmarkt bestraft.

Wyplosz fasst wie folgt zusammen: »Die populäre Sicht, wonach der globale Finanzmarkt effizient zwischen Ersparnissen und Kreditbedarf vermittelt, ist mit hoher Wahrscheinlichkeit falsch.«[1]

Der globale Kapitalmarkt

»Die internationale Gemeinschaft hat aus der Asienkrise zumindest eine Lehre gezogen: Es gibt jetzt eine breit abgestützte Übereinstimmung darüber, dass kurzfristige Kapitalströme auch für die bestregierten Länder enorm destabilisierend sein können.«

Leitartikel in der »Financial Times« vom 27. November 1999

Zwei Arten von Kredit

Die lokale und die globale Kreditgewährung sind zwei völlig unterschiedliche Vorgänge. Lokale Kredite gegen an den Metzgermeister Maier für die Erweiterung seines Ladens, an die Fräsmaschinen Müller AG für den Kauf eines neuen Bearbeitungszentrums, an die Familie Huber für den Bau eines Einfamilienhauses. Die Bank kennt ihren Kreditnehmer, sie lässt sich Sicherheiten geben, Hypotheken verpfänden usw. Sie unterhält mit ihren Schuldnern regelmäßige Geschäftsbeziehungen, ihr Kreditfachmann Schmidt spielt mit Direktor Müller in demselben Tennisklub, und steht ihm mit fachmännischer Hilfe auch privat zur Verfügung.

Der globale Kredit läuft ganz anders. Er fängt beispielsweise damit an, dass das »Strategic Allocation Comittee« der Banking Bank in seiner wöchentlichen Sitzung beschließt: »Wir übergewichten Südostasien und erhöhen von 10 auf 15 Prozent.« Dieser Entscheid könnte beispielsweise deshalb gefallen sein, weil in Südamerika ein Diktator krank geworden ist, was zu Unruhen führen könnte, oder weil in den USA die Arbeitslosigkeit abgenommen hat, was zu höheren Zinsen und sinkenden Gewinnen führen könnte. Oder weil irgendwo in der Welt die Börse leicht eingebrochen ist.

Der Entscheid des Allocation Comittees der Banking Bank führt dazu, dass Milliarden von Euro, Dollar oder Franken von irgendwo abgezogen und in irgendeinem südostasiatischen Land wieder angelegt wird. Die Einzelheiten werden eine Stufe tiefer von Fachleuten geregelt. Diese Fachleute wissen genau, dass die Strategie schon in einem Monat, ja vielleicht sogar schon morgen wieder geändert werden kann. Sie legen das Geld ihrer Kundschaft deshalb mit Vorliebe so an, dass es schnell wieder abgezogen werden kann. Dazu gibt es nicht allzu viele Möglichkeiten. Der Kauf eines Blue-Chip, d.h einer oft gehandelten Aktien, ist eine davon. Besser ist eine staatliche garantierte Obligation, die notfalls schnell verkauft werden kann. Noch besser ist ein kurzfristiger Dollarkredit gegenüber einer größeren Bank. Dies ist denn auch die häufigste Form westlicher Kredite an südliche oder östliche Schwellenländern. Der eigentliche Zweck der Übung wird erst in einem zweiten Akt erreicht, wenn diese Bank das Geld langfristig und in einheimischer Währung weiter ausleiht. In diesem zweiten Akt gelten an sich wieder die Regeln des lokalen Kredits, die allerdings in vielen Fällen nicht beherrscht werden. Uns interessiert aber vor allem der erste Akt, denn der hat es in sich.

Gehen wir aus vom typischen Szenario: In den westlichen Industrieländern und vor allem in Japan wird zuviel gespart und zuwenig investiert. Die »Finanzmärkte« halten Ausschau nach aufstrebenden (emerging) Märkten und stellen fest, dass sich die makroökonomischen Rahmenbedingungen beispielsweise in Korea deutlich verbessert haben. Also nichts wie los nach Korea!

Dort nimmt die »Korea Bank« das Geld entgegen. Sie schuldet es in Dollar zu einem Zins, der leicht über den Sätzen in New York liegt, und sie gleicht es in Won aus, zu einem Zins, der deutlich über dem Dollar-Zins liegt. Die Bank macht also ein gutes Geschäft, doch auch die einheimischen Kreditnehmer kommen dank dem importierten Kapital zu günstigeren Zinsen. Außerdem können sie den Kredit locker finanzieren, denn der Zufluss ausländischer Gelder kurbelt die einheimische Konjunktur an.

Eine anziehende bis überhitzte Konjunktur bringt aber auch in fast allen Fällen steigende Importe mit sich. Neben Investitionsgütern werden in zunehmendem Maß auch Luxusgüter eingeführt – ein typischer Vorgang für einen mit Kapitalimporten gestützten Konjunkturaufschwung. Dies wiederum hat eine logische Folge, der im Falle von Korea lange Zeit niemand eine besondere Bedeutung zugemessen hatte: Die Devisenreserven des Landes wurden im Verhältnis zu den kurzfristigen Dollarschulden des Bankensektors immer weniger.

Und plötzlich wird dieses Missverhältnis in der »Financial Community« zum Thema. Die globalen Gläubiger fordern ihr Geld zurück und zwingen dadurch die Korea Bank, Dollar einzukaufen, die sie mit Won bezahlen. Dadurch entsteht eine Übernachfrage nach Dollar, die den Kurs des Won halbiert. Die Banken müssen jetzt für einen Dollar doppelt so viele Won bezahlen wie zuvor. Was heißt das nun für die »Korea Bank«? Schauen wir uns die Bilanz vor dem Crash an. Wie sehen eine Bilanzsumme von 100 Milliarden Won und ein Eigenkapital von 10 Milliarden Won. Auf der Passivseite der Bilanz stehen kurzfristige Dollar-Kredite im Wert von 10 Milliarden Won. Nach dem Devisen-Crash sind diese Schulden nun aber plötzlich 20 Milliarden Won wert. Das Eigenkapital der Bank ist mit einem Schlag ausradiert worden.

Da aber die westlichen Geldgeber nicht nur ihre Dollar-Guthaben so schnell wie möglich zurückziehen wollen, sondern beispielsweise auch ihre koreanischen Aktien, sinkt gleichzeitig mit dem Dollarkurs des Won auch der Aktienkurs. Für unsere Korea-Bank bedeutet dies, dass auch ihre internen Kredite, sofern sie gegen die »Sicherheit« von Aktien ausgegeben wurden, nicht mehr sicher sind. Die Kreditwürdigkeit der einheimischen Gläubiger wird ferner dadurch geschwächt, dass diese jetzt für ihre Importe sehr viel mehr Won bezahlen müssen.

Nun können zwar auch lokale Kredite, wenn sie faul werden, im Extremfall zum Einsturz ganzer Kreditpyramiden führen. Im Falle des globalen Kredits ist diese Gefahr aber viel größer: Erstens konzentriert sich beim globalen Kredit das Risiko in hohem Maße direkt beim Bankensystem. Zweitens breitet sich beim globalen Kredit das Problem durch die Wechselkursveränderung viel schneller auf die ganze Wirtschaft aus.

Zwei Arten von Konkurs

Diese an sich schon heikle Lage wird nun durch einen weiteren Unterschied zwischen dem lokalen und dem globalen Kreditsystem noch wesentlich verschärft: Alle modernen (lokalen) Kreditsysteme oder Institutionen kennen die beiden Institutionen der beschränkten Haftung (Aktiengesellschaft, GmbH, usw.) und des Konkurses.

Dieser läuft normalerweise in folgenden Schritten ab:

- Sobald ein Schuldner im Rahmen der gesetzlich vorgeschriebenen Rechnungslegung feststellt, dass er seine Schulden nicht mehr bedienen kann, ist er oder sie verpflichtet, den Konkursrichter zu benachrichtigen.

- Dieser übernimmt ab sofort die Verantwortung für das Geschäft und stellt zunächst einmal sicher, dass kein einziger alter Gläubiger mehr ausbezahlt wird. Neue Gläubiger (insbesondere Lieferanten) werden hingegen bevorzugt. Auf diese Weise wird sichergestellt, dass das Geschäft vorerst weitergeführt werden kann.

- Der Konkursrichter macht eine Bestandsaufnahme und klärt dabei insbesondere zwei Fragen ab: a) Um welchen Prozentsatz müssen die Schulden gesenkt werden, damit das Geschäft weitergeführt werden kann? b) Welchen Prozentsatz ihrer Guthaben verlieren die Gläubiger, wenn alle Aktiven des Geschäfts liquidiert werden?

- Die Versammlung (lateinisch: Konkurs) aller Gläubiger hat das letzte Wort. Entscheidet sie sich für Variante A, so kann das Geschäft mit geringeren Schulden und normalerweise mit anderen Gläubigern (zuweilen auch mit einem neuen Besitzer) weitergeführt werden. Entscheidet sie sich für Variante B, so sind die alten Besitzer zwar ihr Geschäft, aber auch ihre Schulden los.

Der lokale Konkurs endet also praktisch immer damit, dass die Schulden teilweise erlassen werden. Manchmal (d. h. im Fall einer reinen Liquiditätskrise, also einer bloß vorübergehenden Zahlungsunfähigkeit) reicht es sogar, wenn die Zinsen gesenkt und/oder die Rückzahlungsfristen erstreckt werden.

Ganz anders verhält es sich im Falle eines internationalen Konkurses. Hier wird die Schuld nicht erleichtert oder erlassen, sondern sie wird im Regelfall sogar deutlich erhöht. Da die Haftung im globalen Konkurs normalerweise nicht beschränkt und der Staat die Schuld zudem garantiert hat, wird in der Regel das ganze Land in die Schuldeintreibung mit einbezogen. Dieser Vorgang soll im folgenden am Beispiel Brasiliens genauer erläutert werden.

Brasilien: So funktioniert der globale Konkurs

Zuerst die Ausgangslage: Geplagt durch Jahrzehnte der Hyperinflation, hatte Brasilien 1996 den Real fest an den Dollar gebunden. Er durfte pro Jahr maximal um 7,5 Prozent entwertet werden. Dieses Rezept hat seinen wichtigsten Zweck vorerst gut erfüllt: Die Inflationsrate sank bis 1998 von 2500 auf 3,2 Prozent.

Doch es gab Nebenwirkungen: Der hohe Wert des Real verbilligte die Importe und verteuerte die Exporte. Als Folge davon litt Brasilien zunehmend unter chronischen Defiziten des Staatshaushaltes (1998 waren es 8 Prozent des BIP) und vor allem der Leistungsbilanz. Diese haben sich allein in den letzten vier Jahren auf rund 100 Milliarden Dollar zusammengeläppert. Das war solange kein Problem, als die hohen Zinsen viel mehr Dollar nach Brasilien lockten als durch die Defizite der Leistungsbilanz wieder abflossen. Nur: ewig konnte es so nicht weitergehen.

Aufgeschreckt durch die Russlandkrise hatte dies Ende August 1998 endlich auch der Kapitalmarkt gemerkt. Innerhalb weniger Wochen wurden rund 36 Milliarden Real bei der Zentralbank gegen 30 Milliarden Dollar eingelöst. Technisch gesehen war Brasilien damit zahlungsunfähig. Es waren bei weitem nicht mehr genügend Devisenreserven vorhanden, um die Auslandsschuld zu bedienen.

In dieser Lage hatte Brasilien drei Möglichkeiten:

1. Brasilien hätte seine Zahlungsunfähigkeit erklären und alle Dollar-Schulden einfrieren können. Konkret: Man hätte den Export von Dollars und damit die Rückzahlung der Dollarschulden einstweilig verbieten können.

2. Brasiliens Zentralbank hätte sich weigern können, Real zu einem festen Mindestkurs gegen Dollar einzutauschen. Damit wäre der Real am freien Markt massiv abgewertet worden.

3. Brasilien hätte die Real- und die Dollarzinsen massiv erhöhen können, um eine Kapitalabwanderung zu verhindern.

Variante 1 wäre einer teilweisen Enteignung der ausländischen Gläubiger gleichgekommen. Variante 2 hätte eine teilweise Enteignung der Real-Gläubiger bzw. der brasilianischen Oberschicht bedeutet. Deshalb wählte Brasiliens Regierung unter dem sanften Druck des Internationalen Währungsfonds bzw. der globalen Kapitalmärkte die Variante 3, die einer Enteignung der brasilianischen Mittelklasse und der Unterschicht gleichkam. Konkret ergriff Brasiliens Regierung folgende Maßnahmen:

■ Die kurzfristigen Zinsen wurden von 20 auf 40 bis 45 Prozent mehr als verdoppelt. Zählt man die Gewinnmarge der Banken von mindestens 20 Prozentpunkten hinzu, so entsprach dies einem Realzins von rund 60 Prozent!

■ Die Regierung versprach, ihre laufenden Ausgaben in den nächsten drei Jahren um insgesamt 84 Milliarden Dollar zu kürzen.

■ Zusätzlich wurde mit dem Internationalen Währungsfonds (IWF) ein Beistandskredit von 41 Milliarden Dollar vereinbart. Brasiliens Währungsreserven wurden dadurch praktisch verdoppelt.

Damit wurden die externen und vor allem die internen Gläubiger (vorerst) ruhig gestellt. Die Frage war bloß, wie lange Brasiliens Schuldner diese Zeche bezahlen konnten, denn hohe Zinsen sind für die Gläubiger nur interessant, wenn jemand da ist, der sie zahlt. Untersuchen wir also kurz die Tragbarkeit der brasilianischen Schulden:

Die Staatsverschuldung lag Ende 1998 bei gut 400 Milliarden Dollar. Davon waren 220 Milliarden meist sehr kurzfristige Real-Schulden. Allein dieser Teil der Schuldenlast wurde durch die Hochzinspolitik (Erhöhung der Zinsen von 20 auf 40 Prozent) jährlich um 44 Milliarden Dollar verteuert.

Die restliche Staatsschuld bestand aus rund 200 Milliarden Dollar-Obligationen. Um dieses Geld vor der Abwanderung zu schützen, musste Brasilien einen Dollarzins zahlen, der gut 8 Prozentpunkte über entsprechenden US-Schuldentiteln lag. Das bedeutete eine jährliche Mehrbelastung von rund 15 Milliarden Dollar. Die Auslandschulden der Privatunternehmen und der Banken beliefen sich gemäß den Statistiken des Banco do Brasil auf rund 120 Milliarden Dollar. Bei einem Aufzins von 8 Prozent ergab dies eine jährliche Mehrbelastung von rund 10 Milliarden Dollar. Die interne Verschuldung der Haushalte und der Privatunternehmen bei den Banken lag damals bei 431 Milliarden Real oder rund 380 Milliarden Dollar. Die entsprechenden Schuldzinsen wurden durch die massiv steigenden Zinssätze um rund 75 Milliarden Dollar erhöht.

Rechnet man diese Zahlen zusammen, so kommt man auf eine Summe von gut 140 Milliarden Dollar pro Jahr oder fast 18 Prozent des Sozialprodukts. Wer hätte dieses Geld nun bezahlen müssen? Rund 60 Milliarden davon gingen auf Kosten des Staates, der die Last wiederum via Lohnkürzungen auf die Beamten und via Steuererhöhungen auf die Steuerzahler zu überwälzen versuchte. Dass dennoch Sparpakete von »nur« 84 Milliarden Dollar in drei Jahren (28 Milliarden jährlich) in Aussicht gestellt wurde, hängt damit zusammen, dass die Regierung auf einen raschen Rückgang der Zinsen auf ein normales Niveau hoffte.

Die restlichen Zinsenlast von rund 80 Milliarden Dollar pro Jahr (immer unter der Annahme, dass die Zinsen so lange so hoch bleiben würden) entfiel auf die Unternehmen und hätte von diesen über höhere Preise auf die Konsumenten oder via Spardruck auf die Arbeitnehmer abgewälzt werden können. Soweit die Theorie. In Wirklichkeit hatten die schon vor der »Rettungsaktion« extrem hohen Zinsen zu einem Zusammenbruch des brasilianischen Kreditsystems geführt. Nach Angaben des Banco do Brasil waren schon Mitte 1998 mehr als die Hälfte der einheimischen Kredite notleidend bis uneinbringlich.

Was ist zu tun?

Brasilien ist durchaus kein Einzelfall. Auch in Korea hat die vorübergehende Zahlungsschwäche dazu geführt, dass die reale Schuldenlast nicht etwa – wie in jedem zivilen Konkursverfahren –

erleichtert, sondern massiv erhöht wurde. Statt die Last der Anpassung gerecht auf Gläubiger und Schuldner zu verteilen, führt das real existierende globale Konkursverfahren oft zu einem wahren Beutezug gegen die wehrlosen Schuldner. Die rund um die Welt veröffentlichten Bilder der einfachen koreanischen Bürger, die ihren Goldschmuck zu den staatlichen Abgabestellen bringen, um damit einen Beitrag zur Abwendung der nationalen Zahlungskrise zu leisten, sind dafür ein Sinnbild.

Was ist zu tun? Im Prinzip gibt es zwei Möglichkeiten:

Wenn das Unglück schon geschehen ist, hilft ein internationales Konkursverfahren. Die Schuldnerländer müssen unter gewissen Bedingungen das Recht haben, ihre Fremdwährungsschulden im Falle einer Insolvenz einzufrieren. Falls sich herausstellt, dass die Zahlungsunfähigkeit nicht nur vorübergehender Natur ist, muss eine (teilweise) Entschuldung möglich sein. Eine brauchbare Vorlage für eine solche Regelung wäre beispielsweise das Chapter 11 des US-Konkursrechtes, welches das Verfahren bei Zahlungsproblemen von Gemeinden und Staatsunternehmen regelt. Eine internationale Lösung dieses Problems wäre wünschenswert, ist aber nicht Bedingung. So wie in den USA, in Deutschland oder in der Schweiz nationale (Konkurs-)Richter über die Kürzung von Guthaben ausländischer Gläubiger entscheiden können, so kann auch ein koreanisches Gericht die Ansprüche amerikanischer Gläubiger gegenüber einer koreanischen Bank entscheiden.

Gegen solche Ideen ist bisher immer eingewendet worden, dass ein Land, das die ausländischen Gläubiger der Willkür seiner Konkursrichter aussetzen würde, seine Kreditfähigkeit augenblicklich verlöre. Dieser Einwand geht jedoch an der Realität weit vorbei: In kaum einem anderen Land der Welt sind die ausländischen (und die einheimischen) Investoren derart der Willkür der Richter ausgesetzt, wie in den USA. Oft bewirkt schon die Drohung einer Sammelklage milliardenschwere Verluste. Dennoch fließen den USA mehr internationale Gelder zu als allen andern Schuldnerländern der Welt zusammen.

Die zweite, vorbeugende Maßnahme sind Kapitalverkehrskontrollen. Das klingt zwar sehr einschneidend, doch eigentlich geht es dabei bloß darum, das, was auf der Aktivseite der Banken längst üblich ist, logischerweise auch für die Passivseite gelten zu lassen. Konkret: Für den Fall, dass Bankenschuldner nicht mehr bezahlen können – die Guthaben der Bank also abgewertet werden müssen –, haben die nationalen und internationalen Bankenbehörden Hunderte von Vorschriften erlassen. Sie besagen im Wesentlichen, dass jeder Kredit je nach Risiko von Anfang an mit ausreichend Eigenkapital unterlegt werden muss und dass bei jedem Schwächezeichen des Schuldners sofort zusätzliche Rückstellungen gemacht werden müssen.

Nun hat aber die Entwertung eines Guthabens um 80 Prozent für das Eigenkapital einer Bank keineswegs eine schlimmere Wirkung als die Aufwertung einer Schuld um 80 Prozent. Doch dafür gibt es bisher keine ausreichenden Vorschriften, weil das Problem erstens nur bei Fremdwährungsschulden vorkommen kann und weil man es zweitens bisher unterschätzt hat.

Nehmen wir nun an, Brasiliens Banken hätten von vornherein die Rückstellungen machen müssen, die sich im Nachhinein als notwendig erwiesen haben. Pro 2 Millionen Dollar Nettoschuld hätten die Banken mindestens 1 Million Real (damals gut 0,8 Mio Dollar) Eigenkapital bereitstellen müssen. Dies hätte beim brasilianischen Zinsniveau von 30 Prozent Kosten (für entgangene Zinsen) von jährlich 0,3 Millionen Real verursacht, was einem Strafzins von 12 Prozent gleich gekommen wäre. Für Brasiliens Banken wäre damit die Aufnahme von Dollarschulden zu 15 Prozent Zins (1998) und die Wiederausleihung in Real zu 30 bis 40 Prozent angesichts der extrem hohen Kreditrisiken zumindest zu einer sehr riskanten Sache und in vielen Fällen gar zu einem Verlustgeschäft geworden. Im Nachhinein wäre Brasilien darüber sehr froh.

Eine solche Rückstellungspflicht kommt praktisch einer Kapitalverkehrskontrolle nach dem Vorbild Chiles gleich. Chile hatte 1991 die Banken und Unternehmen verpflichtet, pro Dollar kurzfristige Devisenschulden 30 Cent zinslos bei der Zentralbank zu hinterlegen. Dies bremste den Zufluss ausländischer Gelder und trug maßgeblich dazu bei, dass Chile als einziges Land Südamerikas die neunziger Jahre ohne Krise überstand (siehe Kasten).

Das Modell Chile stand bisher im klaren Widerspruch zu den Vorstellungen des Internationalen Währungsfonds (IWF) über die Liberalisierung der globalen Kapitalmärkte. Jetzt wird der IWF seine Position revidieren müssen. Die jüngsten Krisenfälle in Brasilien, Korea, Indonesien usw. zeigen, dass massive Rückstellungen für Fremdwährungsschulden bloß die konsequente Anwendung banküblicher Vorsichtsmaßnahmen sind – auch wenn man dafür auch das Tabuwort »Kapitalverkehrskontrollen« verwenden kann.

Dank tiefer Kapitaleinfuhren wächst die Wirtschaft in Chile

Gewitzigt durch eine schwere Währungskrise, führte Chile 1991 eine strikte Kontrolle kurzfristiger Kapitaleinfuhren ein. Wer Kredite in Fremdwährungen aufnimmt, muss darauf 1,2 Prozent Steuer bezahlen. Bis vor kurzem mussten zudem 30 Prozent dieser Summe zinslos bei der Zentralbank deponiert werden. Diese Regeln galten nicht nur für Banken, sondern auch für private Schuldner.

Die Wirkung dieser Kreditverteuerung war durchschlagend und vorhersehbar: Während Lateinamerika insgesamt im Verlaufe der neunziger Jahre von Dollars geradezu überschwemmt wurde, die Importe zunahmen und das einheimische Sparen durch Kapitalimporte ersetzt wurde, blieb in Chile die Kapitaleinfuhr tief und stieg die Sparquote von 17 auf 24 Prozent des Bruttoinlandprodukts. Und während Mexiko, Argentinien und Brasilien in tiefe Krisen schlitterten, blieben in Chile die Wachstumsraten das ganze Jahrzehnt hindurch deutlich über dem südamerikanischen Durchschnitt.

---

1 Wyplosz, Charles »International Financial Instability«, in: I. Kaul, M. Stern and I. Grunberg (eds.) International Development Cooperation and Global Public Goods: Towards Sustainable Development in the 21st Century, Oxford University Press, New York, 1999.

Staat, Unternehmen, Haushalte – das gesamtwirtschaftliche Gleichgewicht

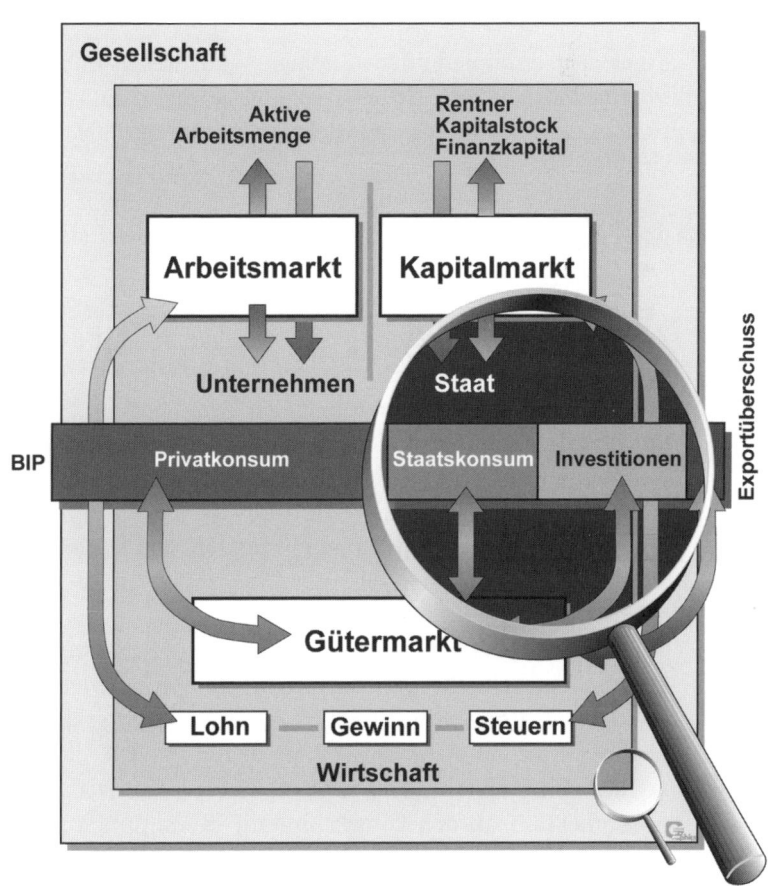

In diesem Kapitel betrachten wir das Verhältnis von Privathaushalten, Unternehmen, Staat und Ausland. Es wird gezeigt, dass es dabei im letzten Vierteljahrhundert zu grundlegenden Veränderungen gekommen ist: Die Unternehmen sind wegen steigenden Gewinnen und sinkenden Sachinvestitionen immer weniger auf die Ersparnisse der Haushalte angewiesen. Die wichtigsten Gründe für diese wachsenden Ungleichgewichte liegen einerseits bei den steigenden Realzinsen und andererseits beim abnehmenden Preiswettbewerb auf den Gütermärkten.

Einer der dominierenden Glaubenssätze der neoliberalen Wirtschaftspolitik lautet: Gewinn ist gut, je mehr desto besser. Hohe Gewinne, so heißt es beispielsweise, machen die Arbeitsplätze sicherer. Das ist nur aus einer betriebswirtschaftlichen Sicht halbwegs richtig. Volkswirtschaftlich gesehen können die Gewinne auch zu hoch sein. Ende der neunziger Jahre sind sie sogar nachweislich viel zu hoch.

Zuerst die Theorie: Ob eine Volkswirtschaft wächst und ob Vollbeschäftigung herrscht, hängt vom Zusammenspiel zwischen dem Angebot und der Nachfrage nach Konsum- und Investitionsgütern ab. Investitionsgüter sind dazu da, Konsumgüter zu produzieren. Nehmen wir an, eine Volkswirtschaft mit einem Sozialprodukt von 100 Euro produziere 80 Euro Konsum- und 20 Euro Investitionsgüter. Mit diesen Investitionen ist es möglich, den Kapitalstock soweit zu modernisieren, dass ein jährliches Wachstum von 2 Prozent möglich sei.

Nun ist es denkbar, dass eine Erhöhung der Investitionen auf 30 Prozent ein schnelleres Wachstum von beispielsweise 4 Prozent ermöglicht. Doch wie kommt unsere Volkswirtschaft zu diesen höheren Investitionen? Das hängt davon ab, wie diese finanziert werden. Eine übliche, simple Annahme ist die: Der Konsum wird ausschließlich aus den Löhnen und die Investitionen ausschließlich aus den Gewinnen finanziert. Folglich müssen die Löhne auf 70 Euro reduziert und die Gewinne auf 30 Euro erhöht werden. Das System kommt wieder ins Gleichgewicht, wenn die Löhne und die Gewinne fortan um 4 statt um 2 Prozent steigen. Bereits nach 7

Jahren wären die Arbeitnehmer wieder besser dran als mit dem alten System mit bloß 2 Prozent Wachstum. Der vorübergehende Konsumverzicht könnte sich als lohnend erweisen.

Doch der Übergang von einem System zum anderen könnte schwierig werden. Schauen wir uns diese kritische Phase im Detail an: Der erste Schritt ist eine Reduktion der Löhne von 80 auf 70 Euro und eine entsprechende Erhöhung der Gewinne. Nun müssten die Unternehmer ihre Investitionen von 20 auf 30 Euro erhöhen. Gleichzeitig aber stellen sie fest, dass die Nachfrage nach Konsumgütern zurückgeht. Sie können also ihre Maschinen und Fabriken nicht mehr voll auslasten. In unserem Modell ist das nur ein vorübergehendes Problem. Doch unser real existierender Unternehmer kennt die Zukunft nicht, er ist möglicherweise ein Pessimist und wird seine Investitionen zunächst stabil halten, statt sie auszubauen.

Damit gerät unsere Volkswirtschaft in einen Teufelskreis. Es werden nun nur noch 70 Euro konsumiert und 20 investiert. 10 Euro bleiben als Finanzierungsüberschuss (Gewinn minus Investitionen) in der Kasse des Unternehmers, der sie am Aktienmarkt investieren wird, wo seine Nachfrage die Kurse hoch treiben wird. Die 10 Euro fehlen dann aber bei der realen Nachfrage. Es werden zwar noch gleichviel Leute mit der Herstellung von Investitionsgüter beschäftigt, doch in der Konsumgüterindustrie geht die Beschäftigung um 14 Prozent zurück. (Nachfrage sinkt von 70 auf 60 Euro.) Der Rückgang der Beschäftigung wiederum wird zu einem weiteren Rückgang der Nachfrage führen usw.

Nun sind verschiedene Reaktionen möglich: Die sinkende Nachfrage kann die Unternehmer solange zu einer Reduktion der Preise zwingen, und damit die Kaufkraft der Arbeitnehmer erhöhen, bis Angebot und Nachfrage wieder im Gleichgewicht sind. Denkbar ist auch, dass der Unternehmer seine Finanzierungsüberschüsse nicht an der Börse investiert, sondern sie auf die Bank bringt. Diese muss dann dieses überschüssige Geld zu immer tieferen Zinsen anbieten, bis das Gleichgewicht zwischen Ersparnissen und Investitionen wieder hergestellt ist. Im Klartext: die Zinsen müssen solange sinken, bis die Unternehmer tatsächlich Lust haben, 30 statt nur 20 Euros zu investieren.

91

Und die Moral von der Geschichte: Steigende Gewinnanteile können ein Problem sein. Ob sie zu einer besseren Welt mit steigenden Wachstumsraten führen oder in eine Depression hängt von zwei Dingen ab:

1. vom Gütermarkt: Sind die Preise flexibel genug, um das Angebot von Konsumgütern der sinkenden Nachfrage anzupassen?

2. Vom Kapitalmarkt: Sind die Zinsen flexibel genug, um das Gleichgewicht zwischen Ersparnissen und Investitionen wiederherzustellen?

Nun zur Praxis. In der Theorie ist alles möglich – doch wie funktionieren die Güter- und Kapitalmärkte in der Praxis? Wer spart wie viel, wer investiert, wer erzielt welche Finanzierungsüberschüsse und was geschieht damit? All dies sind Fragen, die von sogenannten sektoralen Kapitalfluss-Analysen beantwortet werden. Dabei wird aufgezeichnet, wie das Geld zwischen den Haushalten, den privaten Unternehmen, dem Finanzsektor, dem Staat und dem Ausland hin- und herfließt.

Solche Analysen werden allerdings selten gemacht, weil die entsprechenden Daten schwer zu beschaffen sind und oftmals ganz fehlen. In der Schweiz etwa sind die entsprechenden Statistiken erst 1997 rückwirkend bis 1990 erhoben worden.

Diese Schwierigkeiten haben den Ökonomen Stephan Schulmeister vom österreichischen Institut für Wirtschaftsforschung in Wien nicht davon abgehalten, die Entwicklung der sektoralen Finanzierungssaldi und ihr Zusammenwirken mit den Zinssätzen in sieben Industrieländern für die Jahre 1960 bis 1993 genau unter die Lupe zu nehmen. Dabei stellte er folgende Muster fest:

Bis in die Mitte der siebziger Jahre haben die privaten Unternehmen inklusive Bankensektor jeweils deutlich mehr investiert als gespart. (Die Ersparnisse der Unternehmen sind deren Bruttogewinne vor Abschreibungen, abzüglich der ausgeschütteten Gewinne.) Die Unternehmen haben also Finanzierungsdefizite gemacht.

Die privaten Haushalte haben jeweils deutlich mehr gespart als investiert. Die Gesamtersparnisse der privaten Haushalte eines Jahres sind gleich den Ersparnissen der aktiven Haushalte, abzüglich der Ersparnisse, welche die Rentnerhaushalte aufgebraucht haben. Die Investitionen der privaten Haushalte betreffen fast ausschließlich die Ausgaben für den Wohnungsbau (nicht für die Mieten). Käufe von Wertschriften sind keine Investitionen. Der Staat und das Ausland hatten in diesem Zeitraum (1960 bis Mitte der 70er Jahre) insgesamt ausgeglichene Finanzierungssaldi. Überschüsse und Defizit hielten sich in etwa die Waage. Dies bedeutete, dass sich die Privatunternehmen laufend bei den privaten Haushalten verschulden mussten. Diese Verschuldung lief in der Regel über die Banken. Die Haushalte hatten bei der Bank Guthaben in Form von Sparbüchern und Kassaobligationen. Dieses Geld gaben die Banken den Unternehmen in Form von Kommerzkrediten weiter.

Dieses Finanzierungsmuster – Ausland und Staat mit langfristig ausgeglichenen Saldi, Unternehmen verschulden sich bei den Haushalten – ist normal für eine Wirtschaft im Gleichgewicht. Schließlich müssen die Aktiven Geld für die Pensionierung sparen, und das erfordert, dass sich jemand im Gegenzug bei ihnen verschuldet.

Seit Mitte der siebziger Jahre, in einigen Ländern auch erst zu Beginn der achtziger, hat sich dieses Grundmuster grundlegend verändert:

Die Finanzierungssaldi der einzelnen Länder ergeben zusammen logischerweise zwar noch immer 0. Allerdings tanzen einzelne Länder über längere Zeiträume aus der Reihe. Japan und vor allem die Schweiz etwa weisen seit 1981 ununterbrochen Sparüberschüsse aus. Die USA befinden sich seit 1982 ohne Unterbrechung im Defizit.

Die Finanzierungssaldi der privaten Haushalte sind zwar weiterhin positiv, die Tendenz ist aber fallend. In Italien etwa haben sich die Sparquoten seit 1981 von 22 auf rund 11 Prozent praktisch halbiert. In Deutschland sie um rund 2 und in Frankreich um etwa 5 Prozentpunkte zurückgegangen. In den USA sind die Finanzierungssaldi der Haushalte seit 1998 sogar negativ.

Die Staatsausgaben weisen jetzt tendenziell steigende Defizite auf. Die Staatsschulden nehmen im Verhältnis zum Bruttoinlandprodukt stark zu. Im Schnitt der OECD-Länder etwa von 40 (1981) auf mittlerweile rund 70 Prozent.

Geradezu sensationell ist jedoch die Entwicklung bei den privaten Unternehmen (inklusive Banken). Sie nehmen jetzt mehr Geld ein, als sie ausgeben. Das heißt, sie können alle Investitionen aus den laufenden Einnahmen finanzieren und sind nicht mehr auf die Ersparnisse der Haushalte angewiesen. Die einzige Ausnahme unter den von Schulmeister untersuchten Ländern ist Japan, inzwischen sind jedoch auch dort die Finanzierungssaldi der Unternehmen positiv.

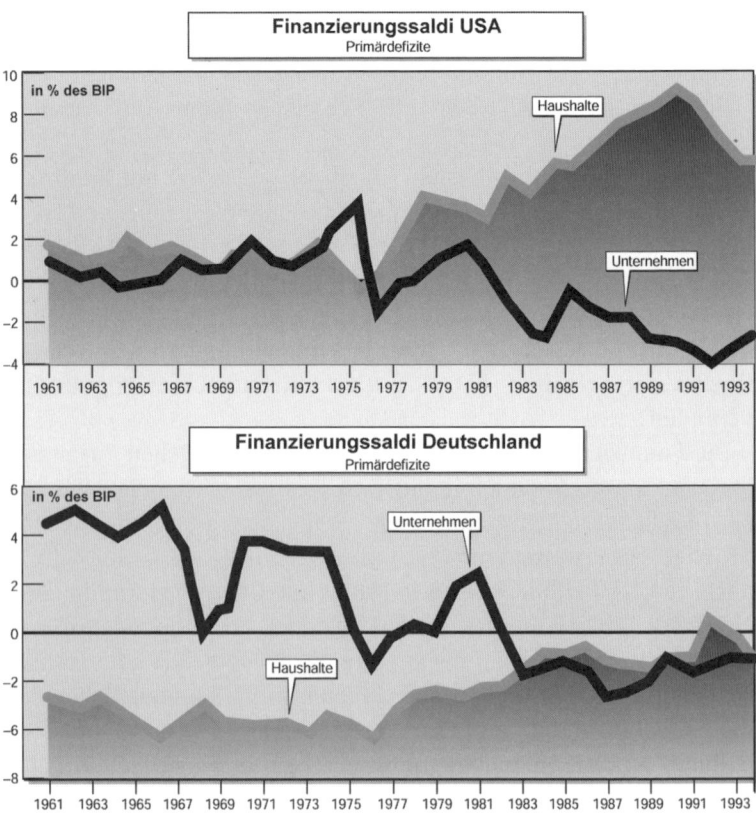

Legende: Seit Ende der siebziger Jahre verwandeln sich in den USA wie in Deutschland die Finanzierungsüberschüsse der Unternehmen in Überschüsse. Gleichzeitig verschlechtert sich auch die Finanzlage der Haushalte. (Quelle: Schulmeister)

Inzwischen haben sich die von Schulmeister dokumentierten Trends noch deutlich verschärft und sie wurden durch einen zweiten Trend ergänzt. Eigentlich hätten die durch die hohen Gewinne hervorgerufenen Finanzierungsüberschüsse im Unternehmenssektor zu einem Abbau des Fremdkapitals (sprich der Bankschulden) in den Bilanzen der Unternehmen führen müssen. Um dies zu verhindern, haben die Unternehmen, vor allem in den USA, damit begonnen, im großen Stile fremde und eigene Aktien (zurück) zu kaufen. Dieser Trend hat vor allem zwei Gründe. Zum einen können die Unternehmen auf diese Weise von den steigenden Aktienkursen bzw. von der höheren Gesamtrendite von Aktienanlagen profitieren. Sie nehmen für 6 Prozent Zins Bankkredite auf oder geben Obligationen aus und kaufen mit dem Geld Aktien, die samt Kursgewinn 10, 15 oder 30 Prozent einbringen.

Der Rückkauf eigener Aktien hat darüber hinaus den Vorteil, dass die künstliche (Eigen-)Nachfrage die Börsenkurse hochtreibt, was wiederum die an den Aktienkurs gekoppelten Boni der Topmanager erhöht und vor allem auch die Preise ihrer Aktienoptionen stark verbessert. Wie der Financier Warren Buffett kritisiert hat, dient die Abgabe firmeneigener Aktien bzw. Aktienoptionen an die höheren Kader ferner dazu, Löhne so auszubezahlen, dass diese nicht als Aufwendungen in der Erfolgsrechnung verbucht werden müssen. Dies wiederum verbessert den ausgewiesenen Gewinn und – weil sich die Börse gerne täuschen lässt - die Börsenkurse. (Siehe auch das Kapitel *Die Arbeitsmarktpolitik*.)

Kurz und gut, der Rückkauf eigener Aktien war Ende der neunziger Jahre so attraktiv geworden, dass daraus ein regelrechter Rückkauf-Boom entstanden ist. Zusammen mit den ebenfalls deutlich steigenden Dividendenzahlungen hat also der Unternehmenssektor enorme Summen in den Haushaltssektor zurückgepumpt. Gemäß Lehrbuch hat die Börse eigentlich genau die gegenteilige Aufgabe. Sie sollte als Teil des umfassenden Kapitalmarktes dafür sorgen, dass die Ersparnisse der Haushalte optimal im Unternehmenssektor investiert werden. Die folgenden Zahlen zeigen, wie viel Geld aus dem Unternehmenssektor der USA in die Haushalte (und teilweise ins Ausland) zurückgeflossen ist.

Jahr	Netto Rückzahlung*	Dividenden	Total	% BIP
1993	− 21,3	157,6	136,3	2,1
1994	44,9	182,4	229,3	3,3
1995	58,3	205,3	263,8	3,6
1996	64,2	261,9	326,1	4,3
1997	114,4	275,1	389,5	4,8
1998	262,8	279,2	542,0	6,4

* Neuemissionen von Aktien abzüglich Käufe von Aktien (meist eigene) durch die Unternehmen.

(Quelle: Federal Reserve Bank)

Diese beträchtlichen Rückzahlungen gewinnen noch an Gewicht, wenn man weiß, dass praktisch nur das reichste Fünftel der amerikanischen Haushalte über nennenswerte Aktienbestände (und mithin Dividendeneinkünfte) verfügt.

Diese Zahlen fassen im Grunde nur das zusammen, was Tag für Tag in der Wirtschaftspresse zu lesen ist: Die an der Börse kotierten (Groß-)Unternehmen melden laufend Jahres- und Quartalsabschlüsse, bei denen der Cashflow (Reingewinn vor Abschreibungen) die Summe von Investitionen und Dividenden bei weitem übertrifft. Dies gilt auch für Unternehmen, die von der Börse als »Versager« abgestempelt werden. Ein kleines Beispiel: Beim Maschinenkonzern Sulzer trat Firmenchef Fritz Fahrni im März 1999 kurz vor der Pressekonferenz wegen der schlechten Ergebnisse zurück. Sulzer hatte aber auch 1998 einen Finanzierungsüberschuss (Cashflow abzüglich Investitionen und Dividenden) von 80 Millionen Franken erreicht. Kurz danach trat der neue Chef bei einer Finanzzeitung zum Interview an und versprach, die Eigenkapitalrendite mindestens zu verdoppeln, um so wenigstens die Mindestanforderungen der Börse von 15 Prozent Eigenkapitalrendite zu erfüllen.

Wenn die einen mehr sparen und Guthaben anhäufen, muss

zwingend irgendjemand mehr Schulden machen. In der Schweiz ist der 1992 erstmals registrierte und bis 1996 auf insgesamt 35 Milliarden Franken kumulierte Finanzierungsüberschuss des Unternehmenssektors (hauptsächlich der Banken) vor allem durch noch höhere Leistungsbilanzüberschüsse (d. h. durch noch höhere Schulden des Auslands) kompensiert worden. Daneben sind aber auch die Finanzierungsüberschüsse der privaten Haushalte von rund 30 auf 26 Milliarden Franken (bzw. von 12 auf 10 Prozent der verfügbaren Einkommen) zurückgegangen. Doch wie sieht dies nun in den USA aus? Die auffälligste Entwicklung ist die seit 1981 anhaltende Serie von Leistungsbilanzdefiziten, welche die einst klassische Gläubigernation USA 1985 erstmals zu einem Netto-Schuldner gemacht hatte. Bis zum ersten Quartal 2000 hat sich die Nettoauslandschuld auf 3703 Milliarden Dollar oder 38 Prozent des Bruttoinlandprodukts erhöht. Der Unternehmenssektor hat seine Finanzposition ständig verbessert, seit 1991 weist auch der Nonfinancial-Sektor (Privatwirtschaft ohne Banken und Versicherungen) kumuliert rund 1000 Milliarden Dollar auf. Im Gegenzug steigen die Staatsschulden stark an. Die Sanierung der Staatsfinanzen führte dann dazu, dass der Finanzierungssaldo des Nicht-Finanz-Sektors ab 1998 wieder leicht negativ wurde, nicht zuletzt wegen der erwähnten Aktienrückkäufe.

Diese Konstellation bedeutet, dass der Druck der Anpassung (die Finanzierungssaldi müssen sich zu Null ergänzen) vorwiegend auf den privaten Haushalten lastet. Gemäss der diesbezüglich meistzitierten Statistik die Federal Reserve Bank sind die »Personal Savings (NIPA measure)« im 4. Quartal 1998 auf 1,2 Milliarden Dollar und im ganzen Jahr 1988 auf 29,1 Milliarden Dollar gesunken. Das ist weniger als ein halbes Prozent des verfügbaren Einkommens. Zu Beginn der neunziger Jahre waren es immerhin noch rund 5,5 Prozent und in den Siebzigern zwischen 8 und 10 Prozent.

In diese Zahl ist allerdings der Nettowert des im jeweiligen Jahr neu gekauften Wohneigentums mitgerechnet. Sie entsprechen also nicht den reinen Finanzierungssaldi (neu erworbene Guthaben abzüglich neue Verbindlichkeiten). Betrachtet man diese Zahl, so ist die Entwicklung noch viel spektakulärer: 1996 war der Finanzierungssaldo der US-Haushalte erstmals in der Nachkriegszeit negativ.

1998 erreichte er 111,5 Milliarden oder fast zwei Prozent der verfügbaren Einkommens. Zum Vergleich: Die schweizerischen Haushalte erzielten 1996 (neuere Zahlen sind nicht verfügbar) einen positiven Finanzierungsaldo von 10 Prozent.

Dass diese in den Statistiken der US-Zentralbank (Federal Reserve Bank) für jedermann einsehbare desolate Lage bisher kaum ins Bewusstsein der Öffentlichkeit gedrungen ist, hängt mit der Explosion der Börsenkurse zusammen. Sie haben dazu geführt, dass die (schrumpfenden) Finanzbestände der privaten Haushalte dennoch deutlich ans Wert gewonnen haben. Nominell gesehen hat sich das Nettofinanzvermögen von 1991 bis 1999 von 12'600 auf 28'100 Milliarden Dollar mehr als verdoppelt. Diese Wertvermehrung ist aber ausschließlich auf die Inflation und auf die enorme Aufwertung der Aktien zurückzuführen: Ende 1991 besaßen die US-Haushalte Aktien und Fonds im Wert von 3150 Milliarden Dollar. Seither haben sie per Saldo für insgesamt 400 Milliarden Aktien verkauft. Dank der Steigerung der Aktienkurse hat sich der Wert ihres (verringerten) Aktienbesitzes per Ende 1999 dennoch auf 11'113 Milliarden Dollar erhöht.

Vor allem aber haben die Haushalte seit 1991 ihre Schulden massiv aufgestockt: Die Hypothekarschulden nahmen um rund 1860 auf 4480 Milliarden Dollar zu, und die Konsumkredite wurden von 795 auf 1430 Milliarden Dollar hochgefahren.

Ein genauerer Blick auf die Finanztransaktionen des Jahres 1999 illustriert, wie sehr die US-Haushalte auf Pump leben – und wie viel sie das kostet. So haben sie in diesem Jahr insgesamt 360 Milliarden Dollar in Immobilien investiert und zu diesem Zwecke (sowie zu ein paar anderen) 430 Milliarden Dollar zusätzliche Hypotheken aufgenommen. Die überschüssigen rund 70 Milliarden dürften weitgehend in die Aktienbörse investiert worden sein.

Auch die sogenannten dauerhaften Konsumgüter wie Autos, Wohnwagen, Boote usw. werden in den USA vorwiegend auf Pump finanziert. Die 760 Milliarden Dollar, welche 1999 für diesen Zweck aufgewendet wurden, führten zu einer Zunahme der Konsumkredite um 97 auf 1430 Milliarden Dollar. Bei einem durchschnittlichen Zins von rund 15 Prozent haben diese Kredite Zinskosten von rund 210 Milliarden Dollar verursacht. Mit anderen Worten: Neben den

760 Milliarden Dollar, welche die US-Haushalte 1999 für ihre Autos, Fernseher, Kühlschränke usw. ausgegeben haben, kommen noch weitere 210 Milliarden Zinskosten hinzu. Das entspricht einem Aufpreis von rund 28 Prozent! Für die ärmere Hälfte der Bevölkerung, auf die ein weit überproportionaler Teil der Schulden entfällt, liegt die Zinsenlast noch viel höher. Sie haben in den letzten Jahren vermehrt sogenannte Payday-Loans (Zahltag-Kredite) in Anspruch genommen, die in keiner Statistik aufgeführt sind und deren Jahreszins laut Federal Reserve Bank locker 100 Prozent erreicht! Anfang 2000 gab es in den USA rund 10'000 Payday-Loan-Büros. Für 1999 wurden die Gebühreneinnahmen auf 2 Milliarden Dollar geschätzt. 2003 sollen es bereits 6 Milliarden sein.

Ähnlich desolat ist die Lage auch beim Wohneigentum. Ende 1999 lag die Summe der Hypothekarkredite bei 4480 Milliarden Dollar, die mit gut 8 Prozent (entsprechend einer Summe von rund 350 Milliarden) verzinst werden mussten. Zählt man die Hypothekar- und die Konsumkreditzinsen zusammen, so kommt man auf eine Summe von 560 Milliarden oder gut 11 Prozent der gesamten Lohneinkommen der US-Haushalte im Jahre 1999. Auch hier gilt, dass dies ein Durchschnittswert ist. Bei den ärmeren Haushalten liegt die Belastung deutlich höher.

Diese Entwicklung ist unhaltbar. Sie bedeutet, dass die Ersparnisse (der Haushalte und der Unternehmen) nicht mehr durch reale Investitionen gedeckt sind, sondern bloß noch durch Schuldscheine des Staates (des eigenen und ausländischer Staaten) und zunehmend auch auf den Kreditkarten-Schulden der ärmeren Haushalte. Die volkswirtschaftliche Finanzierung gleicht einem Kartenhaus.

Was sind die Gründe?

Der Blick auf die Entwicklung der Finanzierungssaldi zeigt also, dass seit Ende der siebziger Jahre weltweit grundlegende Veränderungen stattgefunden haben:

Der Unternehmenssektor hat in den letzten Jahrzehnten sein Sparverhalten grundlegend geändert. Machte er früher Defizite, so erzielt er heute zum Teil massive Überschüsse. Dies gilt insbesondere für einen Teil des Unternehmenssektors, nämlich die Banken und Versicherungen.

Diese Überschüsse haben mit saldenmechanischer Logik dazu geführt, dass die übrigen drei Sektoren, der Staat, die Privathaushalte und der Auslandsektor, entsprechende Schulden machen mussten. In Westeuropa sind folglich vor allem die Staatsschulden gestiegen. In den USA hat sich die Finanzlage der privaten Haushalte dramatisch verschlechtert. Die Schweiz konnte das Unheil bisher – einmal mehr – vor allem auf das Ausland abschieben.

Woher kommt nun diese schiefe Entwicklung? Die Antwort muss, wie fast immer in der Ökonomie, bei Angebot und Nachfrage gesucht werden. Den Verschiebungen der sektoralen Finanzierungssaldi müssen letztlich Ungleichgewichte bei Angebot und Nachfrage zugrunde liegen. Schulden und Guthaben entstehen dann, wenn die Nachfrage nicht dort ist, wo das Geld verdient wird. Solange es sich dabei nur um zeitliche Verschiebungen handelt (Aktive sparen, um als Rentner »entsparen« zu können; Unternehmen kauft Maschine auf Kredit, um später Überschüsse zu erzielen) ist das kein Problem. Schwieriger wird es, wenn die Ungleichgewichte andere (strukturelle) Gründe haben.

Wie wir in der Einleitung gesehen haben, können die Probleme grundsätzlich auf zwei Ebenen, bzw. Märkten liegen – auf den Gütermärkten und auf den Kapitalmärkten. Anders gesagt, es kann sich um Störungen bei Angebot und Nachfrage von und nach Konsumgütern handeln, oder es könnte sein, dass die Investitionen nicht mit den volkswirtschaftlichen Ersparnissen übereinstimmen. Die beiden Möglichkeiten brauchen sich übrigens nicht auszuschließen. Die beiden nächsten Kapitel werden zeigen, dass sehr gute und handfeste Gründe sowohl für Probleme auf den Güter- als auch auf dem Kapitalmarkt sprechen.

Haushalte

In den USA haben die Finanzierungsüberschüsse des Unternehmenssektors zu wachsenden Defiziten bei den Haushalten geführt. Diese Entwicklung trifft aber nicht alle Haushalte gleich. Vielmehr gibt es enorme Unterschiede, die sich in den letzten Jahren noch verschärft haben. Dazu einige Fakten:

Zwischen 1989 und 1999 haben sich die realen Stundenlöhne der Produktionsarbeiter in den USA praktisch nicht bewegt, sie sind sogar leicht gesunken. Der ganze Zuwachs der realen Produktivität ging somit an die Shareholder und an das oberste Kader. Dies schlägt sich in der Vermögensstatistik nieder. Sie zeigt, dass in der Periode 1983 bis 1995 alle Einkommensklassen mit Ausnahme der reichsten 5 Prozent einen Rückgang ihres realen Nettovermögens hinnehmen mussten.

Innerhalb dieser reichsten 5 Prozent war es allerdings fast ausschließlich das reichste Prozent aller Haushalte, die wirklich an Vermögen zugelegt haben. Ihr Durchschnittsvermögen stieg um 18 Prozent von 6,7 auf 7,9 Millionen Dollar, das reine Finanzvermögen (ohne Hausbesitz) von 6,2 auf 7,4 Millionen. Das reichste Prozent allein beansprucht 38,5 Prozent des nationalen Gesamtvermögens oder fast die Hälfte (47,2 Prozent) aller Finanzvermögen

Was aber an den US-Vermögensstatistiken auffällt, ist die fast vollständige Mittellosigkeit nicht nur der ärmsten 10 oder 20, sondern von gut 60 Prozent der Gesamtbevölkerung. Die mittleren 20 Prozent der Bevölkerung haben seit 1984 ein gutes Zehntel ihres Realvermögens verloren. Samt dem Nettowert des Hauses (so vorhanden) kamen sie 1995 noch auf durchschnittlich 46'000 Dollar. Berücksichtigt man bloß das Finanzvermögen (Guthaben inklusive private Pensionsansprüche und Aktien abzüglich Schulden), so kommt man auf magere 11'300 Dollar.

Ganz düster sieht es bei den ärmsten 40 Prozent der Bevölkerung aus. Der letzte Rest ihres durchschnittlichen Gesamtvermögens von damals noch 4'400 Dollar hat sich bis 1995 verflüchtigt. Das reine Finanzvermögen ist gar von minus 6'300 auf minus 10'600 Dollar gesunken. 28,7 Prozent aller US-Haushalte hatten 1995 mehr

Schulden als Guthaben. Dabei ist nicht berücksichtigt, dass die allermeisten Haushalte auf ihren Schulden sehr viel höhere Zinsen zahlen als sie auf ihren Guthaben erhalten. Aktien machen bei der ärmeren Hälfte der US-Haushalte keine 10 Prozent des ohnehin bescheidenen Finanzvermögens aus.

Das Bild sieht auch dann nicht viel besser aus, wenn man bloß die Gruppe der über 65jährigen anschaut, also wissen will, wie viel finanzielle Wegzehrung denn so ein mittlerer US-Haushalt mit in die Pension nimmt. Hier zeigen die Zahlen von 1991[1] für das reine Finanzvermögen folgendes Bild:

reichste 20 Prozent	299'679 $
zweite 20 Prozent	121'154 $
dritte 20 Prozent	68'372 $
vierte 20 Prozent	29'152 $
ärmste 20 Prozent	3'577 $

Selbst wenn man berücksichtigt, dass der Dollar 1991 noch eine etwas höhere Kaufkraft hatte, und dass die Ansprüche aus der Social Security hier nicht berücksichtigt sind, kann man feststellen, dass nur etwa ein Fünftel der US-Haushalte über eine einigermaßen komfortable Alterssicherung verfügen.

Umso bedenklicher ist es, dass sich die Einkommens- und Vermögenslage aller Haushalte in den letzten Jahren noch einmal verschlechtert hat. Gemäß der neuesten diesbezüglichen Studie[2] des »Centre on Budget and Policy Priorities« ist 1999 der Anteil der Einkommen nach Steuern der reichsten 20 Prozent erstmals über 50 Prozent auf 50,4 Prozent gestiegen. Der Anteil des reichsten Prozent liegt inzwischen bei 12,9 Prozent (1977 noch 7,3). Dieses eine Prozent verdient damit gut dreimal soviel wie das ärmste Fünftel mit 4,2 Prozent (1977 noch 5,7 Prozent).

Unternehmen

Zwei Sorten von Unternehmen

Wie instabil diese Situation ist, zeigt sich erst, wenn man sich den Haushaltssektor und die Unternehmen etwas genauer anschaut. Neben den börsenkotierten Großunternehmen, deren Gewinne in den neunziger Jahren förmlich explodiert sind, gibt es nämlich noch die kleinen und mittelgroßen Unternehmen, die sogenannten KMU, die meist als Unterlieferanten der Großunternehmen tätig sind, ohne direkten Zugang zum Endkonsumenten. Sie beschäftigen in Deutschland und in der Schweiz je gut 70 Prozent aller Arbeitskräfte und sind deshalb für Beschäftigung und Konjunktur sehr wichtig.

Diese KMU sind von den Großunternehmen in den neunziger Jahren stark unter Druck gesetzt worden. Der Grund dafür war meist die durch Fusionen erhöhte Marktmacht. Ein typisches Beispiel: Der zweitgrößte Einzelhändler der Welt, Metro, hatte im Februar 1998 die Mönchengladbacher Allkauf-Gruppe mit ihren 86 Selbstbedienungswarenhäusern übernommen und zwar rückwirkend auf Jahresbeginn. Warum die Fusion rückwirkend in Kraft gesetzt wurde, erfuhren die Lieferanten des neuen Giganten mit dem nächsten Scheck von Metro. Im Begleitbrief wurde ihnen mitgeteilt, dass rückwirkend die Konditionen des jeweils preisgünstigeren Lieferanten (beispielsweise von Allkauf) jetzt auch für die Lieferanten von Metro gelten, und dass man sich deshalb erlaubt habe, den Rechnungsbetrag entsprechend zu kürzen.

Dies war ein klarer Vertragsbruch, doch keiner der Lieferanten wagte es, auf der Bezahlung des vereinbarten Betrags zu beharren. Immerhin fanden einige kollektiv den Mut, das Bundeskartellamt anzurufen. Dieses verschickte Fragebogen an 20 betroffene Lieferanten und wunderte sich darüber, dass sich einige Lieferanten in geradezu selbstverleugnerischer Art lobend über der Vorgehen von Metro äußerten. Es stellte sich dann heraus, dass Metro von der Überprüfung durch das Kartellamt erfahren und den Lieferanten »Hilfe« beim Ausfüllen der Fragebogen angeboten hatte. Im Februar 1999 verbot dann das Kartellamt die rückwirkende Anpassung der Konditionen mit der Begründung, Metro habe seine Marktmacht missbraucht. Marktmacht, so wurde präzisiert, sei dort gegeben, wo der Unterlieferant 7,5 Prozent oder mehr des Umsatzes mit Metro mache und daher von diesem Kunden »abhängig« sei. Dieses Schlupfloch – das gar nicht als solches gedacht war – nützte Metro prompt aus und schrieb den »abhängigen« Lieferanten, dass man sich aufgrund des Urteils gezwungen sehe, die Bestellungen bis unter die kritische Grenze zu kürzen, es sei denn, der Lieferant unterwerfe sich freiwillig (und rückwirkend) den neuen Bedingungen.

Unter diesen Bedingungen ist es kein Wunder, dass sich die Profitmargen der KMU in den neunziger Jahren deutlich verschlechtert haben. In der Schweiz zeigt eine Untersuchung aus dem Jahre 1998, dass rund 15 Prozent alle KMU-Betriebe existentiell gefährdet sind. Konkret: Sie haben erstens ein Eigenkapital von weniger als 20 Prozent der Bilanzsumme, und zweitens haben sie in den letzten drei Jahren mindestens einmal Verluste erlitten.

Diese prekäre Finanzlage haben die Banken zum Anlass genommen, ihre Kreditpolitik gegenüber den KMU generell zu überdenken. Ergebnis: Die Kredite wurden generell 1 bis 3 Prozentpunkte teurer, was die KMU zwischen 1,8 und 5,4 Milliarden Franken – mindestens ein Viertel ihrer ohnehin mageren Gewinnmarge – gekostet hat. Außerdem wurde die gesamtwirtschaftliche Kreditsumme in den neunziger Jahren praktisch eingefroren.

Die teilweise auf Kosten der KMU erzielten steigenden Gewinne der Großunternehmen haben also ein volkswirtschaftlich höchst unerwünschtes Ergebnis: Sie haben dazu geführt, dass die Großunternehmen keine Kredite mehr brauchen und die KMU keinen mehr erhalten.

---

1 Andrew Hacker, »Money«, Who has how much and why, Scribner, New York, 1997
2 The widening Income Gap, http://www.cbpp.org/9-4-99tax.htm

Die Wettbewerbspolitik

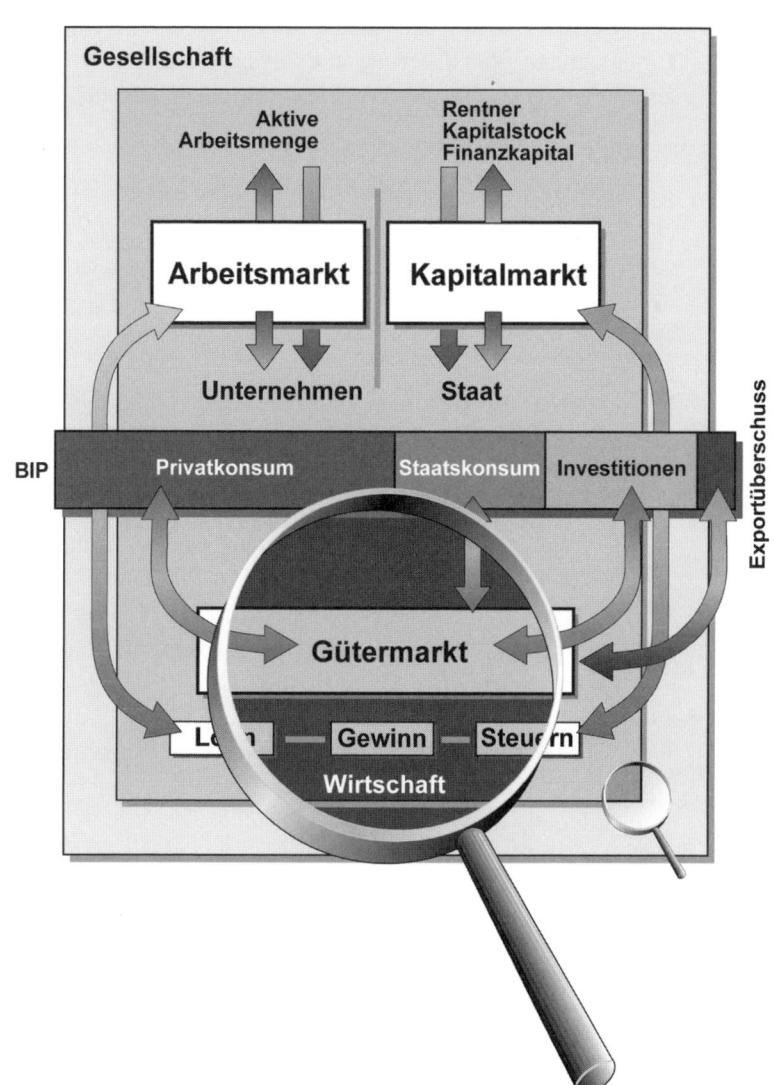

Seit Mitte der siebziger Jahre sinken in den westlichen Industriestaaten die Wachstumsraten und die Arbeitslosigkeit nimmt zu. Eine mögliche Erklärung für diese Entwicklung ist der abnehmende Preiswettbewerb auf den Gütermärkten, die wiederum mit der zunehmenden Globalisierung und Fusionierung der Wirtschaft zusammenhängt. Hat die Wettbewerbspolitik versagt?

Bis in die siebziger Jahre hinein führten die Rezessionen jeweils zu einer deutlichen Beschleunigung des Wachstums der Reallöhne. Im Aufschwung schwang das Pendel dann jeweils wieder zugunsten der Gewinne zurück. Dieser Sachverhalt wirkt auf den ersten Blick erstaunlich, lässt sich aber relativ leicht erklären:

Ein rezessionsbedingter Rückgang der Nachfrage trifft nicht alle Produzenten gleich. Zudem kann der einzelne Produzent nicht wissen, ob sein persönlicher Absatzrückgang die Folge einer allgemeinen Rezession ist. Er wird deshalb versuchen, durch eine Preissenkung zusätzliche Nachfrage für seine Produkte zu schaffen. Auf diese Weise kann er seine Maschinen besser auslasten und die Stückkosten senken. Da die Konkurrenten jedoch dasselbe tun, wird die Rechnung nicht aufgehen. Die Produzenten werden sich gegenseitig die Preise drücken, und zwar solange, als nach Abzug der (variablen) Kosten für Material und Löhne wenigstens noch ein minimales Entgelt für das eingesetzte Kapital übrig bleibt. Erst wenn dieser Gewinn auf Null, oder darunter sinkt, ist es für den Unternehmer besser, die Fabrik zu schließen und seine Produktionsanlagen still zu legen.

Der geschilderte Ablauf setzt allerdings voraus, dass es sehr viele Anbieter gibt, und dass jeder jeweils nur über eine Produktionsanlage, bzw. über einen Produktionsstandort verfügt. Gibt es hingegen nur wenige Anbieter, von denen jeder über viele Standorte verfügt, so wird sich ein Rückgang der Nachfrage (um beispielsweise 10 Prozent) ganz anders auswirken. Keiner der wenigen Anbieter wird die Preise senken. Jeder Anbieter wird sich damit begnügen, eine von zehn Produktionsanlagen oder Maschinen still zu legen. Die Unternehmen erleiden damit zwar eine Umsatzeinbuße, doch die Stillegung der Kapazitäten hat für die Unternehmer auch Vorteile: Sie ist nämlich mit einem Abbau von Arbeitsplätzen verbunden und dies wiederum führt zu einem Druck auf die Löhne.

Wenn wir nun die beiden Rezessionen – mit und ohne Preiswettbewerb – hinsichtlich ihrer Auswirkungen auf Löhne und Gewinne betrachten, so ergibt sich Folgendes:

■ Die Rezession mit Preiswettbewerb führt zu einem Anstieg der realen Löhne (weil die Preise sinken) und zu einem relativen Rückgang der Gewinne. Das macht volkswirtschaftlich Sinn, denn sinkende Gewinne führen zu sinkenden Investitionen und höhere Löhne zu einer Zunahme der Nachfrage. Genau das braucht es, um eine Rezession zu überwinden, die durch eine Nachfrageschwäche ausgelöst worden ist.

■ Bei einer Rezession ohne Preiswettbewerb kommen hingegen die Löhne stärker unter Druck als die Gewinne. Theoretisch müssten solche Rezessionen dann auch länger dauern.

In der Wirklichkeit lassen sich die beiden Typen von Rezessionen natürlich nicht präzise unterscheiden, zumal der Preiswettbewerb ohnehin von Branche zu Branche unterschiedlich ausgeprägt ist. Dennoch fällt auf, dass bis in die siebziger Jahre hinein ein Rückgang des Wirtschaftswachstums jeweils mit einem überdurchschnittlichen Anstieg der Reallöhne einherging, während umgekehrt im Aufschwung die Löhne hinterherhinkten. Seither haben sich die Spielregeln der Marktwirtschaft offenbar verändert. Rezessionen führen jetzt nicht mehr zu Preiskämpfen und real steigenden Löhnen. In den USA etwa sind die Reallöhne der Produktionsarbeiter seit 1972 überhaupt nicht mehr gestiegen. In der Schweiz haben die Löhne in der lang andauernden Rezession der neunziger Jahre insgesamt stagniert.

Offenbar sind also die Märkte im Verlaufe der Zeit zunehmend monopolistisch geworden. Die Unternehmer müssen bei einem Rückgang der Nachfrage nicht mehr die Preise senken. Dort, wo sinkende Preise angesichts des rasenden technologischen Fortschritts nicht zu umgehen sind, also vor allem in der Elektronik und Informationstechnologie, sind die Gewinnspannen teils dramatisch angestiegen. Microsoft beispielsweise, das weltweit führende Software-Unternehmen, erzielt regelmäßig Reingewinne von 25 bis 30 Prozent des Umsatzes. Zudem erzielen in allen größeren US-Unternehmen die Topmanager Einkommen in mehrstelliger Millionenhöhe. Dies ist ein klarer Beleg dafür, dass die Kosteneinsparungen immer weniger an die Konsumenten weiter gegeben werden. Oder anders gesagt: Es fehlt offenbar der harte Preiswettbewerb, der die Unternehmen zur spitzen Kalkulation zwingt.

Doch das ist noch nicht alles. Seit gut zehn Jahren hat sich in der globalisierten Welt eine neue Spielregel herausgebildet. Die Multis haben gelernt, dass sie in der Rezession wie auch im Aufschwung aus ihren positiven und negativen Standortentscheidungen Profit schlagen können, indem sie unter den möglichen Standorten einen Wettbewerb veranstalten.

Dieser Standortwettbewerb wird meist als legitimer Versuch dargestellt, staatliche Vorleistungen wie Infrastruktur, Schulen, Rechtssicherheit usw. billig einzukaufen. Doch in Wirklichkeit steckt dahinter weit mehr. Nicht selten gelingt es Großunternehmen, die Investitionskosten für neue Produktionsanlagen weitgehend auf den Standort abzuwälzen: Siehe die Mercedes-Werke in den USA, siehe den Disney-Park bei Paris.

Dies ist nur möglich, weil es den (Groß-)Unternehmen gelingt, glaubhaft mit dem Ab- oder Zuzug großer Mengen von Arbeitsplätzen zu drohen oder zu locken. Das Bedürfnis nach Arbeit wird dank des Standortwettbewerbs erstmals zu einem handelbaren Gut. Unter den alten Bedingungen war Arbeit ein Input, für den die Unternehmen bezahlen mussten. Jetzt wird die Arbeit zu einem Output. Zwar bezahlen nicht die Arbeitnehmer direkt – sie brauchen ja einen Lohn zum Überleben. Käufer auf diesem neuen Markt sind vielmehr die politischen Standorte, die mit ihrem Standort-Lösegeld die Arbeitslosigkeit auf andere Standorte abwälzen können.

Dieser Ablasshandel aus Angst vor der Arbeitslosigkeit bringt nun aber die Logik des marktwirtschaftlichen Wettbewerbs vollends durcheinander. Das Problem liegt darin, dass die Grenze zwischen den Produkten und den Produktionsfaktoren Arbeit und Kapital verwischt wird. Wie kann eine Wirtschaft mit möglichst wenig Input möglichst viel Output herstellen, wenn der wichtigste Input, nämlich die Arbeit, zugleich auch der wichtigste Output ist?

Zugegeben: Die Arbeit war schon immer in der Zwitterstellung zwischen Mühsal und Lebensinhalt. Doch erst der Standortwettbewerb in einer globalisierten und fusionierten Welt macht es möglich, diese menschliche Schwäche des Faktors Arbeit kommerziell zu nutzen.

Die »Logik« des Standortwettbewerbs hat sich jedoch nicht nur in der realen Wirtschaft durchgesetzt, sondern weitgehend auch in der Wirtschaftspolitik und in den Wirtschaftswissenschaften. Das Stichwort heißt »Lohnmäßigung«. Die dazu passende Theorie lässt sich wie folgt zusammenfassen: »Wenn ein Land Arbeitsplätze will, muss es diese in einem globalen Standortwettbewerb erobern. Nur wer als Standort attraktiv ist, hat Chancen, vom globalen Kapitalmarkt Investitionen bzw. Arbeitsplätze zu erhalten. Wichtigste Voraussetzung dafür ist, dass die Löhne langsamer wachsen als die Produktivität. Mit anderen Worten: Das Kapital verlangt ein immer größeres Stück vom Kuchen, sonst zieht es aus.

Das Institut für Weltwirtschaft in Kiel begründet dann auch die Notwendigkeit der Lohnmäßigung ganz offen damit, dass die »Ansprüchlichkeit des globalen Kapitals größer geworden« sei, und dass ein Land, das Wert auf seine Arbeitsplätze lege, dies gebührend zu berücksichtigen habe. Den Einwand, dass in Deutschland der Lohnanteil seit 1993 von 65,5 auf 59,1 Prozent gesunken sei, und die Arbeitslosigkeit dennoch zugenommen habe, kontert Kiel mit dem Argument, dass die Lohnzurückhaltung eben noch nicht genüge.

Das Institut hat deshalb eine neue Formel[1] entwickelt, wonach die Lohnmäßigung erst dann die Arbeitslosigkeit senkt, wenn die Nominallöhne mehr als 1 Prozentpunkt unter dem Wachstum des nominellen Bruttoinlandprodukts liegen. Um die Beschäftigung um 1 Prozent zu erhöhen, müssen die Löhne um 2 Prozent hinter der Produktivität zurückbleiben.

Die Formel von Kiel offenbart den Pferdefuß der Lohnmäßigung: Wenn der Anteil der Löhne am Bruttosozialprodukt laufend sinkt, wenn also die Arbeitnehmer einen immer kleineren Teil dessen, was sie produzieren, kaufen können – woher kommt dann die Nachfrage? Nach der Kieler Formel müsste sie allmählich gegen Null sinken.

Für den US-Ökonomen Ravi Batra ist die Kieler Formel ein Ticket zur Hölle.[2] Jede systematische Lohnzurückhaltung schaffe automatisch eine Nachfragelücke, die mit künstlicher Nachfrage kompensiert werden müsse. Als »künstlich« definiert Batra die Nachfrage, die durch Staatsdefizite, anhaltende Exportüberschüsse oder durch eine Verschuldung der Arbeitnehmer geschaffen wird. Da dies nicht ewig dauern könne, produziere sie immer auch Arbeitslosigkeit.

Für Batras These gibt es zahlreiche Belege. Geradezu ein Paradebeispiel ist Deutschland. Bis etwa 1980 stiegen dort die Gewinne und die Reallöhne etwa gleich schnell, die Lohnquote lag konstant leicht über 70 Prozent, die Arbeitslosigkeit war mit einer Quote von rund 3 Prozent kein ernsthaftes Problem. Dann änderten sich die Machtverhältnisse zugunsten der Unternehmer. Seit 1980 steigen die Stückgewinne um 114, die Lohnstückkosten jedoch nur um 41 Prozent. Seit 1983 können Deutschlands Unternehmer alle ihre Investitionen locker aus den Gewinnen finanzieren. Inzwischen sind die Gewinne um 50 Prozent höher als die Investitionen.

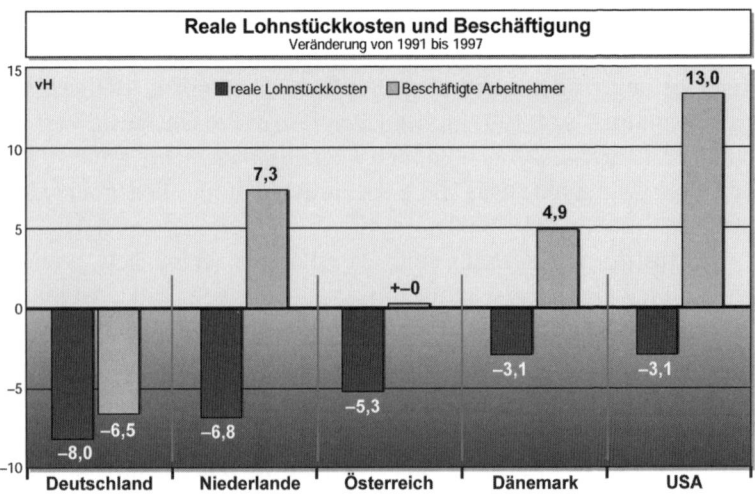

Legende: Deutschland verzeichnete von 1991 bis 1997 den größten Rückgang der realen Lohnstückkosten und erlitt dennoch den größten Rückgang der Beschäftigung. (Quelle: DIW-Wochenbericht 1/99)

Als Folge davon ist die Arbeitslosenquote (nach OECD-Definition) in Deutschland von 2,6 allmählich gegen 10 Prozent gestiegen. Dieser Trend wurde von 1986 bis 1990 unterbrochen. Die Lohnsumme nahm in dieser Zeit um rund 3 Prozentpunkte schneller zu als das Sozialprodukt – und prompt ging die Arbeitslosenquote um rund 2 Prozentpunkte zurück.

Auch die anderen Vorhersagen der Batra-These haben sich voll bestätigt: Um den Nachfrageausfall zu kompensieren, hat der Staat Defizite gemacht. Die Staatsschuld hat sich seit 1980 von 31 auf 62 Prozent des BIP verdoppelt. Gleichzeitig haben auch die Leistungsbilanzüberschüsse bis zur Wiedervereinigung stark zugenommen.

Ein zweites Beispiel ist Japan. Auch dort nahmen ab den sechziger Jahren die Löhne rasant zu, und die Arbeitslosigkeit verschwand. Bis Mitte der Siebziger entwickelten sich Löhne und Gewinne im Gleichschritt. Sowohl das Haushaltsbudget als auch die Handelsbilanz waren mehr oder weniger im Gleichgewicht. Der Bruch kam Mitte der siebziger Jahre. Die Statistik zeigt einen rasanten Rückgang des Anteils der Haushalte am BIP von 78 auf 65 Prozent. Auch hier war es den Unternehmen offenbar gelungen, sich ein größeres Stück vom Kuchen abzuschneiden.

Wie Deutschland hat auch Japan die fehlende Nachfrage der Arbeitnehmer mit Exportüberschüssen und mit wachsenden Staatsschulden teilweise kompensiert. 1999 und 2000 wird Japans Staatsdefizit jeweils über 9 Prozent (!) des BIP ausmachen – unglaublich! Als drittes Element kam noch ein deutlicher Rückgang der privaten Sparquote von 18 auf 12 Prozent hinzu. Auf diese Weise gelang es, die Arbeitslosenquote bis in die neunziger Jahre auf 2 bis 3 Prozent zu stabilisieren. Allerdings nahmen auch die Wachstumsraten deutlich ab.

Die Nachfrageschwäche Japans ist also nicht die Folge eines übertriebenen Spareifers der Haushalte. Wie Richard Katz in einem Beitrag für die Zeitschrift *Challenge* betont[3], liegt das Problem vielmehr bei den Unternehmen. Diese erhöhen lieber die Gewinne, statt die Preise zu senken, und sie bezahlen kaum Dividende und blockieren so die nationale Nachfrage.

In Frankreich ist die Lohnquote seit 1980 von 68 auf 59 Prozent gesunken, dennoch hat sich die Arbeitslosenquote in diesem Zeitraum verdoppelt. Seit 1998 nimmt die Beschäftigung in Frankreich wieder stark zu, gleichzeitig steigt auch die Lohnsumme wieder leicht schneller als das Sozialprodukt.

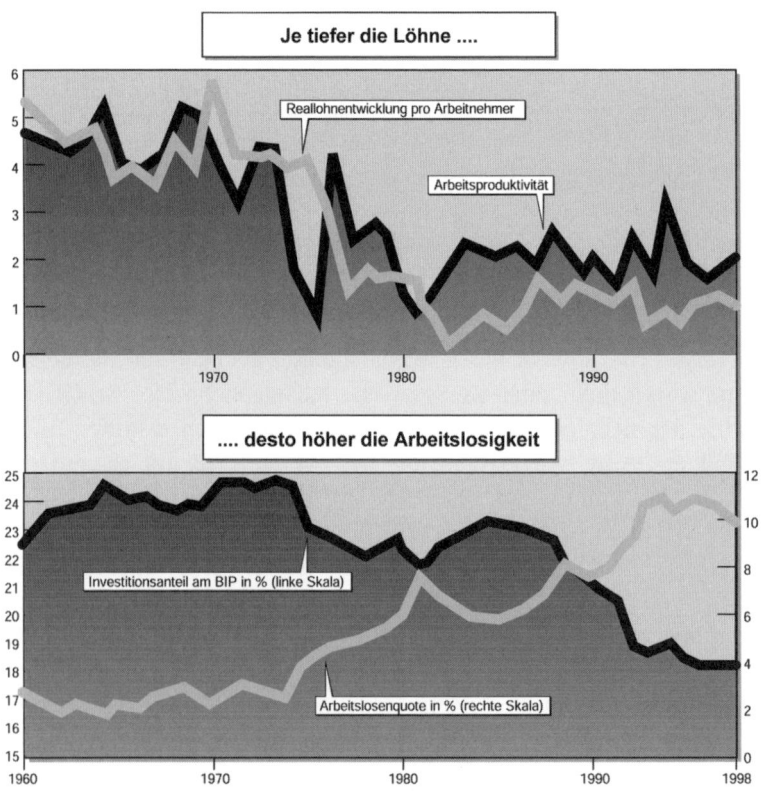

Legende: Entgegen den Behauptungen der EU-Kommission führt die seit 1982 in den EU-Ländern praktizierte Lohnzurückhaltung nicht zu höheren, sondern zu tieferen Investitionen und zu höheren Arbeitslosenquoten. (Quelle: EU-Kommission)

Das Grundmuster ist also überall dasselbe: Batra erklärt diese Entwicklungen im Wesentlichen mit dem immer schwächer werdenden Wettbewerb auf den Gütermärkten. Dies wiederum sei die unausweichliche Folge einer Welle von Fusionen, denen die Wettbewerbsbehörden weltweit tatenlos zugesehen hätten.

Fazit: Die in diesem Kapitel zusammengetragenen Überlegungen und Fakten deuten darauf hin, dass die seit den siebziger Jahren beobachteten globalwirtschaftlichen Veränderungen wie steigende Arbeitslosigkeit, sinkende Wachstumsraten, abnehmende Verschuldung der Privatunternehmen und zunehmende Verschuldung des Staates und der Privathaushalte (insbesondere in den USA) im Wesentlichen die Folge einer abnehmenden Preiskonkurrenz auf den Gütermärkten sind. Daraus ergeben sich unter anderem folgende Schlüsse:

■ Die Wirtschaft braucht nicht Lohn-, sondern Gewinnmäßigung. Diese kann am besten über das konsequente Verbot von wettbewerbsbehindernden Fusionen und Absprachen erreicht werden. Nur ein knallharter Preiswettbewerb zwingt die Unternehmen dazu, Kostenvorteile sofort an die Haushalte weiterzugeben.

■ Der Versuch, den Konsum mit Staatsdefiziten anzukurbeln, bringt auf Dauer nichts. In den EU-Ländern geben die Staaten inzwischen jeden zehnten Euro für die Zinsen aus, wodurch die Ungleichgewichte noch verschärft werden.

■ Lohnmäßigung führt zwar in der Regel zu Exportüberschüssen. Doch ein globaler (Standort-)Wettbewerb der Lohnmäßigung führt zwangsweise in die globale Depression.

Doch so einleuchtend diese Schlüsse auch scheinen mögen, so sind sie doch alles andere als unbestritten. Ganz im Gegenteil: Die Idee, wonach Ungleichgewichte auf den Gütermärkten und mithin die klassische Wettbewerbspolitik für die Probleme der Wirtschaft verantwortlich seien, ist eine klare Minderheitsposition. Die Schwerpunkte der öffentlichen Diskussion liegen (noch) auf anderen Gebieten:

1. *Die Geldpolitik.* Wer die Diskussion in der Wirtschaftspresse verfolgt, hat den Eindruck, als sei die Geldpolitik das einzige Instrument, mit dem die Wirtschaft gesteuert werden soll und kann.

2. *Der Arbeitsmarkt.* Die großen Wirtschaftsorganisationen IWF und OECD und natürlich sämtliche Arbeitgeberorganisationen sind sich darin einig, dass die entscheidenden Ungleichgewichte nicht auf den Güter-, sondern vielmehr auf den Arbeitsmärkten herrschen. Sie beklagen insbesondere die mangelnde »Flexibilität« der Arbeitnehmer.

3. *Der Staat.* Viele Ökonomen und das rechte Parteienspektrum sind sich darin einig, dass der Staat mit seiner »zügellosen Begehrlichkeit« die Quelle allen Übels sei. Auf der anderen Seite gibt es immer noch einige Alt-Keynesianer, welche die Nachfrageschwäche mit zusätzlichen Staatsausgaben überwinden wollen.

Mehr darüber in den nächsten Kapiteln.

Jahr	Produktion	Lohn	Differenz	Beschäftigung
1991	– 0,4	0,8	1,2	+ 10'000
1992	4,1	1,4	– 2,7	– 47'000
1993	3,0	0,2	– 2,8	– 79'000
1994	1,5	1,3	– 0,2	– 27'000
1995	– 0,9	0,5	1,4	+ 11'000
1996	0,7	0,8	0,1	– 3'000
1997	3,0	1,4	– 1,6	+ 24'000
1998	0,5	1,5	1,0	+47'000

Quelle: KOF/ETH, 1) zwischen Produktivität und Lohn, 2) Vollzeitstellen

Legende: Die Tabelle illustriert den Zusammenhang zwischen steigenden Reallöhnen und steigender Beschäftigung in der Schweiz: Fast immer, wenn die Produktivität (Spalte ganz links) langsamer gestiegen ist als der Lohn (2. Spalte von links), dann hat die Beschäftigung zugenommen. Lesebeispiel: 1993 hat die Produktivität um 3 Prozent, die Löhne aber nur um 0,2 Prozent zugenommen. Diese Lohnlücke von 2,8 Prozent hat zu einem Rückgang der Beschäftigung um 79'000 Stellen geführt.

1 Kieler Kurzberichte 6/99: www.uni-kiel. de:8080/IfW/pub/kkb/kkbs.htm
2 Ravi Batra, The Crash of the Millennium, Harmony Books, New York 1999.
3 Richard Katz, »Japans Real Demand Problem«, in *Challenge*, March/April 1999.

Die Geldpolitik

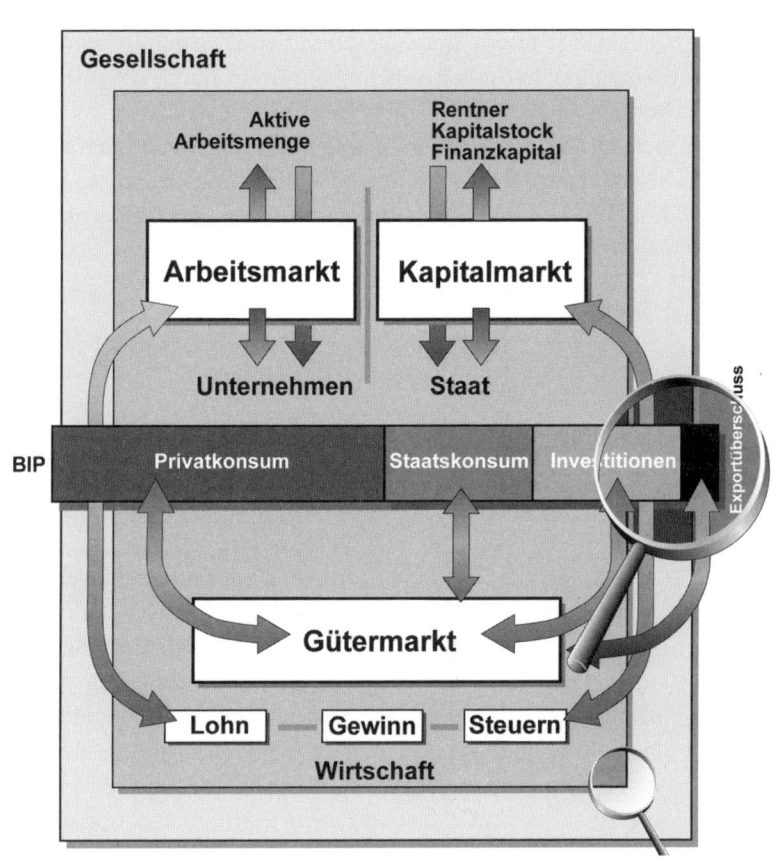

»Und für die Euro-Zone insgesamt gilt, dass zu hohe Lohnforderungen von der Europäischen Zentralbank fast sicher mit einer Zinserhöhung bestraft würden.«

»Financial Times«, Dezember 1999

Die seit Mitte der siebziger Jahre vorherrschende monetaristische Geldpolitik hat den Zweck, die Inflation durch gezielte Zinserhöhungen zu bekämpfen. Dies führt zwar tatsächlich zu einer Stabilisierung der Preise, aber zu einer Destabilisierung der Wirtschaft. Stattdessen müsste die Geldpolitik den realen Zins so steuern, dass Angebot und Nachfrage auf den Kapital- und Gütermärkten zum Ausgleich kommen.

Noch immer bekennen sich alle Zentralbanken der Welt offiziell zum Monetarismus, d. h. zur Idee, dass die Bekämpfung der Inflation die wichtigste Aufgabe der Geldpolitik sei, und dass dieses Ziel durch eine Steuerung der Notenbankgeldmenge erzielt werden könnte. Nach den teilweise katastrophalen Erfahrungen mit dem strikten Monetarismus setzt sich allerdings in der Praxis immer mehr eine pragmatische Politik durch, und in der Wissenschaft mehren sich die Stimmen, die den langfristigen Realzins ins Zentrum der Geldpolitik rücken wollen.

Bis Anfang der siebziger Jahre war die Geldpolitik der Zentralbanken für die westlichen Industriestaaten kein Problem von öffentlichem Interesse. Die institutionellen Spielregeln waren so, dass die Notenbankiers nicht viel mehr waren als die Vollzugsbeamten der Währungspolitik, die wiederum Sache der gewählten Regierungen bzw. internationalen Konferenzen war. Die wichtigste dieser Konferenzen fand 1947 unmittelbar nach dem 2. Weltkrieg im amerikanischen Bretton Woods statt und legte den Grundstein zu einem Gold-Währungssystem.

Bretton Woods war von der praktischen Bedeutung her vor allem ein Anti-Protektionismus-Pakt. Der Hintergrund waren die Erfahrungen der dreißiger Jahre, als die Industriestaaten sich gegenseitig mit Abwertungen zu unterbieten und so ihre Exporte auf Kosten der andern zu steigern versuchten, was die Krise noch weiter verschärfte. In Bretton Woods wurden deshalb alle Währungen fest an das Gold gebunden. Konkret: Die Regierungen bzw. die Notenbanken verpflichteten sich, ihre eigenen Banknoten jederzeit zu einem festen Kurs gegen Gold einzutauschen. Dies wiederum bedeutete, dass auch die Kurse zwischen allen Währungen, also Dollar gegen D-Mark, D-Mark gegen Franken usw. fixiert waren. In diesem System waren Geldmenge und Zinsniveau weitgehend durch die Außenhandelsbilanzen und die sich daraus ergebenden Einlösepflichten bestimmt. Dazu ein Beispiel: Nehmen wir an, Deutschland habe mit allen Ländern einen ausgeglichenen Handel, außer mit Frankreich, das für 10 Milliarden DM mehr Waren geliefert als erhalten habe. Diese 10 Milliarden werden zunächst von den französischen Lieferanten kassiert und bei den französischen Banken gegen Francs eingetauscht. Schließlich landen die 10 Milliarden DM bei Frankreichs Nationalbank, welche sie in Frankfurt gegen Gold einlöst. Damit hat die Bundesbank in ihrer Bilanz für 10 Milliarden mehr D-Mark und entsprechend weniger Gold. Dies bedeutet, dass die deutsche Geldmenge um 10 Milliarden abnimmt (das Geld liegt ja jetzt unter Verschluss bei der Bundesbank.) Dies wiederum wird tendenziell die deutschen Zinsen erhöhen und den Konsum (und damit auch die Importe) dämpfen, bis die Handelsbilanz wieder ausgeglichen ist.

Das also waren die geldpolitischen Spielregeln – bis 1971 der amerikanische Präsident Richard Nixon die Goldbindung des Dollar aufkündigte, und damit eine neue geldpolitische Ära mit vorerst unbekannten Spielregeln einläutete.

Befreit von der Verpflichtung, ihre eigenen Noten gegen Gold einzulösen, hatten nun die Notenbanken die Möglichkeit, beliebig viel Geld zu drucken. Sie konnten diese Möglichkeit beispielsweise dazu nutzen, das Zinsniveau zu senken und so die Investitionen und den Konsum anzukurbeln und die Beschäftigung zu erhöhen. Stark steigende Geldmengen hätten auch die eigene Währung geschwächt und so die Exportwirtschaft gestärkt – was wiederum die Beschäftigung gestützt hätte.

Dem stand aber nicht nur die leidvolle Erfahrung der dreißiger Jahre entgegen, sondern auch das Interesse der Sparer und allgemein der Besitzer von nominellen Forderungen (Sparbücher, Obligationen, aber auch Pensionen usw.). Sie hatten natürlich kein

Interesse daran, dass die Inflation ihre Guthaben wegfressen würde. Auch die Finanzmärkte in Zürich, Frankfurt, London, New York oder Paris merkten rasch, dass sie umso besser eine profitable Rolle als Umschlagplatz der weltweiten Vermögen spielen konnten, je stabiler die eigene Währung war.

Die Trennlinie im Kampf um die neuen Spielregeln der Geldpolitik verlief also – was nicht überraschen kann – ziemlich genau zwischen Rentner und Aktiven, zwischen sparen und arbeiten oder zwischen Finanzplatz- und Werkplatz. Heute weiß man, dass mit dem Monetarismus die Rentner diesen Kampf klar für sich entschieden haben. Damals war das allerdings noch nicht so klar, denn wer in der Politik seine Interessen durchsetzen will, muss darlegen können, dass dies letztlich allen nützt.

Im Falle der monetaristischen Geldpolitik spielt dabei vor allem die sogenannte NAIRU-Theorie (Non Accelerating Inflation Rate of Unemployment) eine Rolle, der wir im Kapitel über die Arbeitsmärkte schon begegnet sind. Die Theorie besagt im Wesentlichen, dass jede Arbeitslosenquote unterhalb der »natürlichen Arbeitslosenquote« die Inflation so lange beschleunigt, bis sich die »natürliche Arbeitslosenquote« wieder von alleine (natürlich) einpendelt. Die praktische Konsequenz bestand darin, dass die Notenbanken (insbesondere die Federal Reserve Bank) die Zinsen automatisch anhob, sobald sich die Arbeitslosenquote gegen die kritische Marke senkte. »Tiefere Zinsen«, so konnte man den Arbeitslosen mit Verweis auf NAIRU sagen, »würden eure Lage auf die Dauer nur noch verschlimmern.«

Doch wir greifen vor. Der eigentliche Kern des Monetarismus ist ein anderer, nämlich Milton Friedmans Überzeugung, dass jede Preissteigerung letztlich ihren Grund in der Veränderung der Geldmenge habe. Dahinter steckt die einleuchtende Erklärung, dass alle Güter und Dienstleistungen des jährlichen Sozialprodukts letztlich mit Geld bezahlt werden müssen. Je mehr Geld aber vorhanden ist, desto höhere Preise könnten für das Sozialprodukt bezahlt werden. Angenommen, die Geldmenge werde verzehnfacht, in dem auf allen Geldforderungen eine Null angehängt wird, dann ist klar, dass mit der Geldmenge auch die Preise verzehnfacht werden.

Nun kann aber jede Banknote im Verlaufe eines Jahres mehrfach für Zahlungszwecke verwendet werden. Dasselbe gilt für Bankguthaben: A bezahlt B, indem er von seinem Bankkonto 1000 Franken auf das Bankkonto von B überweist. B wiederum begleicht damit eine Schuld gegenüber C usw. Um dieses Problem in den Griff zu kriegen, haben die Monetaristen den Begriff der Umlaufgeschwindigkeit erfunden. Die Schweizerische Nationalbank etwa definiert die Umlaufgeschwindigkeit der Geldmenge M1 (Notenbankgeldmenge + sofort verfügbare Guthaben von Privatleuten bei Banken) so: nominelles Bruttoinlandprodukt im Quartal geteilt durch M1.

Wenn man nun die Umlaufgeschwindigkeit als konstant oder zumindest als bekannt annimmt, wenn man also davon ausgeht, dass zwischen den einzelnen Geldmengenaggregaten von der Nationalbankgeldmenge bis zu M3 konstante Beziehungen herrschen, dann ist die allgemeine Teuerung (verstanden als BIP nominal geteilt durch BIP real) einzig und allein abhängig von Wachstumsrate der Geldmenge. Konkret: Wenn die Geldmenge genau gleich schnell wächst wie das reale Sozialprodukt, dann ist die Teuerung gleich null. Wächst die Geldmenge um 2 Prozent schneller als das Bruttosozialprodukt, dann wird auch die Teuerung 2 Prozent betragen.

Ziemlich genau nach diesem Kochbuchrezept betreibt die Europäische Zentralbank (EZB) auch heute noch ihre Geldpolitik. Wie im ersten EZB-Jahresbericht auf Seite 53 nachzulesen ist,[1] machen die Währungshüter in Frankfurt folgende Rechnung:

Die Teuerung darf höchstens 2 Prozent betragen.
Das mittelfristige Trendwachstum des BIP liegt zwischen 2 und 2,5 Prozent pro Jahr.
Mittelfristig verringert sich die Umlaufgeschwindigkeit von M3 um 0,5 bis 1,0 Prozent jährlich.
»Deshalb hat der EZB-Rat beschlossen, den ersten Referenzwert für das M3-Wachstum auf 4,5 Prozent pro Jahr festzulegen.«

Ungefähr zu derselben Zeit, als EZB-Chef Wim Duisenberg seinen Jahresbericht schrieb, hat Alan S. Blinder, Ökonomieprofessor an der Princeton-University und ehemaliger Stellvertreter von Alan Greenspan als Chef der US-Notenbank, an der Harvard-University einen Vortragszyklus gehalten, den er später in Buchform veröffentlicht hat. Darin ist unter anderem folgenden Passage nachzulesen:

»Auch die schwächste Version des Monetarismus müsste doch davon ausgehen können, dass zwischen der Geldmenge und dem nominellen Bruttosozialprodukt irgend ein messbarer Zusammenhang besteht. Falls nicht, warum sollte sich irgend jemand um die Geldmenge kümmern? Nun zeigt aber eine Serie von statistischen Tests über den Zusammenhang von M1 und dem nominellen Bruttoinlandprodukt der USA seit 1948, dass ein solcher Zusammenhang zumindest dann statistisch nicht nachgewiesen werden kann, wenn man die Tests über das Jahr 1975 hinaus ausdehnt. «

Mit anderen Worten: Der von den Monetaristen behauptete Zusammenhang zwischen Geldmenge und Teuerung hat aufgehört zu existieren – falls er nicht schon immer nur ein statistischer Zufall war. (Genauer: Der Zusammenhang tritt nicht mit der Wahrscheinlichkeit auf, die Ökonomen normalerweise voraussetzen, bevor sie eine Theorie weiterverfolgen.) Diese Erkenntnis ist unter Notenbankern offenbar weit verbreitet. Blinder zitiert in diesem Zusammenhang den ehemaligen Notenbankchef Kanadas, Gerry Bouey, der gesagt haben soll: »Nicht wir Notenbanker haben die Geldmengenaggregate aufgegeben, sie haben uns verlassen.«

Dass es nicht möglich sein soll, über die Notenbankgeldmenge die übrigen Geldmengenaggregate und damit die Teuerung zu kontrollieren, ist nur dann überraschend, wenn man davon ausgeht, dass alles Geld in einer Volkswirtschaft letztlich von der Geldschöpfung der Notenbank abhängt, wenn die primäre Geldschöpfung also aus der Notenbank geschieht. Falls aber umgekehrt die Geldschöpfung gleichsam von unten beginnt, nämlich bei den Kreditverträgen der Wirtschaftssubjekte, und die Notenbank gleichsam nur die Spitze der Kreditpyramide bildet, dann kann es auch nicht erstaunen, dass die Notenbank nur einen beschränkten Einfluss auf die Geldschöpfung haben kann.

Doch zurück zu den USA. Die US-Notenbank musste nicht die statistischen Tests ihres professoralen Vizepräsidenten abwarten, um die Grenzen einer monetaristischen Geldpolitik zu erkennen.

1978 wurde im sogenannten Humphrey-Hawkins Act der Monetarismus in den USA zum Gesetz. Die Federal Reserve Bank sollte fortan die Preise über eine Kontrolle der Geldmenge stabil halten und den Kongress zweimal jährlich über die geplanten Geldmengenziele orientieren.

Das Ergebnis war katastrophal: Bis 1982 stiegen die kurzfristigen Zinsen über zehn Prozent, die Arbeitslosenquote schnellte von 5,8 auf 9,7 Prozent und der von der OECD gemessene Output-Gap (Differenz zwischen möglichem und effektiven Wachstum) erreichte die Rekordmarke von 5,5 Prozent.

An diesem Punkt nun erteilte die USA der EU eine Lektion, die diese leider nie gelernt hat: Die USA brachen das monetaristische Experiment ab, ohne zuvor eine neue Doktrin entwickelt zu haben. Sie schwenkten auf eine pragmatische Geldpolitik um, ließen aber die Fahne des Monetarismus hängen. Der Humphrey-Hawkins Act wurde nicht revidiert, die Geldmengenziele wurden weiterhin brav veröffentlicht, aber sie spielten – so Blinder – keine Rolle mehr. Erst im Februar 1993 legte Alan Greenspan den Monetarismus auch öffentlich zu den Akten mit der Bemerkung, dass die Federal Reserve Bank »den monetären Aggregaten künftig ein geringeres Gewicht beimessen« werden. Blinder nennt dies eine »großartige Untertreibung«. Greenspan habe zwar »geringeres Gewicht« gesagt, aber »gar kein Gewicht« gemeint.

Zu mehr, nämlich zu einer ausformulierten Alternative zum Monetarismus, reichte es allerdings nicht. Erstens hätte man sich darauf nicht auf Anhieb einigen können, zweitens hätte die notwendige Diskussion die Kapitalmärkte verunsichert. Greenspans Show wurde allerdings nicht nur vom Kapitalmarkt ernst genommen, sondern leider auch von den europäischen Regierungen und Notenbankchefs.

Sie erhoben den Monetarismus im Vertrag von Maastricht zur offiziellen Doktrin. Als dann prompt ab 1991 die Wachstumsraten des BIP sanken, die Zinsen mitten in der Krise stark anstiegen und die Arbeitslosenquoten von 8 auf mehr als 10 Prozent stiegen, wurde das Experiment – anders als in den USA – nicht pragmatisch abgebrochen, sondern die Dosis wurde weiter erhöht. Inzwischen steht die Europäische Zentralbank aber mit ihrem praktizierenden

Monetarismus immer mehr allein auf weiter Flur. Einer ihrer letzten Verbündeten, die Schweizerische Nationalbank, bekennt sich seit Oktober 1999 ebenfalls zu einer Politik, welche die Inflation über die Zinsen steuern will. Zumindest hat sich SNB-Vizepräsident Professor Bruno Gehrig unmissverständlich in diesem Sinne geäußert.

Auch in der Wissenschaft trennten sich die Wege: Während die (vor allem in Europa hoch geachtete) monetaristische Schule immer esoterischere Theorien und Modell entwarf, um den flüchtigen Zusammenhang von Geldmenge und Inflation doch noch in den Griff zu kriegen, suchten vor allem die institutionellen Keynesianer nach anderen, näher liegenden Ansätzen für eine neue Geldpolitik.

Nun gibt es zur Geldmengenpolitik eigentlich nur eine Alternative – die Zinspolitik. Die Geldmenge und der Zins sind die beiden einzigen volkswirtschaftlichen Größen, welche eine Zentralbank möglicherweise kontrollieren kann. Die Geldmenge, indem sie die Wirtschaft mit Banknoten und mit kurzfristigen Schulden bei den Geschäftsbanken versorgt – und hofft, damit die wirklich wichtigen Geldmengen beeinflussen zu können. Die Zinsen, indem sie den Banken kurzfristige Kredite gewährt – und hofft, damit auch die viel wichtigeren langfristigen Zinsen beeinflussen zu können.

Zu den Ökonomen, die immer wieder auf die Bedeutung der langfristigen Realzinsen hingewiesen haben, gehört etwa Edmund S. Phelps von der Columbia University New York, der den entscheidenden Einfluss der Realzinsen auf die Entwicklung der Arbeitslosenquoten empirisch nachgewiesen hat. Stephan Schulmeister hat diese Zusammenhänge in einer ähnlich angelegten langjährigen Ländervergleichsstudie noch genauer heraus gearbeitet. In Frankreich haben die Regulationisten um Professor Robert Boyer und in Deutschland die Monetär-Keynesianer um Professor Hajo Riese ebenfalls die zentrale Bedeutung der Realzinsen in der Geldpolitik betont.

In den USA ist in diesem Zusammenhang vor allem James K. Galbraith zu nennen, der in seinem Buch *Created Unequal* die zu hohen Zinsen für die zunehmende Ungleichheit verantwortlich macht. Paul Krugman (Harvard University) hat sich zwar in diese Diskussion nicht direkt eingeschaltet, aber seine wiederholte Forderung, die japanische Zentralbank müsse dringend den Realzins deutlich unter Null senken (und zu diesem Zweck die Inflationsrate auf deutlich über 3 Prozent erhöhen) ist das wohl feurigste Bekenntnis zu einer realzinsorientierten Geldpolitik überhaupt.

Dennoch: Unser Kronzeuge in dieser Angelegenheit ist der oben erwähnte Princeton-Professor Alan S. Blinder. Die Ideen, die er in seinem 1999 erschienen Buch *Central Banking in Theory and Practice* darlegte, sind deshalb besonders bedeutend, weil hier erstmals jemand die Theorie nachliefert, die hinter der erfolgreichen, pragmatischen Geldpolitik der USA steckt. Blinder war zwar schon gut zwei Jahre vor dem Erscheinen des Buches als Vizepräsident der Federal Reserve Bank zurückgetreten und durch Janet Yellen ersetzt worden. Aber wie sehr Blinders Theorien auch innerhalb der Federal Reserve Bank beherzigt werden, zeigt der überschwängliche Dank, den Blinder seiner Kollegin im Vorwort abstattet: »Wir haben fast täglich so intensiv miteinander diskutiert, dass ich mich in vielen Fällen nicht mehr erinnern kann, ob eine bestimmte Idee von ihr oder von mir stammt.«

Was sind nun diese Ideen? Blinder empfiehlt, den vergeblichen Versuch, mit der Geldmenge auf die Teuerung zu zielen, aufzugeben und stattdessen mit den kurzfristigen Nominalzinsen einen neutralen, langfristigen Realzins anzupeilen. Unter »neutral« versteht Blinder den langfristigen Realzins (Zins abzüglich Inflation), der die Ersparnisse und die Investitionen (bzw. das gesamtwirtschaftliche Angebot mit der gesamtwirtschaftlichen Nachfrage) in Übereinstimmung bringt – und damit gleichzeitig die Inflationsrate (auf einer von Blinder nicht definierten Höhe) konstant hält. Blinder schätzt, dass der neutrale Langfristzins im Normalfall (also bei weder überhitzter noch unterkühlter Konjunktur) zwischen 1,75 und 2,25 Prozent liegen dürfte.

Blinder räumt ein, dass auch eine zinsorientierte Geldpolitik nicht leicht durchzuführen sei, weil sie mit kurzfristigen Nominalzinsen auf langfristige Realzinsen zielen muss. Theoretisch kontrolliert zwar eine Notenbank – indem sie x-mal hintereinander die kurzfristigen Zinsen festlegt – automatisch auch die langfristigen Sätze. In der Praxis ist dieser Zusammenhang aber weit weniger zwingend.

Doch diese Probleme sind gering angesichts der erwiesenen Unmöglichkeit, mit der Notenbankgeldmenge die rund 14 mal größere Geldmenge 3 und damit wiederum die Inflationsrate zu beeinflussen.

Vor allem aber hat der Zinssatz einen viel größeren und direkteren Einfluss auf die Wirtschaft als die Inflationsrate. Das zeigt nicht nur ein Blick auf die Statistik: In der Schweiz etwa werden jährlich weit über 100 Milliarden Franken Zinsen bezahlt und kassiert. 1 Prozent Realzins mehr nimmt den KMU ein Drittel ihrer Gewinne weg und kostet die Mieter mehr als einen Wochenlohn. Veränderungen der Zinsrate bewirken gewaltige Umverteilungen!

Die Angst vor solchen zinsbedingten Umverteilungen hält auch die Kapitalmärkte in Atem. Vordergründig sind es zwar die Inflationsraten bzw. die Inflationserwartungen, welche die Märkte nervös machen. Dahinter steckt die Angst, dass die Notenbank auf steigende Inflationserwartungen reflexartig mit höheren Zinsen reagiert. Doch die eigentliche Sorge gilt nicht der Inflation, sondern der möglichen Erhöhung der Zinssätze.

Nun wird man sich natürlich fragen, was eigentlich Blinders Realzins-Geldtheorie von der geldpolitischen Praxis der US-Notenbank unterscheidet. Die Antwort ist klar: Die Federal Reserve Bank führt seine Politik in dem Sinne schon lange in Geiste Blinders, als sie mit dem kurzfristigen Zins den »neutralen« Langfristzinssatz zu beeinflussen versucht. Allerdings definiert die Federal Reserve Bank die Neutralität ein wenig anders. Sie geht vom NAIRU-Konzept aus und versucht, den Langfristzins anzupeilen, der die Arbeitslosigkeit auf ihren »natürlichen« Niveau hält.

Was Blinder – und mit ihm Galbraith, Krugman, Phelps usw. fordern, ist also weniger eine völlige Umkehr der amerikanischen (wohl aber der europäischen) Geldpolitik, sondern vielmehr eine Diskussion darüber, welcher Realzins die Volkswirtschaft ins Gleichgewicht bringt, und wie dieses Gleichgewicht zu definieren sei? Dieses Umdenken hat aber eine brisante Konsequenz: Wenn es erstens zutrifft, dass der richtige Realzins für das Gleichgewicht der Wirtschaft entscheidend ist, und wenn es zweitens stimmt, dass die Zentralbanken dies in der Vergangenheit zu wenig erkannt (und stattdessen an ihrer Geldmengenpolitik festgehalten) haben, dann liegt der Verdacht nahe, dass die festgestellten volkswirtschaftlichen Ungleichgewichte die Folge einer falschen Geldpolitik sind.

Dies bringt uns zurück zu Stephan Schulmeisters Langfriststudie über die Finanzierungssaldi der westlichen Industrieländer. Schulmeister hat dabei in allen Ländern folgenden Zusammenhang festgestellt: In der Zeit von Mitte der siebziger bis Anfang der achtziger Jahre werden in allen Ländern mit Ausnahme von Japan die Zinsen, welche die Unternehmen für ihre Kredite bezahlen müssen, höher als die Wachstumsraten der betreffenden Volkswirtschaft. Parallel dazu gehen die Finanzierungsdefizite des Unternehmenssektors zurück und verwandeln sich spätestens in den neunziger Jahren in Überschüsse. Dies wiederum führt – mit saldenmechanischer Zwangsläufigkeit – zu Budgetdefiziten des Staates bzw. zu einem Rückgang der Ersparnisse der Haushalte und in einigen Fällen auch zu steigenden Überschüssen der Leistungsbilanz (bzw. zu einer Verschuldung des Auslands).

Doch warum sollten hohe Zinsen zu Überschüssen im Unternehmenssektor führen? Schulmeister argumentiert wie folgt: Die Unternehmen wägen ständig ab, ob sie ihre Bruttogewinne ganz oder teilweise am Kapitalmarkt anlegen sollen, oder ob sie echte Investitionen (in neue Produktionsanlagen) wagen und sich zu diesem Zwecke noch verschulden wollen. Dies lohnt sich aber nur dann, wenn die Kreditzinsen tiefer sind als der zu erwartende Ertrag einer Investition. Dieser Ertrag hängt aus der Sicht eines konkreten Unternehmens von vielen Faktoren ab. Über alle Unternehmen und Branchen gesehen, entspricht jedoch die Rendite von Investitionen in etwa der volkswirtschaftlichen Wachstumsrate. Folglich wäre zu erwarten, dass der Unternehmenssektor seine echten Investitionen immer dann bremst, wenn die Kapitalmarktzinsen und insbesondere die Kreditzinsen höher sind als das nominelle Wachstum des Bruttosozialprodukts.

Genau diesen Zusammenhang hat Schulmeister in seiner Länderstudie empirisch überprüft – und wurde bestätigt. Er zieht daraus den Schluss, dass die Erhöhung der Realzinsen (bzw. der Umstand, dass die Zinsen höher sind als die Wachstumsraten des Sozialprodukts) zu den Finanzierungsüberschüssen im Unternehmenssektor geführt hat, und dass diese wiederum – mit saldenmechanischer

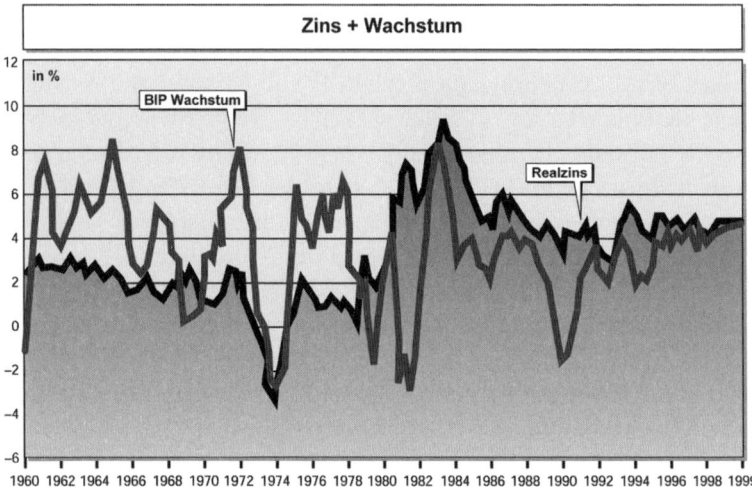

Zins + Wachstum

Legende: Bis Ende der siebziger Jahre lagen die Realzinsen in den USA im Schnitt unter 2 Prozent und deutlich unter den realen Wachstumsraten. Seither hat sich der Realzins verdoppelt und liegt meist deutlich unter den Wachstumsraten. (Quelle: CS First Boston)

Logik – die Defizite in den Staatshaushalten ausgelöst haben. Den Anstieg der Zinsen erklärt Schulmeister mit dem Wechsel zu einer monetaristischen Geldpolitik. Diese hat bekanntlich den erklärten Zweck, die Inflation mit einer Verknappung der Geldmenge (die wiederum zu höheren Zinsen führt) zu bekämpfen.

Der von Schulmeister beobachtete Zusammenhang zwischen Realzins und veränderten Finanzierungssaldi ist an sich nicht bestritten. Die Fakten scheinen weitgehend klar. Umstritten ist hingegen die Frage der Kausalität. Wer ist in dieser Angelegenheit das Huhn und wer das Ei?

Denkbar ist nämlich auch dieser Kausalzusammenhang: Weil die Politiker in ihrem Drang, wiedergewählt zu werden, stets mehr Ausgaben als Einnahmen beschließen und deshalb immer mehr Staatsschulden machen mussten, sind die Zinsen gestiegen. Konkret: Um ihre Staatsobligationen verkaufen zu können, musste der Staat immer höhere Zinsen bieten. Diese hohen Zinsen haben dann (siehe

Schulmeisters Argumentation) die privaten Investitionen unrentabel gemacht.

Diese, als »Crowding-Out-Theorie« (der Staat verdrängt die privaten Investitionen) zum Allgemeingut gewordene These wird unter vielen anderen von der OECD vertreten. Sie ist allerdings nicht sehr überzeugend. So kann die These zwar die sinkenden Investitionen der Unternehmen erklären. Es gibt aber keinen guten Grund dafür, warum steigende Kreditzinsen auch zu höheren Margen und zu entsprechenden Finanzierungsüberschüssen führen sollten. Diese Erscheinung lässt sich mit der im vorherigen Kapital beschriebenen Monopolisierung der Gütermärkte viel besser erklären.

Zum anderen zeigt schon ein oberflächlicher Blick auf die Statistik, dass steigende Staatsdefizite normalerweise nicht mit steigenden, sondern mit sinkenden Zinsen verbunden sind. Die Erklärung dafür ist relativ einfach. Die Staatsdefizite nehmen in der Regel dann zu, wenn die Wirtschaft nicht läuft, die Steuern zurückgehen und Arbeitslose entschädigt werden müssen. Diese Konjunkturflauten sind aber für die Zentralbanken das Signal, die Zinsen zu senken. Das heißt zwar nicht, dass steigende Staatsdefizite zu tiefe Zinsen verursachen, aber beide haben eine gemeinsame Ursache, die Rezession.

Schulmeister hat deshalb im Rahmen seiner Studie auch die Huhn-Ei-Frage statistisch untersucht. Er ist dabei zu dem eindeutigen Ergebnis gekommen, dass die Kausalität von den Zinsen zu den Finanzierungssaldi läuft. Die hohen Staatsschulden können schon deshalb nicht der Grund für die steigenden Zinsen sein, weil die hohen Zinsen den steigenden Staatsschulden vorausgehen. Zuerst sind die Zinsen gestiegen und viel später haben dann die Staatsschulden zugenommen.

M1, M2, M3

Das Geld, das jemand besitzt, kann eingeteilt werden nach dem Grand der Verfügbarkeit: Bargeld im Portemonnaie kann sofort und überall gebraucht werden, Kreditkartengeld fast überall, ab Gehaltskonto können alle Rechnungen sofort beglichen werden, Geld vom

Sparbuch ist etwas weniger leicht verfügbar und bis Aktien oder Obligationen flüssig gemacht werden können, dauert es Stunden bis Tage.

Auf ähnliche Weise wird auch die volkswirtschaftliche Geldmenge nach dem Grad ihrer Verfügbarkeit eingeteilt von M0 bis M3 durchnummeriert.

M0 bzw. die Notenbankgeldmenge ist die Summe der in einem bestimmten Augenblick umlaufenden Banknoten und der Guthaben der Geschäftsbanken bei der Notenbank. Größenordnung für den Euroraum: 350 Milliarden Euro. Für die Schweiz: 34 Milliarden Franken

M1: Summe der umlaufenden Banknoten plus die sofort verfügbaren Guthaben von Privaten bei den Geschäftsbanken: Euroraum: 1900 Milliarden Euro. Schweiz: 210 Milliarden Franken.

M2: Summe von M1 plus Spareinlagen mit einer Laufzeit bis 2 Jahre bei den Banken. Euroraum: 4000 Milliarden Euro. Schweiz: 400 Milliarden Franken.

M3: Summe von M 2 plus Termineinlagen. Euroraum: 4600 Milliarden Euro. Schweiz: 480 Milliarden Franken.

»MX«: Da auch Aktien, Obligationen und andere Wertpapiere oder Wertgegenstände wie Gold jederzeit in Zahlungsmittel umgewandelt werden können, sind weitere Gelddefinitionen M4, M5 usw. denkbar, aber nicht üblich. Im Zusammenhang mit der Explosion der Aktienwerte und mit der zunehmenden Verwendung von Aktien als Zahlungsmittel für Lohnbestandteile, Firmenübernahmen usw. wird die Frage diskutiert, ob die Zentralbanken versuchen müssten, auch den Anstieg der Aktienkurse irgendwie in den Griff zu bekommen. US-Notenbankchef Alan Greenspan hat dies versucht, indem er wiederholt das Kursniveau an den US-Börsen als zu hoch bzw. als »irrational« bezeichnet hat.

1 Jahresbericht der Europäischen Zentralbank 2000, S. 53

Der Arbeitsmarkt

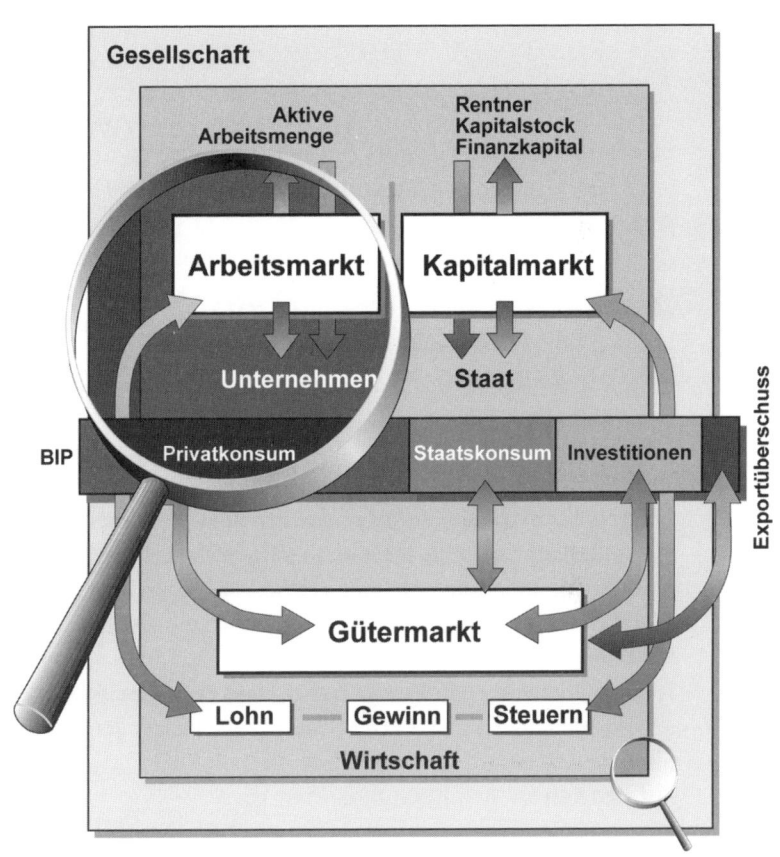

Die beschäftigungspolitische Diskussion

»Die Arbeitslosigkeit in Europa ist eine Folge der mangelnden Flexibilität der Arbeitsmärkte.«

OECD-Employment Outlook 1998

»Die Lohnerhöhungen müssen klar unter dem Produktivitätsfortschritt bleiben. Den größeren Teil der Zuwächse benötigen die Unternehmer. Sie brauchen das Geld, damit sie Investitionen tätigen und neue Arbeitsplätze schaffen können.«

Dieter Hundt, Präsident des Verbandes Deutscher Arbeitgeber, Februar 1999

»Überzogene Lohnerhöhungen in einem EU-Land führen unweigerlich zu einem Verlust der Wettbewerbsfähigkeit gegenüber den Nachbarländern, letztlich könnte sogar der Verbleib des Landes in der Euro-Zone gefährdet sein.«

»Financial Times« November 1999

Die Lehrbuch-Ökonomie ortet das Problem der Arbeitslosigkeit fast ausschließlich im nicht lehrbuchmäßigen Verhalten der Arbeitsmärkte. Die moderne, auf empirische Fakten gestützte Ökonomie zeigt jedoch erstens, dass die Arbeitsmärkte nicht lehrbuchmäßig funktionieren können und nie so funktioniert haben. Zweitens liefert sie überzeugende Belege dafür, dass die Gründe der Arbeitslosigkeit nicht nur in den Arbeitsmärkten selbst liegen, sondern dass die Arbeitslosigkeit in erster Linie die Folge von Ungleichgewichten auf den Güter- und Kapitalmärkten ist.

Die obigen Zitate illustrieren eine weit verbreitete Meinung über das Funktionieren der Arbeitsmärkte. Sie gründet, teils ausdrücklich, teils stillschweigend auf der Lehrbuchtheorie der effizienten Märkte. Im Folgenden werden wir uns zuerst mit dieser Theorie vertraut machen und zeigen, wie sie die Arbeitslosigkeit erklärt. In einem zweiten Teil werden wir das Spektrum öffnen und uns andere Erklärungsansätze anschauen, die sich aus der Betrachtung des Arbeitsmarktes im Gesamtzusammenhang (unseres Grundlagenmodells) ergeben. Im dritten Teil schließlich wenden wir uns einigen beobachtbaren Fakten des Arbeitsmarktes zu und überlegen, welche Theorien diese stilisierten Fakten am besten erklären.

Der Arbeitsmarkt gemäss Lehrbuch

Die folgende Graphik illustriert die übliche mikroökonomische Darstellung des Arbeitsmarktes. Sie stellt einen Zusammenhang her zwischen der Menge der Arbeit (auf der Horizontalen) und dem Preis der Arbeit, der auf der Senkrechten aufgetragen wird. Dabei werden folgende Zusammenhänge unterstellt.

° Die Arbeitskräfte bieten umso mehr Arbeit an, je höher der Lohn ist. Die Kurve des Arbeitsangebots verläuft also von unten links nach oben rechts. Begründung: Die Arbeitnehmer optimieren ihren Nutzen aus dem Kauf bzw. dem Konsum von Gütern und aus dem direkten Genuss von Freizeit. D. h. sie wägen ab zwischen dem Nutzen der Güter, die sie sich dank einer zusätzlichen Arbeitsstunde leisten können und dem »Grenzleid«, das mit einer zusätzlichen Arbeitsstunde verbunden ist.

° Die Arbeitgeber fragen umso mehr Arbeit nach, je tiefer die Löhne sind. Die Kurve der Arbeitsnachfrage verläuft also von links oben nach rechts unten. Begründung: Je tiefer der Lohn, desto mehr Güter kann der Arbeitgeber mit Gewinn produzieren und je mehr Güter er produziert, desto mehr Arbeitskräfte braucht er dafür. Dies gilt allerdings nur unter zwei Bedingungen: Erstens die Stückkosten nehmen mit steigendem Arbeitseinsatz zu; zweitens herrscht »vollständige Konkurrenz«, d. h. der Preis des hergestellten Gutes nimmt nicht ab, unabhängig davon, wie viel ein einzelnes Unternehmen anbietet.

I

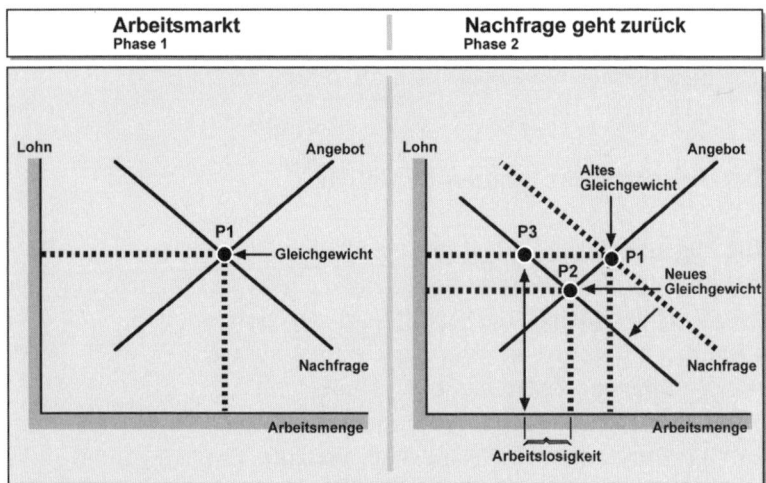

Der Schnittpunkt der beiden Kurven P1 zeigt (auf der Waagerechten) das Ausmaß der Beschäftigung und (auf der Senkrechten) die Höhe des Lohnes im Marktgleichgewicht. Das Ausmaß der Beschäftigung ist per Definition zugleich die Vollbeschäftigung. Begründung: Zwar würden die Arbeitnehmer bei einem höheren Lohn mehr Arbeit anbieten, doch niemand ist bereit, zu einem tieferen Lohn als dem Marktlohn zu arbeiten. Alle, die nicht (oder weniger als 100 Prozent) arbeiten, tun dies freiwillig, weil sie bei dem herrschenden Marktlohn lieber mehr Freizeit genießen.

Mit diesem intellektuellen Rüstzeug lässt sich nun die Arbeitslosigkeit ganz leicht erklären:

Phase 1: Aus irgendeinem Grund, z. B. wegen einem Rückgang der Güternachfrage, oder weil sich die Produktionstechnologie verändert hat, fragen die Unternehmer weniger Arbeit nach. Noch immer gilt zwar, je tiefer der Lohn, desto höher die Nachfrage, nur spielt sich das jetzt auf einem tieferen Niveau ab. Technisch gesprochen: Die Nachfragekurve verschiebt sich nach links.

Phase 2: Dadurch wird der Gleichgewichtslohn tiefer (P2 statt P1), und auch die freiwillige Beschäftigung nimmt ab. Wenn nun die Arbeitskräfte nicht flexibel genug sind, um zu diesem tieferen Lohn zu arbeiten, und auf dem ursprünglichen Lohn beharren, dann kommt es zu einem neuen Gleichgewicht im Punkt P3 und zu unfreiwilliger Arbeitslosigkeit. (Siehe Graphik)

Diese übliche Begründung der Arbeitslosigkeit muss man sich auf der Zunge zergehen lassen: Zunächst einmal wird ein zwar plausibles, aber dennoch völlig theoretisches Modell des Arbeitsmarktes aufgestellt. In diesem Modell gibt es per Definition keine Arbeitslosigkeit, da sich alle Beteiligten völlig rational verhalten. Um dennoch die Arbeitslosigkeit erklären zu können, wird das Modell in einem Punkt geändert: Die Arbeitskräfte reagieren nicht mehr flexibel auf Veränderungen der Nachfrage nach Arbeit. Konsequent wird dann dieser Mangel an Flexibilität als Grund für die Arbeitslosigkeit entlarvt. Da diese Inflexibilität zusammen mit der Arbeitslosigkeit auch in der Realität vorkommt, scheint der Beweis geglückt. In Wirklichkeit hat man bloß festgestellt, dass die Annahmen des Gedankenmodells nicht mit der Wirklichkeit übereinstimmen. Diese »Erklärung« der Arbeitslosigkeit läuft letztlich bloß darauf hinaus, dass ein (an sich beliebiges) Modell zur Norm, und eine von zahllosen möglichen Abweichungen von dieser Norm (die Inflexibilität der Arbeitnehmer) zur Ursache der Arbeitslosigkeit erklärt wird.

Die Begründung der Arbeitslosigkeit mit der Inflexibilität der Arbeitnehmer hat aber – zumindest in ihrer allgemeinen Form – einen weiteren schwerwiegenden Mangel. Sie setzt entweder einen Rückgang der Güternachfrage oder eine Erhöhung des Güterangebots voraus und verweist damit auf eine Ursache außerhalb des Arbeitsmarktes. Wenn aber die Nachfrage nach Arbeit etwa durch eine verbesserte Produktionstechnologie oder durch billigere Importe verursacht wird, dann ist nicht einzusehen, warum eine Senkung des Reallohn-Niveaus dieses »Problem« lösen sollte. Billigere Importe und verbesserte Technologien sind im Gegenteil Gründe für eine Erhöhung des allgemeinen Lebensstandards.

So sehr eine Senkung des allgemeinen Lohnniveaus aus der isolierten Betrachtung von Angebot und Nachfrage auf dem Arbeitsmarkt sinnvoll erscheinen mag, so unsinnig ist sie vor jedem breiteren Hintergrund. Erinnern wir uns: Moderne Industriestaaten haben das technologische Potential, jedes Jahr pro Kopf 1,5 Prozent zu wachsen. Konkret: 1,5 Prozent mehr von allem zu produzieren. Irgendjemand muss das Zeug konsumieren – ergo muss die Kaufkraft der Löhne steigen, nicht sinken, es sei denn, der Wachstumsmotor beginne aus irgendeinem Grund rückwärts zu drehen.

Weil dies schwer zu begründen wäre, arbeitet die Flexibilitäts-Theorie mit zwei Verfeinerungen: Zum einen teilt sie den Arbeitsmarkt in zwei Segmente auf, die qualifizierte und die unqualifizierte Arbeit. Die These von der Arbeitslosigkeit durch Flexibilitätsmangel gilt im Wesentlichen nur für das unqualifizierte Segment, und wird wie folgt umformuliert: Im Zuge des technologischen Fortschritts nimmt die Zahl der Arbeitsplätze, die nur eine geringe Qualifikation erfordern, deutlich ab und die anforderungsreichen Jobs nehmen zu. Dies führt dazu, dass die Nachfrage nach wenig qualifizierten Arbeitskräften sinkt. Dadurch sinken auch die Marktlöhne für wenig Qualifizierte und da diese Lohnsenkungen nicht akzeptiert werden (mangelnde Flexibilität!) kommt es zur Arbeitslosigkeit.

Die zweite Verfeinerung betrifft die Einbeziehung des Auslands. In einer geschlossenen Volkswirtschaft ist eine allgemeine Lohnsenkung schwer zu vertreten. Verweist man hingegen auf die »immer härter werdende Importkonkurrenz«, dann wird das Gebot der Lohnsenkung oder zumindest der Lohnmäßigung schon plausibler. Wenn Land A wettbewerbsfähiger ist als Land B, weil A zum Beispiel tiefere Steuern, bessere Verkehrsverbindungen und tiefere Löhne hat, dann wird das Unternehmen ABB oder Siemens, das gerade für eine neue Fabrik einen neuen Standort sucht, diesen eben in A und nicht in B errichten. Folglich hat A mehr Jobs als B.

Sogar die Linke hat sich dieser Logik mehr oder weniger gebeugt. In Holland etwa hat eine linke Regierung 1982 den Kompromiss von Wassenar aus der Taufe gehoben, dessen Kernstück die »Lonmatiging« (Lohnmäßigung) war. In Deutschland und in der Schweiz haben die Gewerkschaften die Politik der Lohnmäßigung insofern freiwillig mitgemacht, als sie unter dem Druck der globalen Konkurrenz von vornherein bloß Lohnsteigerungen gefordert haben, die unter dem Produktivitätsfortschritt lagen.

Erklärung der Arbeitslosigkeit im Gesamtzusammenhang

Im letzten Kapitel wurde gezeigt, wie die vorherrschende Theorie die Arbeitslosigkeit aus der Betrachtung des Arbeitsmarktes (genauer: aus dem Vergleich eines theoretischen Modells mit Teilen der Wirklichkeit) erklärt. Jetzt stellen wir den Arbeitsmarkt in den Gesamtzusammenhang (unseres Grundlagenmodells) und diskutieren ein paar Möglichkeiten, wie die Arbeitslosigkeit aus dieser Gesamtsicht hergeleitet werden könnte.

Der Arbeitsmarkt ist der Ort, an welchem die Unternehmen (und der Staat) die Arbeitsleistungen der Aktiven nachfragen. Sie bezahlen ihnen dafür Löhne. Gleichzeitig benötigen die Unternehmen auch Kapitalgüter. Diese werden ihnen (in unserem Modell) von den Rentnern zur Verfügung gestellt und zwar entweder in Form von Fremd- oder von Eigenkapital. Die Unternehmen bezahlen den Rentnern dafür Zinsen und Dividenden. Um den realen Gegenwert der Schulden bzw. des Eigenkapitals zu erhalten, machen die Unternehmen schließlich Abschreibungen.

Diese Kosten (Löhne, Zinsen, Dividenden, Abschreibungen) decken die Unternehmen mit dem Erlös ihrer Güter, die (hoffentlich) von Aktiven, Rentnern und vom Ausland gekauft werden.

Schließlich muss noch das dynamische Element betrachtet werden: Die Konkurrenz zwingt die Unternehmen dazu, Arbeit und Kapital immer besser einzusetzen und intelligenter zu kombinieren. Auf diese Weise nimmt die Produktion pro Arbeitskraft jährlich um rund 1,5 Prozent zu.

Wie kann nun in diesem Gesamtzusammenhang Arbeitslosigkeit entstehen? Um diese Frage zu beantworten, muss zunächst einmal die Arbeitslosigkeit definiert werden. Arbeitslosigkeit entsteht dann, wenn das Angebot an Arbeitsstunden die Nachfrage übersteigt. Die wichtigste Erkenntnis aus der Betrachtung des Gesamtzusammenhanges ist, dass die Nachfrage nach Arbeit abgeleitet ist von der Gesamtnachfrage nach Gütern und Dienstleistungen. Diese wiederum ist nichts anderes als das Bruttoinlandprodukt.

Rein statistisch gesehen ist deshalb die Konsumnachfrage der Hauptverdächtige. Der private und der staatliche Konsum machen 75 Prozent des BIP und die Konsumausgaben werden zur Hauptsache aus Löhnen, aber auch aus Renten (bzw. Zinsen und Dividenden) bestritten. Der zweitschwerste Verdacht lastet auf den Investitionen. Sie machen rund 25 Prozent des BIP aus und werden aus Löhnen und aus Renteneinkommen (vor allem aus nicht ausgeschütteten Gewinnen) finanziert. Trotz ihres relativ geringen Anteils am BIP beeinflussen die Investitionen den Arbeitsmarkt relativ stark, da sie starken Schwankungen unterliegen.

Bleibt noch der Außenbeitrag (die Differenz zwischen Exporten und Importen). Sein Anteil am BIP schwankt je nach Land und Zeit zwischen plus und minus 3 Prozent des BIP. Die Bedeutung des Außenbeitrags für die Gesamtnachfrage ist also sehr gering. Sie wird meist weit überschätzt.

Zu tiefe Löhne sind somit a priori der wahrscheinlichste Grund für eine zu geringe Nachfrage nach Arbeit. Ein Verdacht auf zu tiefe Löhne besteht immer dann, wenn die Lohnsteigerungen über längere Zeit hinter der Zunahme der Produktivität zurückbleiben.

Die Nachfrage nach Arbeit kann zweitens dann zu tief ausfallen, wenn die Nachfrage nach Investitionsgütern abnimmt. Zu tiefe Investitionen sind aber nicht notwendigerweise die Folge von zu geringen Gewinnen. In einer normal funktionierenden Wirtschaft muss der Kapitalstock nämlich vorwiegend aus den Arbeitseinkommen der Aktiven finanziert werden, weil die Aktiven nur so ihre spätere Renten finanzieren können.

Als möglicher Grund für zuwenig Investitionen kommen auch zu hohe Zinsen in Frage. Wenn die Kapitalmarktzinsen höher sind als das Wachstum des BIP (bzw. als der durchschnittliche Ertrag aus echten Investitionen) dann besteht die Gefahr, dass die Ersparnisse ohne Umweg über den physischen Kapitalstock direkt ins Finanzkapital investiert werden.

Denkbar ist ferner, dass Arbeitslosigkeit durch eine zu geringe Nettonachfrage aus dem Ausland verursacht wird, beispielsweise als Folge einer starken Aufwertung der einheimischen Währung.

Da wir Arbeitslosigkeit definiert haben als Differenz zwischen Angebot und Nachfrage nach Arbeit, ist es schließlich auch denkbar, dass ein zu hohes Angebot an Arbeit zur Arbeitslosigkeit führt. Eine solche Reaktion kann beispielsweise durch eine Veränderung der Alterszusammensetzung hervorgerufen werden. Die Angst um die Zukunft (der Rente) kann dazu führen, dass die Leute viel mehr arbeiten bzw. produzieren als konsumieren wollen.

Der Arbeitsmarkt in der Realität

Massiver Rückgang der Arbeitszeit

Die Lehrbücher erklären die Arbeitslosigkeit normalerweise mit einem Arbeitsmarktmodell, in welchem die Arbeitskräfte umso mehr Arbeit anbieten, je höher der Lohn ist, und in welchem die Arbeitgeber umso mehr Arbeit nachfragen, je weniger Lohn sie bezahlen müssen. Das mag in einer rein punktuellen Betrachtung

Land	Produktion pro Stunde in % p. A.	Produktion/ Beschäftigtem % p. A.	Differenz bzw. Rückgang der Arbeitszeit/ Beschäftigtem
Österreich	2,2	1,5	0,7
Belgien	2,2	1,0	1,2
Dänemark	1,7	1,2	0,5
Frankreich	2,2	1,4	0,8
Deutschland	2,0	1,4	0,6
Italien	2,5	2,1	0,4
Holland	1,6	0,8	0,8
Schweiz	1,8	1,1	0,7
USA	1,1	1,2	– 0,1
Japan	3,5	3,1	0,4
Neuseeland	0,1	– 0,1	0,2

Quelle: OECD Employment Outlook

vielleicht stimmen. Langfristig gilt aber genau das Gegenteil: Die Löhne steigen und gleichzeitig nimmt die Arbeitszeit nicht zu, sondern ab. Die Tabelle auf Seite 139 illustriert dies für 11 OECD-Länder und für den Zeitraum von 1976 bis 1992.

Lesebeispiel: In Deutschland hat zwischen 1976 und 1992 die jährliche Produktivität pro Arbeitsstunde um 2,0 Prozent zugenommen. Die Produktivität pro Beschäftigen ist aber nur um 1,4 Prozent gestiegen. Dies bedeutet, dass die Beschäftigten ihre Arbeitszeit jährlich um 0,6 Prozent verkürzt haben, oder anders formuliert: Sie haben rund ein Drittel ihres Produktivitätsgewinns dazu verwendet, ihre Freizeit zu verlängern.

Die mittlere Spalte der Tabelle zeigt die Zunahme der Produktion pro Beschäftigen in den Jahren 1976 bis 1992. Sie ist zugleich ein Maß für die Zunahme der Realeinkommen pro Beschäftigtem. Alles in allem sind die Reallöhne in jener Zeit je nach Land zwischen 15 und 30 Prozent gestiegen.

Die Spalte 1 zeigt, dass die Produktivität pro Stunde in fast allen Ländern schneller zugenommen hat als die Produktion pro Beschäftigem. Als Folge davon ist – Spalte 3 – die Arbeitszeit pro Beschäftigem pro Jahr im Schnitt um 0,7 Prozent zurückgegangen, teils wegen längeren Ferien, teils wegen der Zunahme der Teilzeitarbeit. Trotz höherer Löhne hat also – mit Ausnahme der USA – die Arbeitszeit pro Beschäftigtem laufend abgenommen.

Der folgenden Tabelle liegen Zahlen aus dem Klassiker *Dynamic Forces in Capital Development* von Angus Maddison zugrunde. Sie beleuchten einen etwas anderen Zeitraum (1950 bis 1987 bzw. für einige Länder 1989) und illustrieren die Verkürzung der Arbeitszeit pro Bevölkerung in den Jahren 1950 bis 1987. Dieser Rückgang spiegelt nicht bloß die Verkürzung der Wochenarbeitszeit und die Verlängerung der Ferien, sondern er beinhaltet auch die gegenläufigen Effekte einerseits der generellen Verkürzung der Lebensarbeitszeit, insbesondere der Verlängerung der Pensionszeit und andererseits der zunehmenden (bezahlten) Beschäftigung der Frauen. Mit anderen Worten: Obwohl in der betrachteten Periode immer mehr Hausarbeiten (Essen zubereiten, Kinder hüten usw.) in den

Bereich der bezahlten Arbeit übergegangen sind, ist der Anteil der bezahlten Arbeit am Zeitbudget deutlich zurückgegangen:

Jährliche Arbeitsstunden pro Kopf der Bevölkerung:

Land	1950	1987/89	Rückgang in % p. A.	Wachstum BIP pro Std.	Wachstum pro Kopf
Frankreich	905	603	1,1	4,3	3,1
Deutschland	981	716	0,8	4,6	3,8
Österreich	916	689	0,7	4,7	3,9
Holland	899	566	1,2	3,9	1,4
England	871	725	0,5	2,9	2,2
USA	756	767	− 0,04	1,9	2,0
USA 1950−73	756	707	0,3		

Im Vergleich zur Tabelle aus dem OECD Employment Outlook fällt zunächst einmal auf, dass die Wachstumsraten der Stundenproduktivität deutlich höher ausfallen. Das hängt damit zusammen, dass sich der Produktivitätsfortschritt ab 1973 deutlich verlangsamt hat. Maddison weist für 16 Industrieländer einen Rückgang von durchschnittlich 4,5 Prozent (1950 bis 1973) auf bloß noch 2,3 Prozent (1973 bis 1987) aus. Diese 2,3 Prozent liegen jedoch immer noch leicht über dem Mittel von 1,8 Prozent der Jahre 1870 bis 1950. Dennoch bleibt der abrupte Rückgang der Produktivität in den siebziger Jahren eines der großen Rätsel der modernen Ökonomie, zumal damals auch die Realzinsen abrupt stiegen, das globale Währungsregime geändert wurde, die Staatsrechnungen ins Defizit gerieten, die europäischen Arbeitslosenquoten stiegen usw.

Ferner fällt auch in dieser Tabelle auf, dass die USA offenbar einen Sonderfall darstellen. Ihr geringes Produktivitätswachstum lässt sich wohl teilweise mit der Vorreiter-Rolle der USA erklären. Die Wirtschaft der USA ist von 1870 bis 1950 überdurchschnittlich schnell gewachsen und hat das höchste Niveau aller Länder erreicht. Jetzt holen die anderen Länder auf. Dass die USA als einziges Land eine zunehmende Zahl von Arbeitsstunden ausweisen, lässt sich dadurch jedoch nicht erklären. Bis in die siebziger Jahre ist die Arbeitszeit in den USA noch zurückgegangen – wenn auch langsamer als in den übrigen Industrieländern. Seither nimmt sie jährlich um rund 0,4 Prozent zu.

Zum Schluss noch eine sehr summarische, aber eindrückliche Langzeitperspektive: Vor 130 Jahren haben die Menschen in Europa noch 70 Prozent ihrer wachen Zeit gearbeitet. Heute sind es dank verkürzter Arbeitszeiten, längerer Schulzeit und viel längerem Ruhestand usw. noch 10 Prozent. Dennoch hat das Bruttosozialprodukt pro Kopf in diesem Zeitraum um den Faktor 10 zugenommen. Der Wohlstand pro Arbeitszeit hat sich also um den Faktor 70 erhöht. Dies entspricht einer jährlichen Wachstumsrate von 3,3 Prozent.

Arbeitslosigkeit statt Muße: Ein Problem entsteht

Im vorherigen Kapitel haben wir gesehen, dass in allen Industrieländern (mit Ausnahme der USA seit Mitte der siebziger Jahre) die Freizeit bei steigenden Einkommen stetig zunimmt. So weit, so gut. Allerdings gibt es seit Mitte der siebziger Jahre einen zweiten Trend, der weit weniger erfreulich ist: Immer größere Teile der Freizeit werden in Form von Arbeitslosigkeit »konsumiert«. Mit Ausnahme Italiens hatten die westeuropäischen Staaten in den sechziger Jahren praktisch keine Inflation gekannt. Ungefähr zeitgleich mit der Ölkrise setzte dann aber nicht nur eine vorübergehende Verschlechterung ein, sondern eine dauernde Wende. In Großbritannien explodierte die Arbeitslosenquote von 1974 bis 1983 von 2,9 auf 12,4 Prozent. In Deutschland gab es noch 1973 bloß 0,8 Prozent Arbeitslosigkeit und 1983 schon 8 Prozent. Auch Frankreich hatte 1974 mit einer Quote von 2,8 Prozent noch praktisch keine Arbeitslosigkeit. 1987 wurde mit 10,5 Prozent ein vorläufiger Höhepunkt erreicht.

Im Folgenden wollen wir uns ein Land etwas genauer ansehen. Dass es sich dabei um Frankreich handelt, hängt damit zusammen, dass hier die Entwicklung von Arbeitszeiten, Produktivität und Arbeitslosigkeit besonders gut dokumentiert ist. Die folgende, stilisierte Graphik basiert auf den Angaben des Buches *Deux Siècles de travail en France*. Dabei zeigt sich folgendes Grundmuster:

■ Die Produktivität pro Arbeitsstunde hat jedes Jahr um durchschnittlich 4 Prozent zugenommen.

■ Dieser Zuwachs wurde wie folgt verwendet:
0,5 Prozentpunkte für den Ausbau des Kapitalstocks.
1 Prozentpunkt für die Verkürzung der Arbeitszeit.
2,5 Prozentpunkte für die Steigerung des Konsums.

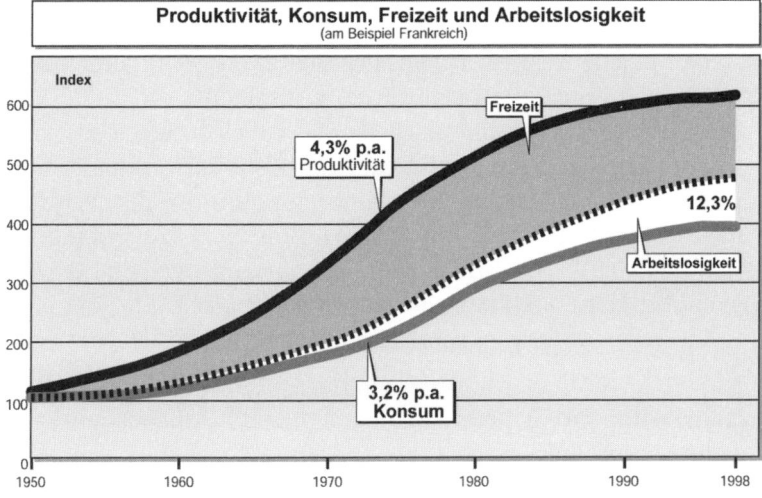

Produktivität, Konsum, Freizeit und Arbeitslosigkeit
(am Beispiel Frankreich)

Legende: Seit 1950 hat sich in Frankreich die Produktivität pro Arbeitsstunde um 500 Prozent (bzw. um 4,3% pro Jahr) erhöht. Der Konsum nahm aber nur um gut 300 Prozent (bzw. 3,2% p.a.) zu. Die Differenz wurde als Freizeit konsumiert, bzw. als Arbeitslosigkeit erlitten. (Quelle: Deux Siècles de travail en France, *eigene Berechnungen)*

Allerdings zeigt die Graphik auch einen Bruch: Seit Mitte der siebziger Jahre hat sich erstens das Wachstum der Produktivität deut- 143 lich verlangsamt. Die Steigerungsrate des Konsums ist ebenfalls zurückgegangen. Doch statt wie bis anhin die Arbeitszeit kontinuierlich zu verkürzen und so die Produktion und den Konsum im Gleichgewicht zu halten, haben die Franzosen versucht, mehr zu sparen, also mehr zu arbeiten bzw. zu produzieren als zu konsumieren.

Dies hat dann zwangsläufig zu einer steigenden Arbeitslosigkeit geführt, bis die zusätzliche Freizeit wieder der Differenz zwischen Produktivität und Konsum entsprach.

Frankreich ist keine Ausnahme, sondern ein typischer Fall. In praktisch allen Industrieländern haben sich die Wachstumsraten seit Mitte der siebziger Jahre deutlich verlangsamt, und seit jener Zeit ist die Arbeitslosigkeit zu einem immer dringenderen Problem geworden. Dass die USA damit weniger Probleme haben, hängt – wie die Tabelle zeigt – maßgeblich mit ihrer weit unterdurchschnittlichen Produktivitätsentwicklung zusammen.

Vor diesem Hintergrund erscheint die Arbeitslosigkeit als eine Folge der Schwierigkeit, den Produktivitätsfortschritt zu konsumieren. Und die Bekämpfung der Arbeitslosigkeit ist der Versuch, Arbeitslosigkeit in Freizeit bzw. Güterkonsum zurückzuverwandeln. Doch aufgepasst: Die erwähnten Zusammenhänge sind streng genommen keine Erklärung für die Arbeitslosigkeit. Sie sind bloß das Ergebnis einer rein buchhalterischen (bzw. begrifflichen) Logik. Danach ist:

Produktivität pro Arbeitsstunde mal Anzahl Arbeitsstunden = Bruttosozialprodukt

und **Bruttosozialprodukt = Konsum + Investitionen + (Export minus Import)**

Wenn: **(Export minus Import) = langfristig 0**

und wenn die **Investitionen** langfristig direkt proportional vom **Konsum abhängen,**

dann muss eine Erhöhung der Produktivität pro Arbeitsstunde zwangsläufig entweder zu einer proportionalen Zunahme des Konsums oder zu einer proportionalen Abnahme der Arbeitszeit, oder zu einer Mischung von beidem führen.

Gründe für die Arbeitslosigkeit

Was sagen die empirischen Untersuchungen?

Im vorhergehenden Kapitel haben wir die Entwicklung von Arbeitsproduktivität, Freizeit und Arbeitslosigkeit in den wichtigsten Industrieländern beleuchtet. Im Lichte dieser Fakten haben wir das Problem der Arbeitslosigkeit wie folgt umformuliert:

Arbeitslosigkeit ist der missglückte Versuch, die Zunahme der Arbeitsproduktivität entweder in Konsum oder in mehr Freizeit umzuwandeln.

Die alternative Formulierung wäre:

Arbeitslosigkeit ist die Folge der Unfähigkeit, mehr Arbeit zu schaffen.

Beide Formulierungen sind in sich logisch. Die erste setzt die Zunahme der Arbeitsproduktivität als gegeben voraus. Sie geht ferner – vernünftigerweise – davon aus, dass weder die Exporte (bzw. die Differenz zwischen Exporten und Importen) noch die Investitionen (ohne entsprechenden Mehrkonsum) beliebig gesteigert werden können.

Die zweite Formulierung hat den Vorteil, den Nerv der Zeit besser zu treffen. Der Kampfruf »Wir müssen mehr Arbeit schaffen!« steht zuoberst auf der Agenda fast aller Regierungen und Parteien Europas. Doch wie soll dies geschehen? Die Standardantwort darauf lautet: »Flexibilisierung des Arbeitsmarktes«. Auf einen einfachen Nenner gebracht bedeutet dies, dass die Arbeit für die Unternehmer solange billiger gemacht werden muss, bis seine Nachfrage nach Arbeit der Summe der von den Arbeitnehmern angebotenen Arbeitsstunden entspricht.

In der Theorie kann man sich jahrelang darüber streiten, was nun besser funktioniert, die Bekämpfung der Arbeitslosigkeit durch die Ankurbelung des Konsums und durch die Verlängerung der Freizeit (bzw. Verkürzung der Arbeitszeiten) oder die Schaffung zusätzlicher Arbeit durch die Flexibilisierung der Löhne. Abgesehen von den rein theoretischen Erklärungen kann man die eine oder andere

These auch mit Beobachtungen stützen. Die Tabelle auf der nächsten Seite zeigt links »Beweise« für die Flexibilitätsthese und rechts solche, die das Gegenteil »beweisen«.

Die Liste ließe sich beliebig verlängern. Doch bereits jetzt ist klar: bloße Einzelbeispiele »beweisen« gar nichts. Wer eine ökonomische These in der Realität überprüfen will, muss systematisch vorgehen, die Daten genau prüfen, vergleichbar machen, mögliche Fehlerquellen ausschalten, statistische Wahrscheinlichkeiten prüfen usw. An solchen wissenschaftlichen Untersuchungen fehlt es nicht. Das Ergebnis ist jedoch ernüchternd. Die beiden Arbeitsmarktspezialisten Paul Gregg und Alan Manning von der London School of Economics kommen in einer 1998 veröffentlichten Auswertung der wichtigsten empirischen Arbeitsmarktstudien zu folgendem Schluss: »Das überraschendste Ergebnis ist, dass all diese Studien nur sehr selten überhaupt auf irgendeine halbwegs signifikante Beziehung zwischen Arbeitsmarktregulierung und Arbeitslosigkeit kommen.«[1]

Das Fehlen schlüssiger Beweise hindert die Autoren allerdings zuweilen nicht daran, dennoch klare Schlüsse zu ziehen. Das gilt beispielsweise für die von den Anhängern der Flexibilisierungsthese oft zitierte »Job-Study« der OECD. Der amerikanische Arbeitsmarktspezialist Oliver Blanchard hat diesen Bericht – und zwar beide Teile – sorgfältig studiert, und kommt zu folgendem Schluss: »Der erste – wissenschaftliche – Teil ist eine bemerkenswerte Sammlung von Fakten und sorgfältigen Analysen. Der zweite Teil mit den politischen Schlussfolgerungen steht dazu in krassem Widerspruch und redet fast nur noch von der Notwendigkeit flexibler Arbeitsmärkte.«[2]

In der Tat zeigen fast alle empirischen Studien, dass die veränderten Bedingungen des Arbeitsmarktes selbst nur einen sehr geringen Einfluss auf die Veränderungen der Arbeitslosigkeit haben. Andere Einflussfaktoren wie Geldpolitik, Realzins, der Anteil der Hausbesitzer an der Gesamtbevölkerung usw. erweisen sich in den empirischen Tests als deutlich wichtiger.

In Bezug auf die Flexibilität des Arbeitsmarktes lässt sich nur ein Zusammenhang mit genügender Wahrscheinlichkeit eruieren: Eine lange Dauer des Bezugs von Arbeitslosengeld geht mit hohen

Für die These von der Flexibilität	Gegen die These von der Flexibilität
■ Die USA haben flexiblere Arbeitsmärkte als Europa. Deswegen ist ihre Arbeitslosenquote tiefer.	■ Die Schweiz hat weltweit das höchste Lohnniveau und dennoch eine der niedrigsten Arbeitslosenquoten.
■ Kurz bevor die Arbeitslosengelder auslaufen, finden die Arbeitslosen überraschend oft doch noch eine Stelle. Offenbar hat sie die Gewissheit, Arbeitslosengeld zu erhalten, von der ernsthaften Suche nach Arbeit abgehalten.	■ In Deutschland sind die Löhne 10 mal höher als in Indonesien. Dennoch ist die Arbeitslosenquote dort höher als in Deutschland.
■ Länder mit einer guten Arbeitslosenversicherung haben meist höhere Arbeitslosenquoten.	■ Die sogenannten Billiglohnländer, Korea, Philippinen, Indonesien usw. haben trotz der konkurrenzlos günstigen Exporte, in den neunziger Jahren massive Handels- und Leistungsbilanzdefizite erlitten. Sie haben also wertmäßig mehr importiert als exportiert.
	■ Die USA hatte schon in den achtziger Jahren die flexibelsten Arbeitsmärkte. Dennoch lagen damals ihre Arbeitslosenquoten deutlich über denen Westeuropa und namentlich über denen Deutschlands.
	■ Deutschland hatte seine tiefsten Arbeitslosenquoten zu einer Zeit, da die Löhne schneller gestiegen sind als die Gewinne.
	■ Als Großbritannien unter der Regierung Thatcher anno 1979 damit anfing, die Arbeitsmärkte rigoros zu deregulieren, stiegen die Arbeitslosenquoten zunächst einmal 7 Jahre lang.

Arbeitslosenquoten einher. Dabei ist allerdings nicht klar, wer hier das Huhn und wer das Ei ist. Weil die meisten Länder ihre Arbeitslosenversicherung erst ausgebaut haben, nachdem die Arbeitslosigkeit angestiegen ist, könnte eine lange Bezugsdauer auch die Folge statt die Ursache der Arbeitslosigkeit sein. Wie dem auch sei: Rein statistisch erklärt dieser Faktor nur ein Zehntel der Zunahme der Arbeitslosigkeit. Neun Zehntel müssen auf andere Ursachen zurückgeführt werden bzw. bleiben unerklärt.

Die meisten übrigen »Verdächtigen«, wie etwa die Höhe des Arbeitslosengeldes im Verhältnis zum vorhergegangenen Verdienst, Kündigungsschutz, Arbeitsschutzvorschriften und Mindestlöhne werden mangels Beweisen freigesprochen. Zwar gibt es einige Studien, die beispielsweise einen Zusammenhang zwischen steigenden Mindestlöhnen und zunehmender Arbeitslosigkeit feststellen, andere Studien kommen aber zu gegenteiligen Schlüssen. Stephen Nickell von der Oxford University und Richard Layard von der London School of Economics haben 1998 die wichtigsten Studien zum Thema Arbeitsmarkt und Arbeitslosigkeit wie folgt zusammengefasst: »Abschließend kann gesagt werden, dass es Zeitverschwendung wäre, sich über strikte Arbeitsmarktregulierungen, Mindestlöhne und Kündigungsschutz allzu viele Gedanken zu machen.«[3]

In anderen Punkten ist das Urteil der Wissenschaft etwas nuancierter. Die Gewerkschaften und die Lohnsteuerprozente etwa werden nur auf Bewährung freigesprochen. Die Wirkung der Lohnprozente (für Krankenkasse, Arbeitslosenversicherung usw.) ist zwar umstritten, aber die Arbeitsmarktspezialisten sind sich weitgehend darüber einig, dass es im Zweifelsfall besser wäre, die entsprechenden Ausgaben anders, etwa über Steuern, zu finanzieren.

Unbestritten ist, dass die Anwesenheit von Gewerkschaften zu steigenden Arbeitslosenquoten führen kann. Man kennt aber auch die Bedingungen, unter denen dies nicht der Fall ist bzw. unter denen die Gewerkschaften gar zur Erhöhung der Beschäftigung beitragen. Erstens braucht es harte (Import-) Konkurrenz auf den Gütermärkten. Zweitens ist es vom Standpunkt der Beschäftigung und der Inflationsbekämpfung optimal, wenn starke Gewerkschaften starken Arbeitnehmerverbänden gegenüberstehen, und wenn Lohnverhandlungen zentral geführt werden.

Alles in allem scheinen also Veränderungen auf dem Arbeitsmarkt wenig zur Erklärung der Arbeitslosigkeit beizutragen. Das Dunkel lichtet sich erst, wenn man mit denselben statistischen Methoden andere mögliche Ursachen in Betracht zieht. Die folgende Liste illustriert einige der wichtigsten Erkenntnisse der empirischen Erforschung der Arbeitslosigkeit:

- Eine Kombination von zu strikter Geldpolitik und Bezugsdauer des Arbeitslosengeldes erklärt statistisch gesehen 75 Prozent der Zunahme der Arbeitslosigkeit. (Quelle: Lawrence Ball[4])

- Eine zu strikte Geldpolitik allein erklärt 50 Prozent der Zunahme der Arbeitslosigkeit. (Quelle: Ball)

- 50% Ölpreis und Realzins (Quelle: Andrew Oswald[5])

- 33% Anteil der Hausbesitzer im Vergleich zu den Mietern. Je mehr (örtlich flexible) Mieter, desto geringer die Arbeitslosenquote. (Quelle: Oswald)

zum Vergleich:

- Die Bezugsdauer des Arbeitslosengeldes »erklärt« 10 Prozent der Zunahme der Arbeitslosigkeit, wobei der kausale Zusammenhang unklar ist.

- Die Bedingungen des Arbeitsmarktes insgesamt erklären die Arbeitslosigkeit zu 6 Prozent. (Quelle: Ball)

Die Liste ist nicht vollständig, und die Prozentzahlen sollten nicht allzu eng gesehen werden. Die Ergebnisse hängen unter anderem davon ab, welche Gründe für die Arbeitslosigkeit die Autoren überhaupt in Betracht gezogen haben. Wie Stephen Nickell vom Institute for Economics and Statistics in Oxford in einer Übersicht über die wichtigsten Studien zur Arbeitslosigkeit anmerkt, herrscht diesbezüglich bei fast allen Arbeitsmarktspezialisten eine erstaunliche Einseitigkeit. Zum einen werden die auf dem Arbeitsmarkt beobachtbaren Variablen (Löhne, Kündigungsfristen, Gewerkschaften usw.) grundsätzlich übergewichtet. Das ist an sich noch erklärlich – die Spezialisten des Arbeitsmarktes kennen eben den Arbeitsmarkt.

Die Idee, die Gründe der Arbeitslosigkeit auf den Güter- oder gar auf den Kapitalmärkten zu suchen, kommt ihnen vielleicht schon, doch sie verfolgen sie nicht weiter, weil das nicht ihr Spezialgebiet ist.

Weniger leicht zu erklären ist Nickells zweite Feststellung: Unter den Hunderten von Studien zum Arbeitsmarkt gibt es nur gerade eine, die sich mit Arbeitsmarkthemmnissen auseinandersetzt, die von der Arbeitgeberseite ausgehen. Alle anderen beobachten – ausgehend vom theoretischen Modell eines perfekten Marktes – die Abweichungen und sogenannten »Rigiditäten«, welche die Konkurrenz unter den Arbeitnehmern behindern. Besonders scharf beobachtet werden unter diesem Blickwinkel etwa Mindestlöhne, Arbeitslosengelder, Kündigungsfristen, Entschädigungen bei Massenentlassungen, gewerkschaftliche Lohnverhandlungen usw. Die Grundidee ist dabei immer die: Auf einem vollkommenen Arbeitsmarkt gäbe es keine Arbeitslosigkeit. In Wirklichkeit aber schon. Jetzt wollen wir einmal schauen, inwiefern diese oder jene Unvollkommenheit (Fachjargon: Rigidität) des Arbeitsmarktes die vorhandene Arbeitslosigkeit erklärt. Als Rigidität des Arbeitsmarktes gilt dabei auch die mangelnde Fähigkeit des Ausbildungssystems, der Wirtschaft jederzeit die gewünschten Arbeitskräfte in der gewünschten Qualität zur Verfügung zu stellen.

Dieser Ansatz ist unter verschiedenen Gesichtspunkten fragwürdig. Zum einen geht er von der letztlich nicht beweisbaren Voraussetzung aus, dass es in einem perfekten Arbeitsmarkt keine Arbeitslosigkeit geben könne. Dadurch wird unterstellt, dass die Arbeitslosigkeit immer durch eine oder mehrere Unvollkommenheiten des Arbeitsmarktes verursacht sei. Also wird die Beweislast gleichsam umgekehrt, und der Angeklagte hat praktisch keine Chance mehr, seine Unschuld zu beweisen.

Nehmen wir einmal an, es sei (im Nachhinein) klar, dass die Arbeitslosigkeit durch einen Nachfragemangel verursacht sei. Beispielsweise durch eine allgemeine Lohnkürzung um 10 Prozent, kombiniert mit einer stillschweigenden oder offenen Absprache unter den Produzenten, die dazu führt, dass die Preise nicht entsprechend sinken. Damit ist klar, dass es zu (rund 10 Prozent) Arbeitslosigkeit kommt, aber es ist noch nicht klar, welche Arbeitnehmer arbeitslos werden, und welche Firmen durch den Nachfragerückgang Pleite gehen werden. Diese Ereignisse (Arbeitslosigkeit und Pleiten) werden sich aber nicht nach dem reinen Zufallsprinzip ereignen, sondern sie werden die diejenigen Arbeitnehmer, Firmen und Branchen treffen, die schon zuvor eher zur Schwäche geneigt haben. Eine nachträgliche Analyse der Ereignisse wird also zwangsläufig »strukturelle Schwächen« und »Rigiditäten des Arbeitsmarktes« zutage fördern. Dieses Ergebnis wird umso zwangsläufiger eintreten, je mehr die Analyse (ausdrücklich oder unbewusst) von der Annahme ausgeht, dass letztlich immer nur unvollkommene Märkte die Ursache von Arbeitslosigkeit sein werden. Es ist wie bei einem Vexierbild: Jede Nachfragekrise kann auch als Struktur- und Arbeitsmarktkrise gesehen werden. Was man sieht, hängt davon ab, unter welchen bewussten oder unbewussten Voraussetzungen man das Problem betrachtet.

Das zweite Problem dieses Ansatzes liegt – wie Nickell erwähnt – darin, dass die Unvollkommenheiten des Arbeitsmarktes fast immer nur auf der einen Seite gesucht werden. Dabei entspricht auch die Nachfrageseite des Arbeitsmarktes keineswegs dem Lehrbuch: Arbeitgeber sind in der Regel gleichsam von Natur aus in einer stärkeren Position. In einer typischen Wirtschaftsregion stehen vielleicht 5 größere Unternehmer 20'000 Arbeitnehmern gegenüber. Die Unternehmer können sich untereinander relativ reicht absprechen bzw. ihre Lohnangebote stillschweigend angleichen. Absprachen unter den 20'000 Arbeitnehmern sind jedoch völlig unmöglich – es sei denn, diese organisieren sich.

Betrachtet man einzelne Berufskategorien, so ist die Marktmacht oft noch viel ungleicher verteilt. Ein Gießer in einer Region mit einer Gießerei hat praktisch nur einen möglichen Arbeitgeber. Ältere, langjährige Mitarbeiter, deren berufliches Können und Wissen oft weitgehend firmenspezifisch ist, befinden sich in einer noch misslicheren bzw. abhängigeren Lage. Dazu kommen Informationsprobleme: Arbeitgeber können den Einsatzwillen, die Kenntnisse oder die Gesundheit potentieller Arbeitnehmer schlecht einschätzen. Um die Informationskosten zu beschränken, behelfen sie sich mit ein paar Faustregeln – jung gleich dynamisch, gute Zeugnisse gleich gute Ausbildung, lückenloser Lebenslauf gleich zuverlässig –

wer diesen »Pauschalansätzen« nicht genügt, muss den (vermeintlichen) Mangel mit einem tieferen Lohn kompensieren.

Natürlich gibt es auch Gegenbeispiele: Gesuchte Spezialisten etwa können oft mehrere Arbeitgeber gegeneinander ausspielen. Manager, die sich dank ihrem Wissen eine Machtstellung aufgebaut haben, können zuweilen ihren Lohn in fast beliebige Höhen steigern. Doch im Großen und Ganzen gilt, dass die Unternehmen auf dem Arbeitsmarkt eine monopolähnliche Stellung (Fachausdruck: Monopson) genießen.

Die meisten der sogenannten Rigiditäten auf dem Arbeitsmarkt (Kündigungsfristen, Gewerkschaften, usw.) sind nichts anderes als der Versuch, das Übergewicht der Arbeitgeber zu kompensieren und eine neues Gleichgewicht herzustellen. Zahlreiche historische und empirische Untersuchungen[6] zeigen, dass dieses faktische Gleichgewicht der Kräfte eine entscheidende Voraussetzung für eine funktionierende Wirtschaft ist.

Das faktische Gleichgewicht der Marktkräfte unterscheidet sich in wesentlichen Punkten vom rein theoretischen Gleichgewicht, das sich auf einem vollkommenen Markt ergibt. In dieser rein theoretischen Welt stehen unendlich viele Anbieter unendlich vielen Nachfragern gegenüber, und kein einziger hat auch nur die geringste Möglichkeit, den Preis bzw. den Lohn zu beeinflussen.

Diese Theorie ist natürlich unrealistisch, aber sie hat den Vorteil, dass man damit mathematisch relativ handliche Modelle bauen kann. Das ist an sich eine durchaus erlaubte Methode. Paul Krugman behauptet sogar – und dies wahrscheinlich zu Recht –, dass es in der Ökonomie gar keine andere Möglichkeit gibt, zu Erkenntnissen zu gelangen, als eben das Basteln von vereinfachenden Modellen.

Damit sind allerdings zumindest zwei Gefahren verbunden. Die eine besteht darin, dass man die Modellannahmen – und zwar vor allem diejenigen, die zu »schönen« Ergebnissen führen – zur Norm macht. Die Theorie des Arbeitsmarktes ist dafür ein klassisches Beispiel. Eigentlich ging es ja darum, eine Theorie zu finden, welche die real zu beobachtenden Erscheinungen des Arbeitsmarktes erklärt; also insbesondere die Frage, wie die Löhne zustande kommen, und warum es Arbeitslose gibt. Diese Theorie müsste so sein, dass sie erstens die Umstände (die erklärenden Variablen), die zur Arbeitslosigkeit führen, genau benennt. Zweitens müsste dieser Zusammenhang empirisch überprüfbar sein.

Die neoklassische Theorie hingegen unternimmt gar nicht erst den Versuch, die Arbeitslosigkeit zu erklären. Sie bastelt vielmehr ein Modell, in dem Arbeitslosigkeit definitionsgemäß gar nicht vorkommen kann. Daraus ergibt sich der zwar logisch zwingende, aber unerhebliche Schluss, dass Arbeitslosigkeit deshalb vorkommt, weil die Wirklichkeit nicht mit dem Modell übereinstimmt. Statt nun aber ein intelligenteres Modell zu suchen, erklärt man die Theorie zur Norm und gibt der Realität den Ratschlag, sie solle sich doch bitte sehr an die Theorie halten.

Das wäre ja an sich noch nicht einmal so dumm. Man hat ein Problem – die Arbeitslosigkeit. Man findet eine theoretische Möglichkeit, wie man das Problem lösen könnte – nämlich einen perfekten Markt. Und man versucht dann, die Wirklichkeit dem Ideal anzupassen. Doch da stellt sich ein praktisches Problem: Die Theorie des vollkommenen Marktes weicht so stark von der Wirklichkeit ab, dass man gar nicht weiß, wo man mit der Anpassung der Wirklichkeit an die Theorie beginnen soll.

Nun wird zwar behauptet oder stillschweigend unterstellt, dass jede Annäherung der Wirklichkeit an die neoklassische Theorie ein Schritt in die richtige Richtung sei. Dies ist jedoch nachweisbar falsch. (Weil der vollkommene Markt ein rein theoretisches Konstrukt ist, kann man ihn mathematisch modellieren. Man hat dieses Modell darauf geprüft, ob ein einzelner Schritt hin zum perfekten Markt die Wohlfahrt erhöht. Das Ergebnis ist klar: Nur der allerletzte Schritt zur Vollkommenheit ist mit Sicherheit eine Verbesserung. Alle Zwischenschritte können ebenso gut eine Verschlechterung wie eine Verbesserung bewirken.) Für Professor Robert Boyer, eine der Hauptfiguren der französischen »Regulationistes«, ist deshalb klar: »Die neoklassische Theorie des Arbeitsmarkts ist keine Wissenschaft, sondern reine Ideologie.«[7]

Die zweite Gefahr erfolgreicher Modelle besteht darin, dass sie gleichsam den Lichtkegel der Erkenntnis auf ein bestimmtes Gebiet lenken – und dadurch andere, vielleicht wichtigere Gebiete ins Dunkel fallen lassen. So hat die Annahme der perfekten Märkte und die damit verbundene »Theorie des allgemeinen Gleichgewichts« zwar durchaus einige wichtige Erkenntnisse gebracht. Für viele Fragestellungen und Teilaspekte sind perfekte Märkte in der Tat eine nützliche Vereinfachung. Zumindest in Bezug auf den Arbeitsmarkt aber hat die neoklassische Theorie die wissenschaftliche Forschung lange Zeit wohl eher behindert als gefördert.

Diesen Rückstand hat die Ökonomie inzwischen weitgehend aufgeholt. Eine junge Generation von Forschern hat sich von den alten Theorien gelöst, und sich daran gemacht, die höchst komplexe Realität des Arbeitsmarktes mit den modernen (mathematischen) Methoden zu durchleuchten. Dabei sind einige überraschende Erkenntnisse zutage gefördert worden, welche die alten Theorien stark relativieren, wenn nicht gar widerlegen. Allerdings bleibt es vorläufig bei einzelnen Bruchstücken. Eine zusammenhängende, leicht wiederzugebende neue Theorie hat sich noch nicht entwickelt, oder zumindest noch nicht als allgemeingültig durchgesetzt. Mehr davon im nächsten Kapitel.

Die neue Arbeitsmarkttheorie

Für die Nationalökonomen der alten Schule ist der Arbeitsmarkt grundsätzlich ein Markt wie jeder andere. Sie analysieren ihn deshalb mit dem üblichen intellektuellen Werkzeugkasten – Arbeitnehmer und Arbeitgeber verhalten sich rational, indem sie ihren kurzfristigen Nutzen maximieren. Arbeitnehmer fragen umso mehr Arbeit nach, je billiger diese ist, Arbeitgeber bieten umso mehr Arbeit an, je höher der Lohn ist, usw.

Inzwischen ist eine neue Generation von Arbeitsmarkt-Ökonomen auf den Plan getreten. Sie interessiert sich weniger für die reine Theorie und ihre raffinierte Weiterentwicklung. Vielmehr hat sie die neuen Möglichkeiten der Datenverarbeitung und die Fortschritte auf dem Gebiet der Ökonometrie benutzt, um die Milliarden von Daten zum Arbeitsmarkt unvoreingenommen zu analysieren.

Mit zur »neuen Welle« der Arbeitsmarkttheorie beigetragen hat zweifellos auch der enorme Aufschwung der Spieltheorie. Sie wiederum hat die experimentelle Ökonomie beflügelt, die lange Zeit nur ein Schattendasein gefristet hatte. Kurz: Die Arbeitsmarkttheorie ist im Verlaufe des letzten Jahrzehnts praktisch neu erfunden worden – was allerdings nicht heißt, dass sämtliche alten Erkenntnisse obsolet geworden wären. Die Öffentlichkeit und insbesondere die Wirtschaftspolitik hat von der neuen Arbeitsmarkttheorie bisher allerdings kaum Kenntnis genommen. Professor Andrew Oswald von der University of Warwick, einer der weltweit führenden Arbeitsmarktspezialisten, meinte dazu kürzlich: »Es ist ein Jammer, in punkto Arbeitsmarkt ist die Wirtschaftspolitik heute noch auf dem Stand der Erkenntnisse der dreißiger Jahre.« [8]

Mit diesem Vorwurf zielt Oswald unter anderem auch explizit auf die Europäische Zentralbank und deren Chef Wim Duisenberg, der die Regierungschefs der EU-Staaten bei jeder Gelegenheit auffordert, endlich ihre Arbeitsmärkte zu deregulieren, und der dabei offensichtlich noch immer vom neoklassischen Arbeitsmarkt-Modell ausgeht. Diese Theorie wird zwar auch noch immer von einigen Professoren der Ökonomie vertreten. In Deutschland namentlich von Horst Siebert und Norbert Walter. In der Schweiz etwa von Silvio Borner, Franz Jäger und Robert E. Leu. Zwei

Gemeinsamkeiten verbinden diese Leute: Erstens ihre Überzeugung und zweitens die Tatsache, dass sie auf dem Gebiet des Arbeitsmarktes weder empirisch noch experimentell forschend tätig sind.

Die jüngere Generation der empirisch tätigen Arbeitsmarktforscher ist sich heute weitgehend einig darüber, dass die neoklassische Theorie des vollkommenen Marktes kein sehr hilfreiches Instrument zur Darstellung des Arbeitsmarktes ist. Zu zahlreich, und vor allem zu bedeutend sind die Abweichungen der Realität vom Modell.

Im Folgenden werden einige wichtige Merkmale der realen Arbeitsmärkte, so wie sich im Lichte der neueren Forschungsergebnisse zeigen, aufgelistet.

Pfründen-Teilung (Rent Sharing)

In der Theorie der reinen Märkte gilt das Gesetz des Einheitspreises. Das gleiche Produkt hat überall denselben Preis. Danach müsste der perfekte Markt auch dafür sorgen, dass eine Arbeitsleistung einer bestimmten Qualität, z. B. eine Arbeitsstunde zweier Schuhmacher mit gleichen Fertigkeiten, überall denselben Preis hat.

In der Wirklichkeit lässt sich jedoch kein derartiger Zusammenhang beobachten. Weder die direkt messbare Arbeitsleistung noch die qualitativen Merkmale der Arbeitnehmer wie Schulbildung, Alter, Verweildauer, spezielle Kenntnisse usw. können die beobachteten Lohndifferenzen erklären.

Hingegen gibt es sehr deutliche Unterschiede zwischen den Branchen. In einer Hochlohnbranche werden tendenziell alle Arbeiter unabhängig von ihrer Qualifikation überdurchschnittlich bezahlt. In Tieflohnbranchen erhalten alle einen unterdurchschnittlichen Lohn. In rentablen Unternehmen oder Branchen sind die Löhne für vergleichbare Arbeit bis zu 20 Prozent höher als in weniger rentablen Betrieben oder Branchen. Auch die Größe der Unternehmen wirkt sich statistisch eindeutig auf das Lohnniveau aus, auch wenn alle anderen Faktoren gleich bleiben.

Diese Beobachtungen deuten darauf hin, dass zwischen Arbeitnehmern und Arbeitgebern eine Art »Pfründenteilung« besteht. Die Unternehmer teilen die Monopolrente, die sie aufgrund ihrer starken Marktstellung bei den Konsumenten eintreiben, mit ihren Angestellten. Diese Pfründenteilung kann sehr unterschiedliche Formen annehmen. James K. Galbraith etwa hat für die USA festgestellt, dass sich in den einzelnen Branchen sehr unterschiedliche Spielregeln herausgebildet haben. (Siehe nächstes Kapitel). Einen Spezialfall dieser »Pfründenteilung« stellen die Managerlöhne dar.

Die Lohnkurve

Gemäss der neoklassischen Arbeitsmarkttheorie müsste ein erhöhtes Angebot an Arbeitskräften (hervorgerufen etwa durch Einwanderung) zu sinkenden Löhnen führen. Das Lohnniveau würde so lange sinken, bis der ursprüngliche Beschäftigungsniveau wieder hergestellt ist, sich also der Arbeitsmarkt auf einem tieferen Lohnniveau in ein neues Gleichgewicht einpendelt.

Demgegenüber zeigt sich in der Realität folgende Beziehung: Je höher die lokale Arbeitslosenquote ist, desto tiefer ist das Lohnniveau. Diese Beziehung, die Andrew Oswald und David C. Blanchflower als erste entdeckt haben, gilt nicht nur für alle Länder und für alle untersuchten Zeiträume (seit den sechziger Jahren), sondern sie ist auch quantitativ sehr stabil. Oswald spricht deshalb meist von der »Minus 0,1 Regel«.

Minus 0,1 ist das Ergebnis, das herauskommt, wenn man die prozentuale Veränderung des Lohnniveaus durch die prozentuale Veränderung der Arbeitslosenquote teilt. Konkret: Wenn im US-Staat X die Arbeitslosenquote doppelt so hoch ist (also um 100 Prozent höher) wie im Bundesstaat Y, dann ist in X das Lohnniveau um rund 10 Prozent tiefer.

Diese Beobachtung widerspricht der neoklassischen Theorie, wonach die Arbeitslosigkeit eine Folge von Wettbewerbsverzerrungen und Rigiditäten (Gewerkschaften, Mindestlöhne usw.) auf der Angebotsseite des Arbeitsmarktes sei, und dass die unterschiedlichen Arbeitslosenquoten durch Unterschiede in der »Flexibilität« der Arbeitsmärkte erklärt werden können.

Oswalds und Blanchflowers Minus 0,1-Regel zeigt im Gegensatz dazu, dass die Flexibilität der Arbeitsmärkte (gemessen an der Reaktion der Löhne auf die Arbeitslosenquote) in allen Ländern ungefähr gleich groß ist. In den USA (dem angeblichen Musterland der Flexibilität) ist sie übrigens sogar leicht unterdurchschnittlich. Ferner deutet die Minus 0,1-Regel an, dass offenbar auch die Arbeitgeber nicht sehr flexibel reagieren. Andernfalls müssten sie die Arbeitsplätze vermehrt in die Regionen mit tiefen Löhnen verlegen. Diese Regionen müssten deshalb eher eine überdurchschnittliche Beschäftigung aufweisen. Das tun sie aber nicht, weil die Arbeitsmärkte offenbar anderen Gesetzen gehorchen.

Arbeitslose sind unglücklich.

Eine der Schlussfolgerungen der neoklassischen Arbeitsmarkttheorie lautet: »Arbeitslosigkeit gibt es (unter anderem) deshalb, weil die Arbeitslosen lieber Arbeitslosengeld beziehen, als einer nicht sehr gut bezahlten und vielleicht mühsamen Beschäftigung nachzugehen.« Als Beleg für diese These gilt beispielsweise die tiefe Arbeitslosenquote in den USA mit ihrer minimalen Arbeitslosenversicherung.

Diese Theorie ist aber nur schlecht mit der (vor allem von Oswald untersuchten) Tatsache zu vereinbaren, dass sich Arbeitslose sehr unglücklich fühlen. Dabei macht es nur einen sehr geringen Unterschied, ob die Arbeitslosen finanziell abgesichert sind oder nicht. Die Beeinträchtigung des Wohlbefindens durch Arbeitslosigkeit lässt sich nur mit den Auswirkungen einer ernsthaften Erkrankung vergleichen. Sogar die Trennung vom Lebenspartner wirkt sich deutlich weniger stark aus.

Galbraiths 5 Prozent-Regel

Einer der wichtigsten Beiträge zur Arbeitsmarkttheorie ist Professor James K. Galbraiths umfangreiche Studie (*Created unequal*) über die Lohnfindung in den USA. Er hat die in den USA sehr detaillierten Daten betreffend der Lohnentwicklung, Gewinne, Produktivität usw. von 108 verschiedenen Branchen in den Jahren von 1958 bis 1992 untersucht. Dabei zeigte sich Folgendes:

- Bis Ende der siebziger Jahre hat sich die Produktivität – gemessen als Output mal Preis pro Person – in allen Sektoren etwa gleich entwickelt. Erst danach gab es große Unterschiede.
- Im Knowhow-intensiven Sektor der Kapitalgüter (K-Sektor) sind die Löhne in allen Branchen gleichmäßig und stark gestiegen. Der Anteil der Angestellten an der Gesamtsumme der Beschäftigten hat sich stark erhöht, und die Lohndifferenz zwischen Angestellten und Produktionsarbeitern im Stundenlohn ist nur von rund 20 auf 30 Prozent gestiegen.
- Im Sektor der persönliche Dienstleistungen, wie Gastronomie, Verkauf usw. (Galbraith spricht vom S-Sektor), sind die Löhne der Arbeiterinnen und Arbeiter Richtung Existenzminimum abgesackt. Der Abstand zu den Löhnen der fest angestellten Manager ist deshalb stark gewachsen.
- Im Konsumgüter-Sektor (C-Sektor) sind die Löhne insgesamt langsamer gestiegen als im K-Sektor. Die Unterschiede zwischen den einzelnen Branchen sind groß, und der Abstand zwischen Angestellten und Arbeitern hat sich stark vergrößert. Die Lohnentwicklung im C-Sektor hat sich vom Markt weitgehend abgekoppelt und hängt viel stärker als in den anderen Sektoren von den politischen und gewerkschaftlichen Machtverhältnissen ab.
- Im Weiteren wendet sich Galbraith den Gründen für die insgesamt stark (wenn auch in den einzelnen Sektoren unterschiedlich) zunehmende Ungleichheit der Löhne zu. Er füttert seine mathematischen Modell-Gleichungen mit Dutzenden von möglichen Einflussfaktoren, doch am Schluss bleibt nur ein »Verdächtiger« in seiner Rasterfahndung hängen: die Arbeitslosigkeit. In einem weiteren Schritt haben Galbraith und seine wissenschaftlichen Mitarbeiter dann versucht, den Einfluss der Arbeitslosenquote auf die Ungleichheit der Einkommensverhältnisse quantitativ zu beschreiben. Dabei zeigt sich, dass 5,5 Prozent Arbeitslosigkeit offenbar die kritische Schwelle sind. Bei einer Arbeitslosenquote von mehr als 5,5 Prozent nimmt die Ungleichheit der Einkommensverteilung zu.

Bleibt die entscheidende Frage, woher denn die Arbeitslosigkeit kommt. Auch hier destilliert Galbraith aus seinen Millionen von Daten einen klare Schlussfolgerung: Das Ausmaß der Arbeitslosigkeit hängt in erster Linie vom Realzins ab. Je höher der Realzins, desto höher die Arbeitslosigkeit.

Für Galbraith ist damit klar, dass die üblichen neoklassischen Ansätze mit nur einem Arbeitsmarkt und zwei Sorten von Arbeit, qualifizierter und unqualifizierter, zu den Akten gelegt werden sollten. An ihre Stelle muss eine institutionelle Theorie treten, die zur Kenntnis nimmt, dass Löhne und Einkommen nicht nur am Arbeits- sondern auch am Güter- und Kapitalmarkt bestimmt werden, und nicht bloß durch Angebot und Nachfrage, sondern in erster Linie durch gesellschaftliche Kräfte und Machtverhältnisse.

Realzins und Arbeitslosigkeit

Die Erkenntnisse Galbraiths betreffend Arbeitslosigkeit und Realzins sind im Übrigen nicht ganz neu. Die bereits erwähnte Studie von Lawrence Ball über den Zusammenhang von Arbeitslosigkeit und Inflationsbekämpfung zielt in dieselbe Richtung. Die Notenbanken bekämpfen die Inflation bekanntlich, indem sie die Zinsen erhöhen und damit gleichzeitig das Wirtschaftswachstum dämpfen. Damit aber steigen die Zinsen im Verhältnis zu den Wachstumsraten des Sozialprodukts.

Dass genau diese Differenz von Zins und Wachstumsraten ein wichtiger Bestimmungsfaktor der Arbeitslosigkeit sein könnte, zeigt auch die im Kapital über den Kapitalmarkt erwähnte Studie des Wiener Ökonomen Stephan Schulmeister.

Schließlich ist in diesem Zusammenhang auch Professor Edmund Phelps von der Columbia University zu erwähnen. Er hatte 1994 ein sehr umfassendes Modell mit den Daten von 17 OECD-Ländern von 1955 bis 1989 gefüttert und so herausgefunden, dass der Anstieg der Arbeitslosigkeit in erster Linie mit dem Anstieg der Realzinsen zusammenhängt. Phelps ging damals noch davon aus, dass die höheren Realzinsen die Folge der steigenden Staatsdefizite seien. Inzwischen hat Schulmeister diesen Zusammenhang empirisch neu überprüft. Seine Ergebnisse zeigen klar, dass erst die Geldpolitik die

Zinsen hochgetrieben und die Nachfrage gedämpft hat und die Staatsdefizite erst als Folge der durch die gedämpfte Nachfrage erzeugten Arbeitslosigkeit angestiegen sind.

Theorie und Praxis der unvollständigen Verträge – Was den Arbeitsmarkt von den Gütermärkten unterscheidet

Auf den Gütermärkten werden Güter gegen Geld getauscht, manchmal auch Güter gegen Güter. Der Arbeitsmarkt wird normalerweise als eine Unterabteilung der Gütermärkte betrachtet. Das Gut, das hier gegen Geld getauscht wird, ist die Arbeit. Die Instrumente bzw. die gedanklichen Werkzeuge, mit denen Güter- und Arbeitsmärkte analysiert werden, sind jedoch dieselben. Auf beiden Märkten wägen Anbieter und Nachfragen Grenzkosten und Grenznutzen ab.

Erst in jüngster Zeit sind einige Ökonomen auf die Idee gekommen, dass Arbeitsmärkte und Gütermärkte etwas grundsätzlich Verschiedenes sein könnten. Ausschlaggebend für diesen Gesinnungswandel war einerseits die Bedeutung, welche die Informationsverarbeitung in der Wirtschaftswissenschaft gewonnen hat. Anderseits hat die Verbreitung der experimentellen Ökonomie erst die Möglichkeit geschaffen, Märkte genau zu analysieren.

Im Nachhinein betrachtet ist es eigentlich erstaunlich, dass die Arbeitsmärkte überhaupt je als Unterabteilung der Gütermärkte betrachtet worden sind. Dem »Handel« mit Arbeit einerseits oder mit Äpfeln, Weizen oder Gold andererseits liegen nämlich zwei grundlegend verschiedene Verträge zugrunde. Im einen Fall handelt es sich um einen Tausch, der zu einem bestimmten Zeitpunkt vollzogen wird. Die Leistung und die Gegenleistung (meist Geld) sind in der Regel genau definiert und beiden Parteien bestens bekannt. Falls dennoch Probleme auftreten, wenn beispielsweise der Käufer nicht bezahlen will, ist das Vorgehen bekannt und erprobt.

Der Arbeitsvertrag weicht davon in mindestens zwei Punkten entscheidend ab: Erstens wird der Vertrag nicht in einem Zeitpunkt, sondern über einen längeren Zeitraum abgewickelt, bzw. meist für unbestimmte Zeit abgeschlossen. Zweitens ist nur die eine Leistung, der Geldlohn, einigermaßen genau definierbar. Welche Gegenleistung der Arbeitgeber erhält, ist jedoch nicht von vorneherein klar.

Wie Experimente inzwischen gezeigt haben, sind diese Unterschied viel wichtiger als die Ökonomie noch bis vor wenigen Jahren vermutet hat. Um die Unterschiede wirklich zu verstehen, muss man das enge Gebiet der Ökonomie verlassen und eine eher stammesgeschichtliche Perspektive einnehmen. Aus dieser Sicht erscheint der rein kommerzielle Tausch quasi als einer von zwei Extremfällen zwischenmenschlicher Austauschbeziehungen. Der andere Extremfall ist die Eltern-Kind-Beziehung. Eltern sorgen nur scheinbar unentgeltlich für ihre Kinder. Sie handeln sich damit den Anspruch ein, ihrerseits im Alter von den Kindern umsorgt zu werden, und sie tragen damit auch die Schulden gegenüber ihren eigenen Eltern ab.

Die nächste Stufe ist der sogenannte Gabentausch, eine Institution, die mit fast identischen Regeln in allen primitiven Stammesgesellschaften beobachtet wurde, und die heute noch immer wirksam sind. Die entscheidende Spielregel ist die, dass man mit freiwilligen Geschenken die Beschenkten zu Gegengeschenken und vor allem zur Hilfe in der Not verpflichtet. Wie bei der Eltern-Kind-Beziehung sind diese Verpflichtungen weder genau definiert, noch verbrieft, noch gerichtlich einklagbar. Dennoch sind sie sehr reell, und vor allem sind sie ökonomisch sinnvoll. Sind die optimale Spielregel, mit der sich ein Stamm das längerfristige Überleben sichern kann.

Am anderen Ende der sozialen Austauschbeziehungen steht der rein kommerzielle Tausch, der Kauf und Verkauf. Er setzt nur ein absolutes Minimum an persönlicher Vertrauensbeziehung voraus. Nicht selten werden Kaufhandlungen sogar völlig anonym abgewickelt, beispielsweise an einem Automaten. Das bedeutet nicht, dass nicht auch der kommerzielle Tausch letztlich auf Vertrauen beruht, aber dieses Vertrauen liegt auf der Ebene der Institutionen, insbesondere der Handelsgerichtsbarkeit und der Geldverfassung.

Wie die Experimente – und der gesunde Menschenverstand – zeigen, liegt der Arbeitsvertrag viel näher beim Gabentausch als beim rein kommerziellen Tausch. Das äußert sich auch in folgenden Beobachtungen:

Der Arbeitgeber bezahlt den Arbeitnehmern einen höheren Lohn als er aufgrund der Marktbedingungen müsste (bzw. als der Lohn, der sich ergeben würde, wäre der Arbeitsmarkt ein Gütermarkt). In der Logik des Gabentausches ausgedrückt heißt dies: Der Arbeitgeber macht dem Arbeitnehmer ein freiwilliges Geschenk und zwingt ihn dazu zu einem ebenso freiwilligen Gegengeschenk in Form eines Arbeitseinsatzes, der über das absolut Notwendige hinausgeht. Dieses Arrangement ist zwar für beide Teile vorteilhaft, es widerspricht aber dennoch den Annahmen des reinen Marktes. Die Arbeitgeber verzichten darauf, die Gunst des Marktes voll zu nutzen und billige Arbeitskräfte (Lohndrücker) einzustellen. Dies gilt auch dann, wenn sich außenstehende Arbeitnehmer aktiv zu tieferen Löhnen anbieten. Dieses Verhalten kann nicht nur im Experiment bewiesen, sondern auch in der Praxis beobachtet werden. Der Grund dafür ist wiederum im Gabentausch bzw. im längerfristigen, vertraulichen Charakter des Arbeitsvertrages zu suchen. Arbeitgeber und Arbeitnehmer stehen in einem Vertrauensverhältnis, von dem letztlich auch die Produktivität des gemeinsamen Unternehmens abhängt. Ein kurzfristig opportunistisches Verhalten der Arbeitgeber zerstört dieses Vertrauensverhältnis und vermindert dadurch die Produktivität.

Die Beschäftigen eines Unternehmens vergleichen ihren Lohn nicht in erster Linie mit dem Marktlohn, sondern mit dem ihrer unmittelbaren Arbeitskollegen und -kolleginnen. Wenn sie das Gefühl haben, schlechter bezahlt zu werden, reagieren sie darauf mit einer Verminderung des Arbeitseinsatzes. Höhere Löhne (als die der Vergleichspersonen) bewirken nicht immer einen höheren Arbeitseinsatz. Dasselbe gilt für materielle Anreize, etwa für die Erreichung eines von außen vorgegebenen Zieles. Die Arbeitnehmer empfinden dies als Kontrolle, als Einschränkung ihrer Autonomie und letztlich als Misstrauenskundgebung. Die Freude an der Arbeit an sich (intrinsische Motivation) wird verdrängt durch den Versuch, den Arbeitgeber oder den Chef (als dessen Stellvertreter) auszutricksen.[9]

Aus all diesen Gründen schlagen sich kurzfristige Veränderungen des Angebots und der Nachfrage auf den Arbeitsmärkten nur sehr langsam und unvollständig auf die Löhne der langfristig Beschäftigten durch, und auch die Löhne der Neuangestellten passen sich kaum oder nur langsam an.

Was bedeuten diese Erkenntnisse nun für die traditionelle Theorie des Arbeitsmarktes? Professor Ernst Fehr von der Universität Zürich, einer der Pioniere der experimentellen Arbeitsmarktforschung, meint dazu kategorisch:

»Das Standardmodell des vollkommenen Wettbewerbs ist für die Analyse von langfristigen Arbeitsbeziehungen mit unvollständigen Verträgen völlig unangemessen. Weder die Lohnbildung noch das Arbeitsverhalten werden richtig prognostiziert. Es gibt insbesondere keine zwingenden theoretischen Argumente dafür, dass Lohnerhöhungen die Beschäftigung senken. Ob dies, oder ob das Gegenteil geschieht, ist allein eine empirische Frage.«[10]

Schlussfolgerungen

Aus alledem lassen sich zwei grundsätzliche Erkenntnisse gewinnen, die banal wären, würden sie in der aktuellen wirtschaftspolitischen Diskussion nicht immer wieder vergessen:

1. Der Arbeitsmarkt ist kein Markt wie jeder andere auch. Er unterscheidet sich vom Markt für Äpfel, Birnen und Autos insofern, als er anders funktioniert. Kein anderer Markt ist von der klassischen Theorie des perfekten Marktes so weit entfernt wie der Arbeitsmarkt. Das heißt nicht, dass nicht auch hier der Wettbewerb und die kurzfristige Nutzenmaximierung mitspielen – aber die reinen Marktkräfte werden von anderen Einflüssen so stark überlagert, dass die klassische Markt-Analyse hier zu kurz greift. Der Arbeitsmarkt ist ferner schon wegen seiner zentralen Bedeutung ein Markt der ganz besonderen Art. Hier steht nicht bloß der Preis von Produkten oder Produktionsfaktoren zur Disposition, sondern hier geht es um Menschen und um ihre sozialen Beziehungen.

2. Die Ergebnisse des Arbeitsmarktes, insbesondere die Löhne und Arbeitslosigkeit, hängen nicht bloß von den Umständen des

Arbeitsmarktes selbst ab. Vielmehr sind sie das Ergebnis einer Interaktion zwischen den Güter-, den Kapital- und den Arbeitsmärkten. Eine historische Analyse dieser Zusammenhänge, wie sie namentlich die in Frankreich bedeutende »Regulationistische Schule« (Théorie de la Regulation) vorgenommen hat, zeigt einen engen politischen Zusammenhang zwischen der Art und Weise, wie diese drei Teilmärkte geregelt sind. Es genügt also nicht, die Arbeitsmärkte zu analysieren, um beispielsweise die Gründe für steigende Arbeitslosenquoten zu finden.

Arbeitsmarkt: Tod durch Deregulierung

Viele neoliberale Ökonomen glauben, dass ein völlig deregulierter Arbeitsmarkt das Problem der Arbeitslosigkeit ein für allemal lösen könnte. Wie das folgende Beispiel aus Japan zeigt, ist dies in einem gewissen Sinne nicht ganz falsch:

Bis vor wenigen Jahren kannte Japan praktisch keine Arbeitslosigkeit. Die interne Solidarität in den Betrieben sorgte dafür, dass die Japaner zwar die Arbeit verlieren konnten, kaum aber die Stelle. Inzwischen haben zwar Japans Unternehmen den Shareholder-Value entdeckt, einen Sozialstaat gibt es aber noch nicht. In diese Marktlücke ist jetzt die japanische Mafia eingedrungen. Sie hat für alle, die weder auf dem offiziellen Arbeitsmarkt noch im Familienverband ein Auskommen finden, einen neuen, völlig deregulierten (d. h. von staatlichen Regulierungen freien) Arbeitsmarkt aufgebaut. Er bedient einerseits vor allem Unterlieferanten aus dem Baugewerbe, die der Mafia eine Vermittlungsgebühr von 20 bis 30 Prozent bezahlen müssen. Auf der andern Seite stehen vor allem japanische Männer über 40 Jahren sowie Chinesen und Koreaner. Sie erhalten einen Tagelohn, der offenbar nicht einmal für das Überleben reicht. Die Lebenserwartung der Tagelöhner liegt bei 55 Jahren (gegenüber 75 Jahren für »normale« japanische Männer), die meisten von ihnen sterben an Tuberkulose, mangelnder Hygiene oder Alkoholismus.[11]

Merke: Ein völlig deregulierter, also von der Mafia neu regulierter Arbeitsmarkt, führt von der Arbeit ohne den Umweg über die Arbeitslosigkeit direkt ins Elend und in den Tod.

Pfründenteilung am Arbeitsmarkt

Wie wir gesehen haben, findet am Arbeitsmarkt eine Art »Pfründenteilung« statt. Dauerhaft erfolgreiche Unternehmen – also insbesondere solche, die dank ihrer starken Marktstellung hohe Preise durchsetzen können – teilen die den Konsumenten abgeluchste Beute mit ihren Angestellten. Die Schiedsrichter bei dieser Beuteteilung sind naturgemäß die Manager als Vermittler zwischen Arbeitnehmern und Kapitalbesitzern. Es ist deshalb »natürlich«, dass die Manager einen besonders großen Teil der Beute für sich beanspruchen. Seit einigen Jahren hat sich allerdings der Zugriff der Manager in einer Art und Weise verstärkt, die das Gleichgewicht der Wirtschaft ernsthaft bedroht.

Wir leben im Zeitalter des »Shareholder Values«, doch wenn dereinst die Geschichte dieser Ära geschrieben wird, könnte der Titel sehr wohl »Top-Manager-Value« heißen. Die Tatsache nämlich, dass sich die Aktionäre zu sehr hohen Preisen gegenseitig ihre Aktien abkaufen, heißt noch lange nicht, dass die Aktionäre in ihrer Gesamtheit die Nutznießer der gegenwärtigen Entwicklung sind – von einigen Profiteuren, die ihre Anteile rechtzeitig verkauft haben, natürlich abgesehen.

Zu denen, die Zweifel am Wert des deklarierten Shareholder-Value hegen, gehört beispielsweise der Financier Warren Buffett. Er ist Herr über ein Portefeuille von rund 75 Milliarden Dollar und kauft Unternehmen öfter als unsereins Unterwäsche. Dabei wirft er regelmäßig einen scharfen Blick auf die veröffentlichten Bilanzen und Erfolgsrechnungen – und wundert sich.

Beispiele gefällig? 1997 hatte Buffett den Rückversicherer General Re gekauft. Die Top-Manager von General Re hatten mit General Re (also mit sich selbst) einen Optionsplan vereinbart, der ihnen – nach den Berechnungen von Buffett – 1998 insgesamt 68 Millionen Dollar eingebracht hat. Diese Summe ist aber in der Erfolgsrechnung von General Re nie als Aufwandposten aufgetaucht. Der ausgewiesene Gewinn war mithin um 68 Millionen Dollar höher als der effektive Gewinn, und dies wiederum war für die General-Re-Manager höchst vorteilhaft, denn je höher der ausgewiesene

Gewinn, desto höher der Aktienkurs und umso wertvoller ihre Aktienoptionen.

Hat da jemand die Vorschriften verletzt? Leider nein, meint Buffett und fügt hinzu: »Der eigentliche Skandal besteht darin, dass solche Buchhaltungstricks ganz legal sind. Die geltenden Standards lassen den Buchhaltern die freie Wahl, ob sie Lohnbestandteile als Aufwand buchen wollen oder nicht.« Um zu illustrieren, wie weit der legale Betrug gehen kann, nennt Buffett ein fiktives, aber mögliches Beispiel: »Nehmen wir die 190 Millionen Dollar, die GEICO (ein anderes Buffett-Unternehmen) dieses Jahr für Werbung ausgegeben hat. Wenn wir die Agenturen statt in bar in Optionen auf unsere Aktien ausbezahlt hätten, wären die 190 Millionen nicht in unserer Erfolgsrechnung erschienen.«

Was Buffett in seinen Unternehmen beobachtet hat, ist keineswegs ein Einzelfall, sondern vielmehr die Norm. Dies belegt eine 1999 erschienene Studie der renommierten Anlageberatungsfirma Smithers & Co. Danach sind die Gewinne der US-Unternehmen nur halb so hoch wie ausgewiesen. Smithers und seine Leute hatten sich bei 145 der 200 größten US-Firmen das Kleingedruckte in den Geschäftsberichten genau angeschaut und gerechnet. Dabei zeigte sich, dass sich die Manager dieser Unternehmen insgesamt einen Superbonus von 110 Milliarden Dollar ausbezahlt haben, ohne diesen in der Erfolgsrechnung auszuweisen. Statt einem effektiven Gewinn nach Steuern (aller 145 Unternehmen) von 86 Milliarden konnten sie so mehr als doppelt so viel, nämlich 196 Milliarden Dollar Gewinn ausweisen. Die fehlende Hälfte schöpft das Management mittels Optionen ab.

Am buntesten trieb es Bill Gates. Es klingt unglaublich, ist aber wahr: 1997 hatte Microsoft einen Reingewinn von 3,5 Milliarden Dollar ausgewiesen, der wie folgt verteilt wurde: 20 Milliarden für die Manager, 16,5 Milliarden Verlust für die Aktionäre. Auch andere Computerfirmen haben oft seltsame Vorstellungen von Gerechtigkeit. Bei Cisco gingen von 1 Milliarde Dollar Gewinn 3 an die Manager, während den Aktionären 2 Milliarden weggenommen wurden, und bei Dell nahm sich das Management 4 von 1 Milliarde.

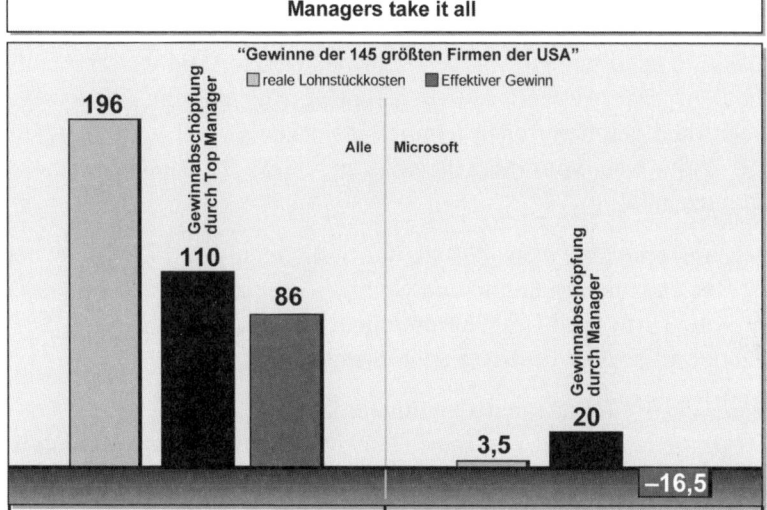

Managers take it all

"Gewinne der 145 größten Firmen der USA"
□ reale Lohnstückkosten ■ Effektiver Gewinn

Gewinnabschöpfung
durch Top Manager

Alle   Microsoft

196

110

86

Gewinnabschöpfung
durch Manager

20

3,5

-16,5

Legende: Die Optionen und die Explosion der Aktienkurse machten es möglich: Die Manager zocken die Aktionäre ab. (Quelle: Smithers & Co.)

Die von Smithers erhobenen Zahlen sind eigentlich bloß die Bestätigung für das, was beispielsweise *Business Week* Jahr für Jahr in seiner inzwischen traditionellen jährlichen Hit-Parade der amerikanischen CEOs erzählt. Danach haben sich 1998 die sogenannten »Long Term Compensations« der 20 teuersten Manager der USA auf gut 20 Milliarden Dollar zusammen geläppert. Insgesamt kommen laut *Business Week* in den USA weit über eine Million Manager in den Genuss von sogenannten ESO (Employee Stock Options).

Dass die versteckten Lohnzahlungen an die Manager keine »Quantité négligeable« sein können, wurde auf Grund der volkswirtschaftlichen Gesamtrechnung der USA schon lange vermutet. Diese zeigt nämlich seit 1995 eine stark steigende »statistische Diskrepanz« von inzwischen 86 Milliarden Dollar. Eine derartige Abweichung wurde noch nie registriert. Wahrscheinlicher Grund: Die ESO werden zwar teilweise bei den Haushalten als Einkommen verbucht, sie werden jedoch bei den Ausgaben der Unternehmen nur sehr unvollständig registriert.

Doch wie ist es möglich, dass das Unternehmen mehr als den ganzen Gewinn abzügelt und so den Aktionären nur noch Verluste übrig lässt, ohne dass diese – und der ganze Aktienmarkt – aufheulen? Die Antwort lautet: doppelte Buchhaltung. Volkswirtschaftlich gesehen finden nämlich gleichzeitig zwei Verteilvorgänge statt, was vom Management geschickt zu seinen Gunsten genutzt wird:

■ Zum einen geht es darum, die laufenden Bruttogewinne der Unternehmen in Löhne und Nettogewinne aufzuteilen. Für 1997 galten folgende Größenordnungen: 4690 Milliarden für Löhne, 488 Milliarden Gewinne nach Steuern.

■ Zweitens: Dank ihren Gewinnmanipulationen haben die Manager den Anschein von Gewinnsteigerungen erweckt, während in Wirklichkeit die Gewinne um 28 Prozent (bei den 145 Firmen) zurückgegangen sind. Dieser Anschein von Gewinnsteigerung hat im Verlaufe von 1997 zu einer Aufwertung der Aktienbestände (aller US-Firmen) um nicht weniger als 2714 Milliarden Dollar geführt. Im Vergleich zu diesem Wunder war Jesus mit seiner Speisung der 5000 ein Anfänger.

Zu diesen 2714 Milliarden haben die Manager nicht nur durch ihre Gewinnmanipulationen beigetragen, sondern auch dadurch, dass sie im großen Stil eigene Aktien zurückgekauft haben.
Die Manager wollen sich offenbar an der Beute beteiligen. Wenn die Zahlen von Smithers korrekt sind, haben die Top-Manager der 145 größten US-Unternehmen ihren Aktionären zwar 196 Milliarden laufende Gewinne gutgeschrieben, ihnen aber gleichzeitig Aktien im Wert von 110 Milliarden weggenommen.
Dieser Betrug ist nur deshalb möglich, weil Optionen in den USA nicht als Aufwand verbucht und von den Gewinnen abgezogen werden müssen. Dieser unbefriedigenden Regelung ging ein harter Kampf im US-Parlament voraus. »Eine erschreckend große Zahl von CEO und Revisoren«, so fasst Buffett diese Auseinandersetzung zusammen, »hat in den letzten Jahren alle Versuche, die Optionen-Fiktionen durch Wahrheit zu ersetzen, erbittert bekämpft. Es ist den CEO sogar gelungen, den Kongress davon zu überzeugen, dass auf-

geblähte Gewinnzahlen im nationalen Interesse sind.« Smithers spricht etwas zurückhaltender von einem »unbefriedigenden Kompromiss«. Dieser besteht darin, dass die Kosten der ESO zwar nicht – wie es Buffett und Smithers für richtig halten – als Personalkosten in der Erfolgsrechnung erscheinen, aber im Geschäftsbericht immerhin erwähnt werden müssen. Dies hat Smithers immerhin erlaubt, das Ausmaß des Betrug öffentlich zu machen. Das Echo blieb allerdings bescheiden.

Qualifikation

Kommt die Arbeitslosigkeit von der schlechten Qualifikation? Eine der am weitesten verbreiteten Theorien zur Erklärung der Arbeitslosigkeit lautet in etwa so: »Die moderne Wirtschaft mit ihrem massiven Einsatz von Computern und Informationstechnologie stellt immer höhere Anforderungen an die Arbeitskräfte. Eine wachsende Zahl von Leuten ist diesen Anforderungen nicht mehr gewachsen. Diese Leute müssten sich folglich mit wenig produktiven und deshalb schlecht bezahlten Jobs zufrieden geben. Weil sie aber dennoch auf ihrem alten Lohnniveau beharren, werden bzw. bleiben sie arbeitslos.«

Diese Theorie klingt vor allem deshalb sehr plausibel, weil sie selten präzise formuliert wird. Sobald man aber versucht, den Hergang einigermaßen genau zu beschreiben, stellt man fest, dass hier eine Reihe von Unterstellungen gemacht werden, die erst einmal überprüft werden müssten. Zunächst geht die Theorie davon aus, dass – ausgelöst durch die Computer-Revolution – eine Veränderung der Zusammensetzung des Job-Angebots stattgefunden habe, der keine entsprechende Veränderung des Ausbildungsprofils der Job-Nachfrager entgegengestanden habe.

Zweitens müsste gemäß dieser Theorie entweder die Arbeitslosigkeit der Unqualifizierten stärker zugenommen haben als die der Qualifizierten. Oder der Lohnunterschied zwischen Qualifizierten und Unqualifizierten müsste zugenommen haben. Möglich wäre drittens auch eine Mischung der beiden Wirkungen.

Die meisten dieser Annahmen bzw. Schlussfolgerungen sind falsch. So zeigt zum Beispiel ein Vergleich von Langzeitstudien (1977 bis 1993) in neun Ländern, dass nur gerade in Großbritannien und vor allem in den USA das Angebot qualifizierter Arbeitskräfte (gemessen am Anteil der höher Gebildeten) deutlich langsamer gewachsen ist als die entsprechende Nachfrage.[12]

Entsprechend hat sich auch nur in den USA und Großbritannien der Lohnvorsprung von Qualifizierten gegenüber Unqualifizierten deutlich vergrößert. In den USA etwa von 69 Prozent Ende der siebziger Jahre auf 147 Prozent in den frühen neunziger Jahren. In den europäischen Ländern und in Japan hingegen haben sich die Unterschiede kaum verändert – und sie bewegen sich zudem (mit Ausnahme Frankreichs) auch auf einem tieferen Niveau.

Die Schlussfolgerung aus dieser Analyse ist klar:

Die kleineren Lohnunterschiede in Europa sind nicht die Folge eines unflexiblen Arbeitsmarktes, sondern die hohen Lohnunterschiede in den USA sind die Folge eines schlechten Bildungssystems. Konkret: Eines Bildungssystems, das nicht in der Lage scheint, der wachsenden Nachfrage nach qualifizierten Arbeitskräften nachzukommen.

Dass die mangelnde Lohnflexibilität der wenig Qualifizierten nicht der Grund für Europas steigende Arbeitslosenquoten sein kann, zeigt übrigens auch die Tatsache, dass sich das Verhältnis der Arbeitslosenquoten der Qualifizierten und der Unqualifizierten im Zeitverlauf kaum verändert hat. Mit anderen Worten: die Arbeitslosenquoten beider Gruppen sind etwa gleich schnell gewachsen. Träfe die These der Flexibilität zu, so müsste der Anteil der Unqualifizierten unter den Arbeitslosen deutlich zugenommen haben.

Trifft nun aber die Flexibilitäts-These wenigstens auf die USA zu? Professor James K. Galbraith von der Austin University ist dieser Frage in seinem Buch *Created Unequal* nachgegangen. Seine Antwort lautet »Nein«. Er begründet dies wie folgt: Die Anhänger der Flexibilitätsthese nennen normalerweise die Verbreitung des Computers als weitaus wichtigsten Grund für die steigenden Nachfrage nach qualifizierten Arbeitskräften. Nun hat sich aber in den USA die Lohnschere zwischen Qualifizierten und Unqualifizierten geöffnet, längst bevor die Computer im Arbeitsleben breit eingesetzt wurden.

Das Argument von Jackman, wonach die Nachfrage nach qualifizierten Arbeitskräften schneller zugenommen habe als das entsprechende Angebot, entkräftet Galbraith mit dem Hinweis, dass absolut gesehen der Stand der Ausbildung in den USA noch immer deutlich besser sei als die Qualität (bzw. das Anforderungsniveau) der Jobs.

Bleibt die Tatsache, dass sich in den USA die Lohnschere zwischen Qualifizierten und Unqualifizierten geöffnet hat. Wie erklärt sich Galbraith diese Tatsache? Sein These – für die er auch empirische Belege bringt – lautet kurz zusammengefasst wie folgt: Die Arbeitslosigkeit ist in erster Linie eine Folge der hohen Realzinsen bzw. der Nachfrageverschiebungen, die sich daraus ergeben. Steigende Arbeitslosenquoten wiederum beeinflussen das soziale und vor allem auch das innerbetriebliche Gleichgewicht der Kräfte zuungunsten der weniger Qualifizierten. Daher die zunehmenden Lohnunterschiede.

Sind billige Dienstleistungsjobs die Lösung?

Einer der Klassiker unter den neoliberalen Rezepten zur Bekämpfung der Arbeitslosigkeit ist die Schaffung von billigen Dienstleistungsjobs durch das Senken der Löhne der wenig qualifizierten Arbeitnehmer. Die Begründung dafür lautet: Wir müssen die Arbeitsplätze in die Dienstleistungen verlagern. Es werden aber nur dann genügend Dienstleistungen nachgefragt, wenn die Löhne in diesem Sektor niedrig sind. Meist wird dann noch hinzugefügt: Schließlich ist auch die Produktivität in diesem Sektor niedrig. Dieses Argument klingt nicht nur plausibel, es scheint auch empirisch leicht belegbar zu sein. Jedermann kennt Beispiele von enormen Produktivitätsfortschritten in der Industrie. Die Statistik zeigt ganz klar, dass die Beschäftigung in der Industrie abnimmt. In den USA mit ihren niedrigen Arbeitslosenquoten ist der Anteil der Beschäftigten des Dienstleistungssektors besonders groß. Angesichts der zunehmenden Zahl von pflegebedürftigen Alten erscheint der Bedarf an Dienstleistungen erwiesen. Andererseits zeigt ein Blick ins Portemonnaie der Alten, dass sich eine überwiegende Mehrheit unter ihnen eine Pflege nur leisten kann, wenn sie billig ist. Auch die jüngere Generation gönnt sich persönliche Dienstleistungen nur dann, wenn diese nicht zuviel kosten, weil man ja auch darauf verzichten kann. Also: Löhne runter, damit die Dienstleistungen billig werden.

Klingt logisch, ist aber total falsch. Der Grund für den Denkfehler liegt wieder einmal beim Geld. In einer volkswirtschaftlichen Argumentation ist das Denken in Geldeinheiten trügerisch. Man muss deshalb durchgehend mit Gütern rechnen. Dann sieht man nämlich, dass schon die Grundannahmen des obigen Modells widersprüchlich sind. Eine Volkswirtschaft kann nicht gleichzeitig einen Überschuss an Gütern produzieren und gleichzeitig zuwenig Geld für Dienstleistungen haben, denn die Dienstleistungen werden ja letztlich mit Gütern bezahlt und umgekehrt. Geld ist nur eine Rechnungseinheit, in der dieser Sachverhalt ausgedrückt wird.

Um die schiefe Logik des »Billige-Dienstleistungsjobs-Argument« intuitiv zu veranschaulichen machen wir einen Sprung zurück in die Zeit, als die Agrarwirtschaft von der Industrie abgelöst wurde. Auch damals wurde ganz ähnlich argumentiert. Die vorherrschende Wirtschaftstheorie der Physiokraten ging davon aus, dass nur die Landwirtschaft im eigentlichen Sinne produktiv war. Alles andere, insbesondere der Handel, galt als unproduktiv. Deshalb war klar, dass die durch die enormen technologischen Fortschritte in der Landwirtschaft verdrängten Landarbeiter nur zu sehr tiefen Löhnen in der Industrie beschäftigt werden könnten.

Im Nachhinein ist klar, dass der Übergang in die Industriewirtschaft erst dann zu einem volkswirtschaftlichen Erfolg wurde, nachdem die Gewerkschaften und intelligente Unternehmer wie Henry Ford die Löhne erhöht und die Arbeitszeiten drastisch verkürzt hatten. Die Industrie konnte erst aufblühen, nachdem es genügend zahlungskräftige Kundschaft für ihre Produkte gab. Dasselbe gilt für die Dienstleistungsgesellschaft. Zwar könnte man sich zur Not noch vorstellen, dass die heutigen Alten von den heutigen Jungen gegen einen Hungerlohn gepflegt werden. Doch mit wessen Geld bezahlen dann die künftigen Alten ihre Pflege?

Doch die Geschichte muss sich nicht wiederholen. Es ist denkbar – das Beispiel der USA deutet es immerhin an –, dass die Dienstleistungen ein Sektor mit tiefen Löhnen bleiben (im Gegensatz zur Industrie, die sich aus dieser Falle befreit hat), und dass sich auf dieser Grundlage ein (einigermaßen) stabiles Gleichgewicht herausbildet. Eine Wirtschaft mit annähernder Vollbeschäftigung dank tiefen Dienstleistungslöhnen ist denkbar. Ist sie aber auch wünschbar? Das folgende Gedankenexperiment soll helfen, diese Frage zu klären:

Wir befinden uns wieder in unserer Modellwirtschaft HUS, wo 10'000 Arbeitskräften je 1600 Jahresstunden arbeiten. Sie produzieren pro Arbeitsstunde je ein Gut im Einheitswert von 1 EH. Das Bruttoinlandprodukt beläuft sich damit auf 16 Millionen Einheiten (EH). Die Wirtschaft befindet sich im Gleichgewicht, das heißt, es gibt keine Arbeitslosigkeit, die Handelsbilanz ist ausgeglichen, der Realzins entspricht dem realen Wachstum. Dies nennen wir Zustand 0.

Nun verbessert sich die Technologie schlagartig: Die Produktivität steigt um 25 Prozent, pro Arbeitsstunde können also neu 1,25 EH hergestellt werden. Die Frage ist nun, in welchen neuen Zustand uns diese Veränderung bringt. Zwei Möglichkeiten kommen sofort in den Sinn:

Zustand A: Das unveränderte BIP von 16 Millionen EH wird jetzt von nur noch 8000 Arbeitskräften. (8000 x 1600 x 1,25 = 16 Millionen) hergestellt. 2000 Arbeitskräfte werden arbeitslos.

Zustand B: Alle 10'000 Arbeitskräfte arbeiten voll, aber um 25 Prozent produktiver, weiter. Das BIP steigt damit auf 20 Millionen Einheiten.

In Übereinstimmung mit dem »Billigjob-Argument« wollen wir nun aber annehmen, dass der Zustand B mangels Nachfrage nicht zu erreichen ist. Wir suchen also einen mittleren Zustand AB, für welchen – immer in Übereinstimmung mit dem Billigjob-Argument – folgende Annahmen gelten:

1. Die Vollbeschäftigung muss vollumfänglich erhalten werden. Konkret: Die Zahl der Arbeitsstunden bleibt bei 16 Millionen.

2. Die Nachfrage nach den bisher produzierten Gütern ist gesättigt.

3. Die Vollbeschäftigung muss deshalb mit (neuartigen) »Dienstleistungen« gesichert werden, für die aber kein sehr dringender Bedarf besteht, und für welche die Konsumenten deshalb weniger zu zahlen bereit sind. Konkret: Der Stundenlohn für die Arbeit an einem Dienstleistungsprodukte sei nur 0,5 EH wert.

Aus diesen Annahmen ergibt sich folgendes Ergebnis: Unsere Volkswirtschaft arbeitet im neuen Gleichgewicht noch immer 16 Millionen Stunden. Jetzt sind aber nur noch 8'000 Leute mit der Herstellung der alten Güter im Wert von 16 Millionen beschäftigt. Es arbeiten jetzt 2000 Leute mit einem stündlichen Output von 0,5 Einheiten. Sie erhöhen den Wert des Bruttoinlandprodukts um 1,6 Millionen EH (2000 x 1600 x 0,5 = 1,6 Millionen). Insgesamt steigt das Bruttosozialprodukt also auf 17,6 Millionen EH.

Der Zustand AB ist besser als der Zustand A mit seinen 2000 Arbeitslosen bei unverändertem BIP. Dennoch bleiben ein paar Fragen:

1. Ist Zustand AB ein optimaler Zustand, gäbe es nicht bessere Lösungen?

2. Wie kommt man überhaupt zum Zustand AB?

Zur Frage Nr. 1:

17,6 Millionen EH sind eindeutig mehr als 16 Millionen EH. Zustand AB hat also ein höheres BIP als die Zustände 0 oder A. Doch das ist eine optische Täuschung, die daher kommt, dass das BIP falsch berechnet wird. Es lässt nämlich die Freizeit außer acht – dabei ist gerade sie gleich unmittelbar nach dem dringendsten Lebensbedarf das wohl wichtigste »Konsumgut«.

Überdies kann der Wert der Freizeit leicht gemessen werden. In unserem theoretischen Beispiel (Zustand 0) beträgt der Wert einer Stunde Freizeit genau 1 EH. Begründung: Der Grund, warum die Leute pro Jahr 1600 und nicht 1601 Stunden arbeiten, liegt darin, dass der Freizeitwert dieser 1601sten Stunde (Nicht-)Arbeit ein klein wenig mehr wert ist als sein Konsum-Wert. Mit anderen Worten: Die Freude am Freizeitwert dieser Stunde ist größer als die Freude an den Produkten, die man sich mit dem Lohn für diese Stunde Arbeit hätte kaufen können.

Heißt dies nun, dass jeder Produktivitätsfortschritt zu einer proportionalen Verkürzung der Arbeitszeit führen muss? Nein. Der Grund liegt darin, dass auch die Freizeit dem Gesetz des abnehmenden Grenznutzen unterliegt. In unserem Fall schenkt der technologische Fortschritt allen Arbeitskräften unserer Modellwirtschaft 320 zusätzliche Stunden. Sie können sich mit bloß 1280 Arbeitsstunden soviel Produkte leisten, wie bisher mit 1600 Stunden. Damit haben sie 320 Stunden übrig, mit denen sie entweder Freizeit oder Produkte kaufen können. Dabei ist zu bedenken, dass der Nutzen des zusätzlichen Konsums aus der 1281 Stunde Arbeit wahrscheinlich größer ist als der Nutzen der 320. zusätzlichen Stunde Freizeit.

Mit anderen Worten: Technologischer Fortschritt wird unter normalen Umständen immer teils zur Verlängerung der Freizeit, teils zur Erhöhung des Konsum verwendet. Der Versuch, gewisse Arbeiten und damit gewisse Konsumgüter oder Dienstleistungen künstlich billig zu machen, widerspricht deshalb jeder ökonomischen Logik.

Zur Frage Nr. 2: Wie kommt HUS in den Zustand A?

Der Zustand A erfordert eine Zweiteilung der Beschäftigen in 8000 gut und in 2000 schlecht bezahlte. Begründet wird dies damit, dass die 2000 »wenig produktive Dienstleistungen« anbieten, während die 8000 Arbeitskräfte in unserem Beispiel noch um 25 Prozent produktiver geworden sind. Doch daraus zu schließen, dass die (effizient hergestellten) Industriegüter teuer und die (weniger effizienten) Dienstleistungen billig sein müssten, ist ökonomischer Unsinn. Das Gegenteil ist richtig: Der Trend zu billigen Industriegütern und vergleichsweise teureren Dienstleistungen hält seit Jahrzehnten an. Warum sollte dies plötzlich anders werden?

1 Gregg, Paul und Manning, Alan Labour »Market Regulation and unemployment« in *Unemployment Policy*, Cambridge University Press 1998
2 zititert nach Prof. Ernst Fehr in CASH-Interview
3 Layard, Richard und Stephen Nickell *Labour Market Institutions and Economic Performance* März 98
4 siehe Literaturverzeichnis
5 siehe Literaturverzeichnis
6 Powelson, John P. *Centuries of Economic Endeavour*, Michigan 1994; Peyrefitte, Alain *La Société de Confiance - Essai sur les origines de la nature du developpement* Odile Paris 1995
7 Boyer, Robert *Les Capitalismes vers le XXIème siècle* Notas Economicas 1993
8 In Gespräch mit dem Autor
9 vgl. Frey, Bruno S. *Markt und Motivation - wie ökonomische Anreize die (Arbeits-) Moral verdrängen* Vahlen, München 1997
10 Fehr, Ernst und Gächter Simon *Arbeitslosigkeit in Europa*, Arbeitspapier 2/98
11 Quelle: Edward Fowler: *Laboring Life in contemporary Japan*. Cornell University Press. 1998.
12 Jackman, Layard, Manacorda, Petrongolo *European versus US Unemployment. Different Responses to increased demands of Skill?* London School of Economics 1997

Der Außenhandel

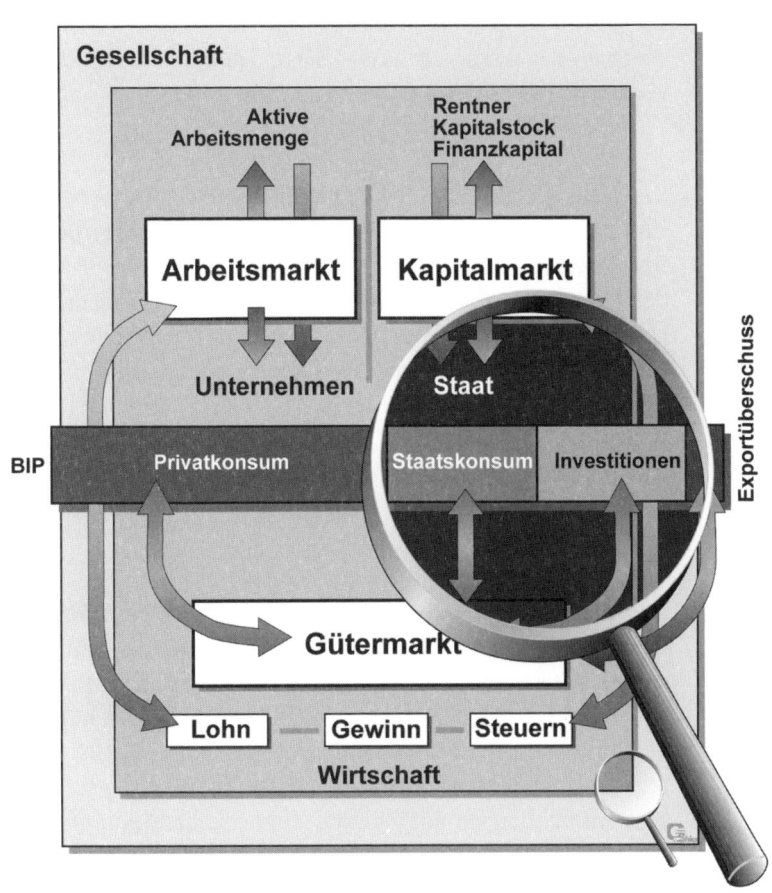

»Eine auf den freien Außenhandels gerichtete Politik ist das wohl wichtigste Mittel zur Förderung von Wachstum und Konvergenz in den Entwicklungsländern.«

IMF Jahresbericht 1997

»Offene und gegen außen orientierte Volkswirtschaften schneiden durchwegs besser ab als Länder, die den Außenhandel und ausländische Investitionen beschränken.«

OECD Economic Outlook 1998

Der freie Welthandel im Allgemeinen und die Exporte im Speziellen sind die wohl am meisten überschätzten Teilaspekte der Ökonomie. Der Außenhandel gilt als der wichtigste Motor des Wachstums und der Protektionismus als sein ärgster Feind. Und immer, wenn ein Land in einer Konjunkturflaute steckt, hoffen die Wirtschaftspolitiker, dass eine Steigerung der Exporte alles wieder ins Lot bringt. Historische Tatsache ist jedoch, dass zuviel Freihandel einer Wirtschaft auch schaden kann, und dass der Export ein relativ unzuverlässiges und insgesamt wenig wirksames Instrument der Konjunkturankurbelung ist.

Kann eine Volkswirtschaft die Beschäftigung erhöhen und die Arbeitslosigkeit senken, indem sie – beispielsweise durch eine generelle Lohnerhöhung – die eigene Nachfrage ankurbelt? Professor Horst Siebert, Präsident des Instituts für Weltwirtschaft an der Universität Kiel, pflegt die Frage kurz und mit spöttischer Überlegenheit abzuhandeln: »Da könnte sich ja jede Volkswirtschaft wie weiland Münchhausen am eigenen Zopf aus dem Sumpfe ziehen.« Die Unternehmer, so Siebert, »würden reagieren, indem sie Arbeitskräfte durch Kapital ersetzen.« Dass mehr Kapital höhere Investitionen und vorerst einmal mehr Arbeit bedeuten würde, unterschlägt Siebert. In seiner Logik kann der Versuch, sich selbst aus dem Sumpf zu ziehen, nur damit enden, dass man noch weiter in den Sumpf, bzw. in die Arbeitslosigkeit gerät. Die Hilfe, bzw. die beschäftigungswirksame Nachfrage, muss also von außen kommen

Siebert ist nicht der einzige, der dieses »Argument« ins Feld führt.

Der Baron von Münchhausen ist im deutschsprachigen Raum längst ein Klassiker der konjunkturpolitischen Diskussion. Wann immer ein Land in ein Konjunkturtief gerät, bilden sich nämlich zwei Lager. Die Linke und die Gewerkschaften möchten die Staatsausgaben und die Löhne erhöhen, um so den einheimischen Konsum anzukurbeln. Die Rechte, die Exportwirtschaft und die Arbeitgeber möchten die Löhne und die Staatsausgaben senken, um so mehr exportieren zu können. Und jedes Mal meldet sich dann aus dem Lager der Exportfreunde ein Professor Siebert und bringt mit Hilfe des Lügenbarons die Gegner zum Schweigen.

Dabei ließe sich doch das Gegenteil mit Hilfe einer ebenso hübschen Analogie genau so gut belegen: »Warum soll man sich mit einem Faden aus dem Sumpf ziehen lassen, wenn man auch ein Seil zur Verfügung hat?« Das ist zwar auch nur ein sumpfblumiger Vergleich, aber im Gegensatz zum Zopf kann man den Faden und das Seil benennen und beziffern:

Das Seil ist die einheimische Nachfrage, bestehend aus dem privaten und staatlichen Konsum sowie privaten und staatlichen Investitionen. Diese Komponenten machen zusammen 100 Prozent des BIP aus. Der Faden ist der Außenbeitrag, bestehend aus der Differenz von Exporten und Importen. Der Außenbeitrag machte 1997 in Deutschland 0,2, in der Schweiz 8,4 und in Österreich minus 2,2 Prozent des BIP aus. Im langfristigen Mittel liegt er bei 0 Prozent.

Nun könnte man einwenden, dass die nachfragesteigernde Wirkung nicht über den Außenbeitrag, sondern über die Exporte läuft, die in Deutschland, Österreich und der Schweiz je etwa ein Drittel des Sozialprodukts ausmachen und so gesehen eine relativ große Hebelwirkung erzielen. Aber auch eine Steigerung der Exporte erhöht nur dann vollumfänglich die Nachfrage, wenn nicht gleichzeitig die Importe zunehmen. Ein Aufschwung kann also nicht von den Exporten allein, sondern höchstens von einer vergrößerten Differenz zwischen Ausfuhren und Einfuhren ausgehen.

Dies ist offenbar auch die Meinung der OECD, die deshalb in ihrem »Economic Outlook« für die sieben größten Länder regelmäßig Zahlen veröffentlicht, die Auskunft darüber geben, welchen Beitrag die Binnennachfrage, die Lagerveränderungen und die Nettoexporte zum Wachstum des Bruttoinlandprodukts beitragen.

Dabei zeigt sich, dass die Exporte zwar in einzelnen Jahren zwar durchaus ansehnliche Wachstumsbeiträge liefern können, doch nie über mehrere Jahre hinweg. Über längere Zeit wird das Wachstum des BIP immer durch die Wachstumsraten der internen Nachfrage bestimmt. Zählt man die von der OECD erhobenen bzw. geschätzten Werte für die Jahre 1996 bis 2000 zusammen und dividiert durch 5, so ergeben sich die folgenden Jahresdurchschnitte:

	Deutschland	USA	Italien	Frankreich
BIP	2,2	2,9	1,5	2,4
Interne Nachfrage	1,5	3,4	1,5	2,2
Netto Exporte	0,3	– 0,6	– 0,2	0,2
Lagerveränderung	0,4	0,1	0,2	0,0

Das Verdikt der Statistik ist klar: Die Exporte haben nur einen geringen Einfluss auf die Gesamtnachfrage, und dieser Einfluss kann ebenso gut negativ wie positiv sein. Das ist auch nicht anders zu erwarten: Erstens macht es keinen Sinn, ständig mehr Waren zu exportieren als einzuführen. Zweitens können ohnehin nicht alle Länder einen Exportüberschuss erzielen. Drittens führen Überschusse der Handels- bzw. der Leistungsbilanz tendenziell zu einer Aufwertung, was die Exporte dämpft. Die beiden einzigen Länder, die über längere Zeit Leistungsbilanzüberschüsse erzielt haben, sind Japan und die Schweiz – beide weisen zur Zeit miserable Wachstums- bzw. Schrumpfungsraten des BIP aus. Das Gegenbeispiel sind die USA, die trotz negativen Wachstumsbeiträgen des Außenhandels eine hohe Beschäftigung und ebensolche Wachstumsraten ausweisen.

Soviel zum Versuch, mit Baron von Münchhausen die Wirtschaftspolitik erklären zu wollen.

Der Außenhandel als Wachstumsmotor

Ein weiterer Irrtum bezüglich des Außenhandel betrifft seine Rolle als Motor des Wachstums. Ausgehend von der falschen oder zumindest einseitigen Vorstellung, wonach der Tausch und die Arbeitsteilung der Wesenskern der Marktwirtschaft seien, erscheint der absolut ungehemmte globale Austausch als die höchste Form der Marktwirtschaft. Er erlaubt eine maximale Spezialisierung und gewährt den größtmöglichen Wettbewerb. Fazit: Der globale, uneingeschränkte Markt ist die effizienteste aller möglichen Wirtschaftsformen.

Diese Theorie ist natürlich nicht ganz von der Hand zu weisen, zumal noch andere Gründe dazukommen. Insgesamt kann der Freihandel, bzw. der Abbau von Handelshemmnissen das Wirtschaftswachstum mindestens auf drei Arten fördern: Indem er (wie erwähnt) mehr Raum für Massenproduktion und Spezialisierung schafft; indem er für eine schnellere geographische Verbreitung des technologischen Fortschritts sorgt; und indem er die Konkurrenz verschärft. Allerdings gibt es auch Gegenargumente: Steigende Skalenerträge durch Spezialisierung und Massenproduktion können die Konkurrenz hemmen. Technologien können sich auch ohne Handel verbreiten und für Konkurrenz kann man auch mit anderen Maßnahmen sorgen – etwa mit einem scharfen Kartellgesetz.

Doch wie wirken sich diese Theorien in der Praxis aus? Einer der großen Experten auf diesem Gebiet, der kürzlich verstorbene belgische Wirtschaftshistoriker Paul Bairoch, meinte zu dieser Frage: »Man kann sicher sagen, dass der Einfluss des Außenhandels auf das Wachstum einer der meist überschätzten Zusammenhänge in der Ökonomie ist. Es ist an sich schon sehr schwer, einen einzelnen Grund für das Wachstum zu isolieren und zu messen. Die meisten haben es deshalb schon gar nicht erst versucht, und die wenigen, die sich die Mühe genommen haben, sind zu sehr ernüchternden Ergebnissen zu kommen. Danach ist der grenzüberschreitende Handel für sich allein genommen noch nicht einmal für ein Zwanzigstel des Wirtschaftswachstums verantwortlich.«[1]

Bairoch räumt zwar ein, dass Länder mit hohen Wachstumsraten und hohem Wohlstand in der Regel auch einen aktiven Außenhandel aufweisen. Doch aufgepasst: »Die historische Analyse zeigt«, so Bairoch, »dass das Wirtschaftswachstum dem zunehmenden Handel in der Regel vorausgeht. Der kausale Zusammenhang ist also genau das Gegenteil dessen, was der Neoliberalismus behauptet: Das Wachstum beflügelt den Außenhandel und nicht umgekehrt.«[2]

In dieselbe Kerbe haut auch Professor Dani Rodrik von der Harvard University. Er hat die meistzitierten Studien, die angeblich die Vorteile eines Abbaus von Handelshemmnissen beweisen sollen, genauer unter die Lupe genommen, und dabei eine Reihe schwerwiegender methodischer Fehler entdeckt. Einer betrifft die Verwechslung von hohen bzw. steigenden Exportanteilen mit dem Abbau von Handelshemmnissen. Steigende Exporte und Importe sind meist die Folgen eines internen Wachstums und haben mit dem Abbau von Handelshemmnissen wenig zu tun.

Schaltet man diese Fehler aus, und versucht, die Konsequenzen des Abbaus von Zöllen und anderen Handelshemmnissen auf die Wachstumsraten direkt zu messen, so sind die Ergebnisse enttäuschend. »Im besten Fall«, so Rodrik, »kann man einen schwach positiven Zusammenhang zwischen dem Abbau von Handelshemmnissen und den Wachstumsraten des Bruttoinlandprodukts feststellen. Die Ergebnisse sind aber weit von jeder statistischen Signifikanz entfernt.«[3]

Dieses Ergebnis ist dann nicht überraschend, wenn man es vor den Hintergrund der gängigen Wachstumstheorie stellt. Dani Rodrik und Francisco Rodriguez haben den diesbezüglichen Erkenntnisstand wie folgt zusammengefasst:[4]

1. In einem statischen Modell ohne Marktversagen und anderen Verzerrungen haben Handelshemmnisse die Wirkung, dass sie das Niveau des BIP zu Weltmarktpreisen reduzieren.

2. In statischen Modellen mit Marktversagen und Verzerrungen können Handelshemmnisse das Wachstum auch erhöhen, obwohl es meist bessere Möglichkeiten gibt, diese Wirkung zu erzielen.

3. In Standardmodellen mit exogenem (vor außen vorgegebenem) technologischen Fortschritt und abnehmenden Grenzerträgen

haben Handelshemmnisse keinen Einfluss auf die langfristigen Wachstumsraten. Kurzfristig kann der Einfluss der Handelsrestriktionen sowohl negativ als auch positiv sein.

4. In Modellen, in denen die Wachstumsraten durch die (kostensparenden) Möglichkeiten der Massenproduktion oder der Spezialisierung beeinflusst werden, steigert der Freihandel tendenziell die globalen Wachstumsraten. Für einige Länder (mit schlechten Startbedingungen) kann das Ergebnis aber negativ ausfallen. Dasselbe gilt beispielsweise für wenig qualifizierte Arbeitnehmer innerhalb der »siegreichen« Länder.

Nun ist keines dieser Modelle ein exaktes Abbild der Wirklichkeit. Deshalb sind sich Bairoch und Rodrik in ihren Schlussfolgerungen absolut einig. Rodrik formuliert es so: »Es macht wenig Sinn, nach einer generellen Aussage über den Einfluss des Außenhandels auf die Wachstumsraten des BIP zu suchen. Alle Erfahrung zeigt, dass es vielmehr sinnvoll wäre, nach bedingten Zusammenhängen zu forschen. Die Frage muss lauten: Unter welchen Umständen braucht eine Volkswirtschaft eine Öffnung der Grenzen?«

Bairoch drückt dasselbe wie folgt aus: »Ich stelle keine neuen Gesetze auf. Ich behaupte insbesondere nicht, dass die Exporte nie für einen konjunkturellen Aufschwung oder für eine Steigerung der Wachstumsraten verantwortlich sein können. Was die historische Analyse zeigt ist vielmehr dies: Ökonomische Zusammenhänge können mal so und mal anders wirken, abhängig von den äußeren Umständen.«

Welche sind nun aber diese äußeren Umstände, die – im Widerspruch zur konventionellen Theorie – auch mal protektionistische Maßnahmen rechtfertigen? Die meisten dieser Ausnahmen fallen unter den oben erwähnten Punkt 4. Länder, die gegenüber ihren potentiellen Handelspartnern in irgendeiner Weise im Rückstand sind, können ein Interesse daran haben, diesen Rückstand erst einmal unter protektionistischem Schutz aufzuholen, und so zu verhindern, dass sie durch internationale Arbeitsteilung in einer für sie ungünstigen Spezialisierung gefangen gehalten werden.

Bairoch verweist dabei insbesondere auf die Erfahrungen der heutigen und der ehemaligen Entwicklungsländer – wie etwa die

USA: »Sie haben die Entwicklung zum Industriestaat nur geschafft, weil sie nach ihrer Unabhängigkeit insbesondere die Industriegüter mit hohen Zöllen von durchschnittlich gut 40 Prozent belegt haben.«[5] Umgekehrt, so Bairoch weiter, sei beispielsweise in Indien die damals durchaus vorhandene Industrie durch den von England aufgezwungenen Freihandel im Keime erstickt worden. So ist zwischen 1813 und 1890 der Import britischer Baumwollstoffe von 1 auf 2050 Millionen Yard gestiegen, was praktisch dem gesamten einheimischen Bedarf entsprach. Um diese und andere britische Industrieprodukte zu bezahlen, musste Indien die Ausfuhren von roher Baumwolle von 150 000 auf 930'000 Tonnen steigern und zu diesem Zweck die Anbaufläche für einheimische Lebensmittel deutlich verkleinern. Angesichts des technologischen Vorsprungs von Großbritannien hat also die von England aufgezwungene Politik des Freihandels dazu geführt, dass Indien die Industrialisierung verpasst hat und zum billigen Rohstofflieferanten gemacht worden ist.

Und die asiatischen Schwellenländer wären wohl heute noch Entwicklungsländer, wenn ihre Regierungen nicht eine ausgesprochen protektionistische Industriepolitik geführt hätten.

Was das Urteil über den Freihandel erschwert, ist gemäss Bairoch der Umstand, »dass das Anschauungsmaterial reichlich knapp ist. Zu den seltenen Ausnahmen gehören die 25 bis 30 Jahre nach 1860, als unter dem Einfluss und im Interesse von England in ganz Europa die Zölle drastisch gesenkt wurden. Das Ergebnis war – für die Anhänger des Freihandels paradoxerweise – ein deutlicher Rückgang der Wachstumsraten. In der Periode des Freihandels lagen die durchschnittlichen Wachstumsraten des Bruttosozialprodukts bei 1,7 Prozent. Danach, also in der protektionistischen Periode, lag es in allen Ländern höher und erreichte im Schnitt 2,4 Prozent. Interessanterweise lagen nach ein paar Jahren auch die Wachstumsraten des Außenhandels höher als in der Phase des Freihandels. Das zeigt, dass das Wachstum den Handel antreibt und nicht umgekehrt.«[6]

Auch in der Gegenwart ist der Leistungsausweis des Freihandels nicht unbedingt berauschend. Zwar haben die westlichen Industrieländer zwischen 1945 und 1973 unter einem liberalen Regime bisher unerreichte Wachstumsraten erzielt. Seither hat sich aber das

Wachstum deutlich abgeschwächt und die Arbeitslosenquoten sind angestiegen. Diese ungünstige Entwicklung fällt zusammen mit einem weiteren Abbau der Handelshemmnisse, insbesondere innerhalb Europas, und mit einer Liberalisierung der Kapitalmärkte. Für den Wirtschaftshistoriker Bairoch ist es noch zu früh, hier einen Zusammenhang zu sehen. Rodrik hingegen ist skeptisch – und zwar aus einem sehr interessanten Grund: Normalerweise wird die Diskussion über Wachstum und Außenhandel auf der theoretischen Ebene der Produktionsfunktionen geführt. Man entwickelt eine Theorie darüber, warum Volkswirtschaften wachsen bzw. mehr produzieren und fragt sich, wie sich der Handel auf diese Produktionsfunktion auswirkt.

Rodrik verändert nun die Optik und fragt sich, ob der Außenhandel nicht auch die Nachfrage beeinflussen könnte. Um diese Frage zu beantworten, braucht es zunächst einmal eine allgemeine Vorstellung (ein Modell) darüber, wie die Nachfrage einer Volkswirtschaft generell organisiert ist. Anders gefragt: Wie sorgt eine Wirtschaft dafür, dass das Potential ihrer Produktion auch durch eine entsprechende Steigerung der Nachfrage genutzt wird?

Im Modell des perfekten Wettbewerbs sorgt der Markt ganz automatisch dafür, dass Angebot und Nachfrage zum Ausgleich kommen. Doch die Logik der internationalen Arbeitsteilung beruht auf Annahmen, die denen des perfekten Wettbewerbs widersprechen. Insbesondere setzt er steigende Skalenerträge voraus. Unter diesem Umständen ist aber ein automatischer Ausgleich von Angebot und Nachfrage auch theoretisch nicht zu erwarten.

Für Rodrik (der damit der Schule der institutionellen Keynesianer zugeordnet werden kann) ist der Ausgleich von Angebot und Nachfrage letztlich eine Frage des institutionellen Gleichgewichts im Allgemeinen und der spezifischen Machtverhältnisse auf dem Arbeitsmarkt im Besonderen. Nun ist es leicht nachzuvollziehen, dass die Globalisierung der Produkte- und vor allem der Finanzmärkte dieses Kräftegleichgewicht nachhaltig verändern kann. Ein Arbeitgeber, der mit der Schließung ganzer Fabriken drohen kann, weil er die Möglichkeit hat, die Produktion zu verlagern oder die Produkte billiger im Ausland einzukaufen, hat nun einmal mehr Macht.

David Howell hat die Veränderung der traditionellen Lohnfindungs-Institutionen in den USA verfolgt und festgestellt, dass es ab Ende der siebziger Jahre zu einem »Norm-Bruch« gekommen ist.[7] Ausgehend von einigen wenigen Industrien haben die Arbeitgeber angefangen, eine härtere Haltung zu vertreten, die Nominallöhne einzufrieren, später gar teilweise zu senken. Massenentlassungen – einst nur in absoluten Notfällen denkbar – wurden unter dem Diktat des Shareholder-Values zur Norm.

Die möglichen Folgen sind klar: Die durch die Globalisierung veränderten Machtverhältnisse können zu einem Zusammenbruch der Nachfrage führen. Erstens indem sie die Löhne generell unter Druck setzten. Zweitens indem sie die Arbeitnehmer verunsichern und damit ihre Konsumneigung vermindern. Damit geht von einem geringeren Lohn ein kleinerer Anteil in den Konsum. Für David Cohen ist diese Wirkung der Globalisierung nicht nur möglich, sondern zwingend. Seine Begründung: Je mehr ein Land der globalen Konkurrenz ausgeliefert ist, ohne sich dagegen mit einer Abwertung oder mit protektionistischen Maßnahmen wehren zu können, desto eher ist es versucht, Leistungsbilanzdefizite durch Beschränkungen der internen Nachfrage zu vermeiden. »Die Globalisierung«, so Cohen, »beraubt die nationalen Volkswirtschaften ihrer Fähigkeit, die eigene Nachfrage zu organisieren.«[8] Das Europa der neunziger Jahre scheint Cohen Recht zu geben.

Aus der Sicht des institutionellen Keynesianismus ist zumindest eines klar: Die Globalisierung wirkt nicht nur über die Importe und Exporte, sondern sie beeinflusst auch Werte und Institutionen. Dieser Einfluss muss nicht negativ sein, aber er kann. Vor diesem Hintergrund ist eine Studie von Dani Rodrik über den Zusammenhang von Demokratie und Lohnhöhe aufschlussreich. Sie zeigt: Je diktatorischer ein Land, desto geringer ist seine Lohnquote.[9]

Beispiel USA und Mexiko: Dividiert man das Bruttosozialprodukt durch die Zahl der Vollzeitstellen, so erhält man für die USA und für das Jahr 1996 eine Zahl von 58'800 Dollar. In Mexiko lag dieselbe Zahl bei 9'600 Dollar. Die durchschnittliche Arbeitsproduktivität liegt also in den USA rund 6 mal höher als in Mexiko. Das Verhältnis der Lohnkosten beträgt jedoch nicht 6:1, sondern rund

12:1. In den USA kostet die Arbeitsstunde im Industriesektor 17,70 Dollar; in Mexiko sind es 1,50 Dollar. In den USA beanspruchen die Löhne 55 Prozent der Wertschöpfung; in Mexiko jedoch bloß 28 Prozent. Diese Zahlen sind kein Zufall. Rodrik hat zwei Datensätze von 138 bzw. 29 Ländern von 1960 bzw. 1975 bis heute durch geacker und dabei sowohl die Länder untereinander als auch einzelne Länder im Zeitvergleich analysiert. All diese Vergleiche bringen dasselbe, eindeutige Ergebnis: Je demokratischer ein Land organisiert ist, desto höher ist der Anteil der Löhne an der Wertschöpfung. Je diktatorischer ein Land, desto geringer der Lohn. Oder anders ausgedrückt: Der Anteil der Löhne an der gesamten Wertschöpfung ist im Wesentlichen eine Funktion der politischen Verfassung eines Landes.

Den größten Einfluss der Demokratie auf die Löhne zeigt der Vergleich zwischen den Ländern. So würden etwa die Löhne in der Diktatur Irak um 60 Prozent steigen, wenn dort dieselben politischen Verhältnisse herrschen würden wie in den USA. In der »Halb-Demokratie« Mexiko würde derselbe politische Quantensprung die Löhne um 30 Prozent erhöhen. Dabei ist nicht berücksichtigt, dass mehr Demokratie mutmaßlich auch das Bruttosozialprodukt positiv beeinflussen würde.

Noch eindrücklicher sind die Ergebnisse, wenn der Einfluss der politischen Verhältnisse auf die Löhne innerhalb derselben Länder über die Zeit betrachtet wird. Für vier Länder (Chile, Türkei, Argentinien und Brasilien), die sich in Richtung Diktatur verändert haben, hat Rodrik (für die entsprechende Periode) einen mittleren Rückgang des Lohnanteils von 30 auf 19 Prozent der gesamten Wertschöpfung festgestellt. In Griechenland, Portugal, Spanien, Ungarn, wo sich die politischen Verhältnisse (bisher) dauerhaft in Richtung Demokratie verändert haben, hat sich der Anteil der Löhne an der Wertschöpfung von 40 auf 50 Prozent gesteigert. Ein analoges Bild zeigt sich auch in den (demokratischer gewordenen) Schwellenländern Korea und Taiwan, wo die Industrielöhne deutlich schneller erhöht worden sind als die Produktivität.

Rodrik erklärt diesen Zusammenhang damit, dass Arbeitnehmer in demokratischen Ländern dem Drohpotential der Arbeitgeber

(»Dann verlagere ich die Produktion eben ins Ausland!«) mehr entgegensetzen können (»Dann trete ich in Streik, dann beziehe ich lieber Arbeitslosengeld, dann suche ich mir halt einen Job beim Staat!« usw.). In Diktaturen ist das nicht möglich, zumal die Arbeitnehmer dort meist auch weniger gut ausgebildet werden.

Der Zusammenhang zwischen Lohn, Diktatur und Demokratie führt zu einem naheliegenden Verdacht: Tiefe Lohnquoten machen Diktaturen für multinationale Unternehmen attraktiv, ja der Shareholder-Value zwingt sie geradezu, ihre Produktion in undemokratische Länder zu verlegen, bzw. ihr Drohpotential zu nutzen, um so die Lohnquote auch bei uns zu senken. Dazu Rodrik: »Ich denke, dass der Handel mit Ländern, die weniger demokratische Rechte und folglich schlechtere Arbeitsstandards haben, die Arbeitsmarkt-Institutionen in den Hochlohn-Ländern untergraben könnten. Allerdings gibt es für eine solche Entwicklung bisher kaum konkrete Beweise.«

Rodrik will dieses Problem aber weiter ausleuchten. Die vorläufigen Ergebnisse eines noch unveröffentlichten Ländervergleichs zeigen, dass die landesweiten Einkommensunterschiede umso geringer ausfallen, je höher der Grad der Demokratisierung eines Landes ist. Je breiter und stabiler also die Mittelklasse ist, desto demokratischer ist das Land und umso höher die Löhne, was wiederum die Mittelklasse stärkt.

Fazit

Die Theorie des Außenhandels ist vielleicht das beste Beispiel dafür, wie sehr sich die moderne Ökonomie gewandelt hat, und wie wenig die Wirtschaftspolitik davon Kenntnis genommen hat. Ein klares Bekenntnis zum Glauben an den freien Güterverkehr war fast zwei Jahrhunderte lang das Eintrittsbillet in den Kreis der Ökonomen. Um richtig ernst genommen zu werden, muss man zudem noch David Ricardos »komparativen Kostenvorteil« richtig aufsagen können. Beispielsweise so: »Ein Land kann auch dann mit Profit exportieren, wenn es alle seine Güter mit höheren Kosten (d. h. ineffizienter) herstellt als die Konkurrenten. Es muss sich zu diesem

Zweck bloß auf das Produkt spezialisieren, das es am wenigsten schlecht herstellt.«

Diese Erkenntnisse sind von der modernen Ökonomie nicht prinzipiell widerlegt worden. Ricardo hat noch immer Recht, aber er hat heute nicht mehr immer Recht. Die moderne Ökonomie interessiert sich nicht mehr dafür, ob Ricardo Recht hatte, sondern unter welchen Umständen und für welche Fragestellungen die Annahmen seiner Theorien relevant sind. Dabei hat sich der Kreis der Umstände, die für die ökonomische Theorie erheblich sind, enorm ausgeweitet. Die Ökonomie ist (wieder) zur Sozialwissenschaft geworden. Sie macht ihre Aussagen für einen bestimmten sozialen und historischen Kontext.

Die Wirtschaftspolitik hinkt dieser Entwicklung weit hinterher. Sie möchte die Ökonomie noch immer als exakte Wissenschaft verstehen, aus der man einfache Rezepte ableiten kann. Sie glaubt deshalb noch an David Ricardo – doch der ist seit 150 Jahren tot.

1 zitiert aus einem Interview mit *CASH* August 1998
2 ebd.
3 Rodrik, Dani *Has Globalization Gone Too Far?* Institute for International Economics, Washington, DC, 1997.
4 Francisco Rodriguez and Dani Rodrik: *Trade Policy and Economic Growth: A Sceptics' Guide to Cross-national Evidence*, Cambridge 1999
5 Bairoch, Paul *Victoires et Déboires: Histoire économique et sociale du Monde du XVI siècle à nos jours.* Gallimard 1997
6 ebd.
7 David Howell; »The Skills Myth«, *The American Prospect.* 1994
8 Cohen Daniel, *Fehldiagnose Globalisierung* Campus, Frankfurt, New York 1998
9 Dani Rodrik, *Democracies Pay Higher Wages* Harvard, Oktober 1998.

Der Markt
als soziale Institution

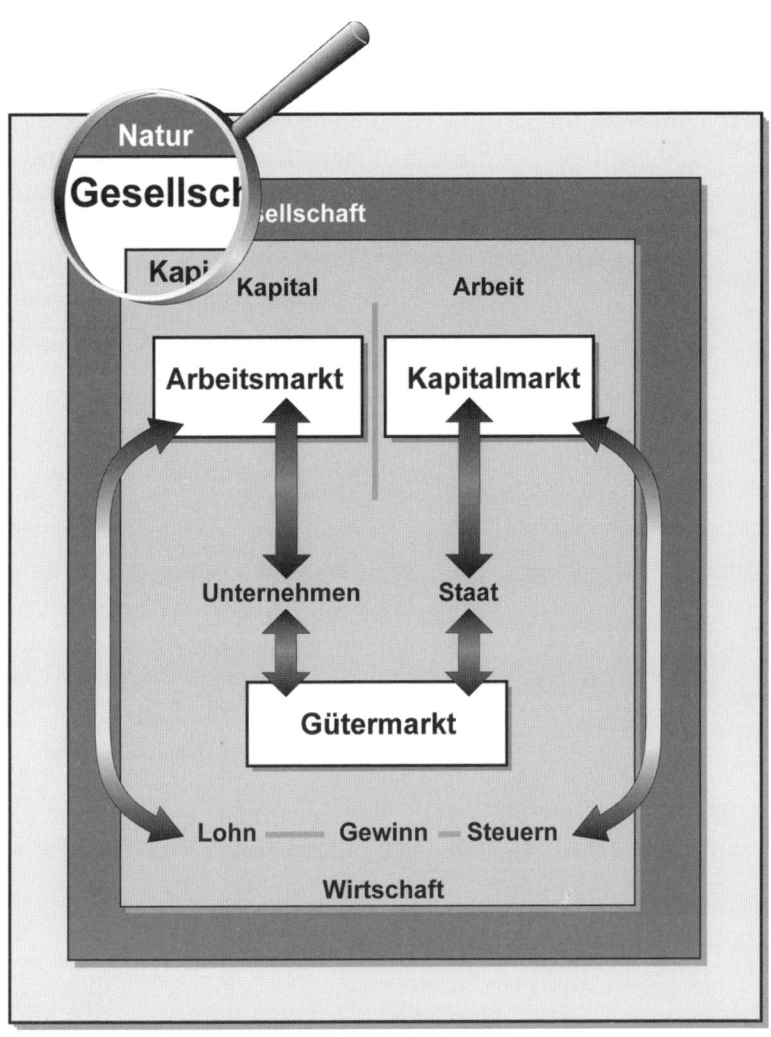

Die freie Marktwirtschaft ist ein wichtiger Motor des Wohlstandes. Doch wie kommt eine Gesellschaft zu freien Märkten? Das hängt von den politischen Institutionen ab. Als Grundregel gilt: Je demokratischer eine Gesellschaft, desto effizienter ist ihre Wirtschaft.

Die Aufgabe des Wirtschaftssystems eines Landes besteht letztlich darin, die Rohstoffe und die Arbeitskraft eines Gebietes möglichst sparsam in nützliche Güter und Dienstleistungen umzuwandeln. Zu diesem Zwecke braucht es einen hoch spezialisierten Produktionsprozess und dieser wiederum erfordert effiziente Märkte für Arbeit, Kapitalgüter und Konsumgüter.

Doch was sind eigentlich Märkte? Für die herkömmliche Ökonomie sind sie einfach die Summe aller individuellen Tauschhandlungen. Sie nimmt an, dass die Leute freiwillig Kauf-, Miet- oder Arbeitsverträge eingehen und dabei ihren Nutzen maximieren. Hinter dieser Vorstellung stecken allerdings einige stillschweigende Annahmen. Insbesondere wird vorausgesetzt, dass die Wirtschaftssubjekte darauf vertrauen (können), dass ihr Vertragspartner seine Verpflichtungen einhält, oder notfalls dazu gezwungen werden kann.

Dies gilt auch dann, wenn der Kauf – Geld gegen Ware – in einem Zug abgewickelt wird. In diesem Fall erhalte ich als Verkäufer zwar sofort Geld, doch wer sagt mir, ob dieses Stück Papier morgen noch etwas Wert ist? Und das gilt natürlich erst recht, wenn Leistung und Gegenleistung zeitlich und räumlich auseinanderliegen: Wer garantiert dem Lieferanten X in A, dass sein Kunde Y und B in 30 Tagen noch zahlen kann und will?

Kurz: Märkte setzen Vertrauen und Institutionen voraus. Es braucht Gerichte, Gerichtsvollzieher und Polizisten. Diese wiederum müssen ihre Handlungen auf ein Gesetz stützen, das ein Gesetzgeber erlassen hat. Doch Gesetze, hinter denen nur eine Polizeigewalt steht, sind keine gute Grundlage für eine funktionierende Wirtschaft. Gesetze brauchen auch eine Legitimation und diese wiederum wird im Idealfall durch Diskussionen in einem vom Volk gewählten Parlament »produziert«.

Doch der institutionelle Unterbau der Märkte geht noch darüber hinaus: Leidvolle Erfahrungen haben gezeigt, dass die Märkte politische Stabilisatoren brauchen. Zum Beispiel eine staatliche Steuerung der Geldpolitik oder eine Arbeitslosenversicherung, die verhindert, dass eine Nachfragekrise zu einem Teufelskreis von Sparen und Entlassungen führt usw.

Nun kann es natürlich auch zu viele oder falsche politische Regulierungen geben. In der politischen Diskussion wird oft der Eindruck erweckt, als seien Markt und Politik grundlegende Gegensätze. Das ist nur insofern richtig, als viele Güter und Dienstleistungen, wie etwa Ausbildung, sowohl durch den Markt als auch durch den Staat zugeteilt werden können – wobei der Markt in der Tat meist effizienter ist.

Das ändert aber nichts daran, dass Märkte nur auf der Grundlage politischer Institutionen (dazu gehören auch ungeschriebene Regeln und Gepflogenheiten) funktionieren können. Die Frage lautet deshalb nicht »Politik oder Markt«, sondern »welche Institutionen machen den Markt effizient?«. Oder anders gefragt: Wie kommt eine Volkswirtschaft bzw. ein Land zu den richtigen Institutionen? Dies ist eine der zentralen Fragen der modernen Ökonomie. Die bisherigen Forschungsergebnisse weisen ganz klar in eine Richtung: Die Demokratie, insbesondere die direkte, ist ein äußerst nützliches Instrument zur Schaffung ökonomisch effizienter Institutionen.

Um es vorwegzunehmen: In einem wichtigen Punkt herrscht noch Uneinigkeit. Es ist nicht endgültig klar, ob demokratische Staaten tatsächlich höhere Wachstumsraten des Bruttosozialprodukts aufweisen. Es bleibt ein kleiner Restverdacht, dass autoritäre Regimes ebenso gute Ergebnisse erzielen können, sofern sie für eine breite Ausbildung sorgen. Auf diese Weise haben etwa Korea und Chile den Aufschwung geschafft. Sie werden oft als Paradebeispiele für die ökonomische Effizienz autoritärer Regimes dargestellt. Vergleicht man jedoch die Wachstumsraten von 90 Ländern mit dem Grad ihrer Demokratie, so zeigt sich ein leicht positiver Zusammenhang: Je mehr Demokratie, desto mehr Wachstum. Fazit: Knapper Punktesieg für die Demokratie.

In allen anderen Disziplinen erzielen die Demokratien klare Kantersiege: Sie haben erstens in der Regel ein deutlich höheres Bruttosozialprodukt pro Kopf. Dies ist übrigens auch ein Grund für ihre nur leicht höheren Wachstumsraten, denn ein hohes Niveau des Wohlstands dämpft tendenziell das Tempo des Wachstums.

Zweitens sind die Wachstumsraten von Demokratien deutlich gleichmäßiger, sie überwinden Krisen schneller und leichter, und vor allem ist bei ihnen der wachsende Reichtum gleichmäßiger verteilt. Das ist ein wichtiger Punkt: Hohe Wachstumsraten des BIP, von denen nur 10 Prozent der Bevölkerung profitieren, sind für 90 Prozent nutzlos oder wegen des Neideffekts gar nutzenmindernd.

Doch warum ist Demokratie effizient? Dafür werden verschiedene Erklärungen vorgebracht, die meist irgendwie zusammenhängen. Ein wichtiges Erklärungsmuster kreist um die Begriffe »soziales Kapital« oder »Gleichgewicht der Kräfte«. Die Begründung lautet kurz zusammengefasst so: Wo Zwang herrscht, braucht es keinen Markt; wenn das Vertrauen fehlt, ist Markt nicht möglich. Demokratie aber fördert eine Kultur des Vertrauens und der Kompromisse, sie schafft »soziales Kapital« aus dem wiederum Wachstum entsteht.

Historisch gesehen sind die Zusammenhänge ziemlich klar: Das Gleichgewicht der sozialen Kräfte (die Unmöglichkeit von Zwang) hat die Demokratie ermöglicht und diese wiederum hat der Marktwirtschaft den Weg bereitet. Nach den Wirtschaftshistorikern haben nun auch die »echten« Ökonomen dieses Thema entdeckt und angefangen, das »soziale Kapital« zu quantifizieren und seine Effekte zu messen. Solche Untersuchungen zeigen einen starken Zusammenhang zwischen der sozialen Teilhabe weiter Bevölkerungskreise via Parteien, Vereine, Verbände, Massenkommunikation usw. und dem wirtschaftlichen Wachstum.

Dabei spielt der Einfluss der Arbeitnehmerverbände offenbar eine besondere Rolle. Harvard-Professor Dani Rodrik[1] hat gezeigt, dass der Anteil der Löhne an der Wertschöpfung umso größer ist, je demokratischer ein Land organisiert ist, was wiederum den Einfluss der Gewerkschaften erhöht. Das erklärt nicht nur die gleichmäßigere Einkommensverteilung der Demokratien, sondern auch die Stabilität der Wachstumsraten. Grund: Breit gestreute Kaufkraft verstetigt die Nachfrage.

Bruno S. Frey von der Universität Zürich und sein Kollege Gebhard Kirchgässner[2] von der Hochschule St. Gallen haben in verschiedenen Studien nachgewiesen, dass der Staatsapparat umso effizienter funktioniert, je direkter die Demokratie ist. Dies gilt insbesondere für das direkte Mitspracherecht in Budgetfragen. Ein effizienter Staatsapparat wiederum hat offensichtlich direkte Rückwirkungen auf die Privatwirtschaft. Ein Vergleich zwischen den Kantonen der Schweiz zeigt, dass allein die Mitsprache in Finanzfragen zu einem (je nach Messmethode) um 3,6 oder gar 15 Prozent höheren Sozialprodukt pro Kopf geführt hat.

Allerdings gibt es auch eine Gegenposition, die vor allem von traditionellen US-Ökonomen vertreten wird. Sie lautet: »Wir wissen längst, wie Wirtschaftswachstum zustande kommt. Deshalb brauchen Entwicklungs- und Schwellenländer vor allem eines: Eine starke Regierung, die auf uns hört und unsere Rezepte gegen den Widerstand der ›Ewiggestrigen‹ durchsetzt.«

Die Erfahrung zeigt allerdings, dass unterschiedliche Länder mit sehr unterschiedlichen Rezepten Erfolg hatten. Gegen das Aufzwingen fremder Rezepte spricht außerdem die von der Glücksforschung immer wieder bewiesene Tatsache, dass Selbstbestimmung und Mitwirkung an sich, sei es am Arbeitsplatz oder im Staat[3] einen hohen Nutzwert hat, der auch beträchtliche Einkommenserhöhungen locker aufwiegt.

---

1 Dani Rodrik: *Institutions for High-Quality Growth*: Oktober 1999.
  http://www.ksg.harvard.edu/rodrik/papers.html
2 Gebhard Kirchgässner, Lars P. Feld, Marcel R. Savioz: *Die direkte Demokratie: Modern, erfolgreich, entwicklungs- und exportfähig* Helbing & Lichtenhahn. 1999
3 Bruno S. Frey und Alois Stutzer, *Happiness, Economy and Institutions*, Februar 1999

Über den Tellerrand hinaus: Die Abrechnung mit der Natur

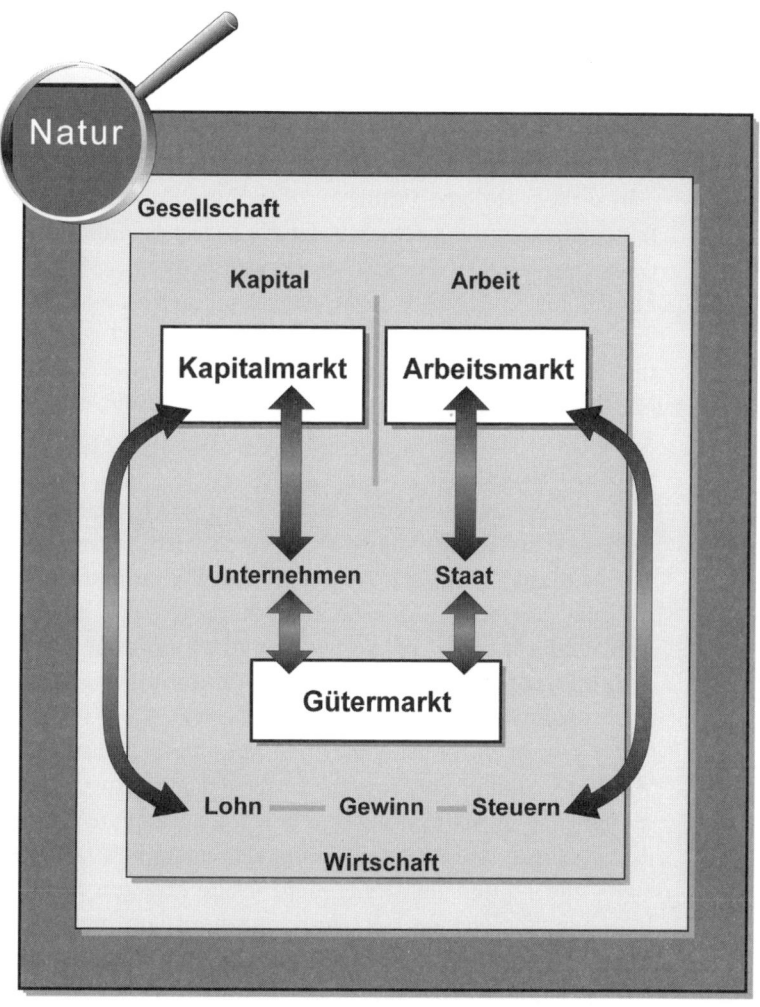

**Das Subsystem Wirtschaft ist nicht nur in die Gesellschaft einge-
bettet, sondern auch in das Metasystem Natur.** Daraus ergibt sich
ein Spannungsfeld, das langfristig weitreichende Folgen für die
globale Wohlstandsverteilung haben wird.

Wenn Menschen untereinander Güter tauschen, verwenden sie als
Rechnungseinheiten Geld – Euro, Dollar oder Franken. Diese Geld-
preise messen die Knappheit der getauschten Güter, so wie sie sich
aus der subjektiven Wertschätzung der Konsumenten – gewichtet
nach ihrer Kaufkraft – ergeben.

In diesem Dollar-, Franken- oder Euro-Preissystem spiegelt sich
teilweise auch die Knappheit der Natur. So ist Gold unter anderem
deswegen teuer, weil es weltweit wenig davon gibt. Und ein Kilo
Eiweiß aus Sojabohnen ist deswegen billiger als ein Kilo Eiweiß aus
Rindfleisch, weil zu dessen Produktion mehr Energie verbraucht
und Biomasse umgesetzt wird. Insgesamt ist jedoch der Zusammenhang zwischen der rein ökonomischen Franken-/Euro-/Dollar-
Knappheit und den ökologischen Beschränkungen nur sehr
schwach ausgeprägt.

Dieser Verdacht erhärtet sich, wenn man beispielsweise einen
Blick auf die Handelsbilanz der Schweiz wirft. Sie zeigt für 1998 bei
109 Milliarden Franken Aus- und 107 Milliarden Einfuhren einen
leichten Überschuss. Schaut man hingegen auf die Gewichte, so
sieht man, dass die Schweiz mit rund 42 Millionen Tonnen gegen
11,5 Millionen Tonnen viel mehr Waren und Dienstleistungen ein-
führt als ausführt.

Der Grund dafür ist klar: Industrie- und Dienstleistungsländer,
wie Deutschland, England, die USA oder die Schweiz verkaufen für
teures Geld Dienstleistungen wie etwa Vermögensverwaltung oder
die Nutzung von Patenten, hinter denen praktisch keine Biomasse
steht und kaufen für wenig Geld große Mengen an Biomasse. So
hat etwa die Schweiz 1997 zum Spottpreis von insgesamt 60 Millionen Franken 13'000 Tonnen Erdnussöl, 4500 Tonnen Rosinen und
10'000 Tonnen Schweinefleisch gekauft.

Dass solche Preise angesichts von 7 Milliarden Menschen auf der
Erde die rein biologische Knappheit nur ungenügend widerspiegeln,

lässt sich inzwischen auch zahlenmäßig belegen. Das inzwischen bald 50jährige Forschungsgebiet »Systemökologie« hat die ökologischen Systeme, angefangen vom Sumpfgebiet über einzelne Dörfer und Städte bis hin zum ganzen Erdball studiert. Sie hat die wesentlichen Gemeinsamkeiten stilisiert und eine eigene Symbolssprache entwickelt.

Im Prinzip geht es dabei immer um denselben Ablauf: Sonnenenergie trifft auf ein Biosystem (Erde, Wasser, Luft) und erzeugt dabei durch die Photosynthese Biomasse. Davon wird inzwischen rund ein Viertel von den Menschen für ihre Zwecke verwertet. Bei diesem Prozess entstehen Abfallstoffe und -gase, die vom Biosystem wieder zurückverwandelt werden müssen. Das System ist überlastet, wenn in einem bestimmten Zeitraum mehr Biomasse verbraucht als produziert wird, bzw. wenn sich die Abfallstoffe schneller anhäufen als sie abgebaut werden können.

Die »Währung« bzw. der gemeinsame Nenner des Biosystems ist also die (nachhaltig) verfügbare Sonnenenergie. H. T. Odum[1], der eigentliche Gründervater der modernen Systemökologie, spricht in diesem Zusammenhang von »Ménergie«. Sie ist quasi die Urenergie, aus der alle anderen Energieformen entstehen.

Mit Hilfe dieser Ménergie-Messeinheit lassen sich beispielsweise auch Handelsströme analysieren. Gonzague Pillet[2] ist dabei zu dem Schluss gekommen, dass die Schweiz 1984 durch die exportierten Güter und Dienstleistungen insgesamt 1420 Billionen Joules Energie ausgeführt und rund 3,5 mal mehr, nämlich 4980 Billionen Joules importiert hat. Dieses Energie-Verhältnis entspricht in etwa dem Verhältnis der ein- und ausgeführten Tonnen.

Andreas Sturm, Mathis Wackernagel und Kaspar Müller[3] haben diese »Energie-Währung« des Ökossystems so umformuliert, dass sie zu einer handlichen Größe für politische Entscheidungen wird. Ausgehend von der Tatsache, dass die Sonnenenergie immer nur im Zusammenspiel mit Wasser, Erde und Luft energetisch genutzt wird, haben sie ausgerechnet, wie viel Hektar Land (und nutzbare Wasserfläche) ein Mensch im Schnitt braucht, um die von ihm beanspruchte Ménergie zu erzeugen.

Daraus ergibt sich ein kleines Hektar-Einmal-Eins des Biosystems Erde aus menschlicher Sicht.

- Pro Mensch werden zur Zeit durchschnittlich 2,65 Hektar Erde beansprucht.

- Die für die Menschheit maximal verfügbare biologisch aktive Landfläche, umgelegt auf 6 Milliarden Menschen, beträgt nur 2 Hektar. Die Erde ist also schon heute massiv übernutzt.

- Wenn alle Menschen soviel Sonnenenergie verbrauchen, bzw. Hektar beanspruchen wie die Schweizer, Deutschen oder Österreicher, bräuchte die Menschheit mindestens zwei Erdkugeln.

- Ein durchschnittlicher Amerikaner beansprucht gut doppelt soviel Boden wie ein Westeuropäer und rund elf mal mehr als ein Inder oder Nigerianer.

Die Umrechnung der Energie in beanspruchte Erde ist deshalb ein didaktischer guter Trick, weil auf diese Art erstens die ökologische Knappheit plastisch zum Ausdruck kommt. Die Vorstellung, dass jeder neu geborene Mensch vier Fußballfelder Erde braucht, lässt unwillkürlich Platzangst aufkommen.

Zweitens schlägt die Hektar-Währung eine Brücke zur Dollar-Währung. Jedermann weiß, dass überall dort, wo das Land knapp wird, die Bodenpreise in den Himmel steigen. Das legt die Frage nahe, wie viel denn beispielsweise ein durchschnittlicher US-Amerikaner für die Benutzung ausländischen Bodens bezahlen sollte:

Seine Rechnung sieht wie folgt aus: Er beansprucht pro Jahr die Biomasse von 10,9 Hektar. Aus eigenen, US-amerikanischen Landreserven stehen ihm aber nur 6,7 Hektar zur Verfügung. Er oder sie muss also 4,2 Hektar im Ausland dazu mieten. Andreas Sturm, Mathis Wackernagel und Kaspar Müller setzen pro Quadratmeter einen Preis von 10 Cents ein und verzinsen die Summe von 4200 Dollar zu 5 Prozent. Dies ergibt eine jährliche Land-Benutzungsgebühr von 210 Dollar pro US-Amerikaner.

Setzt man stattdessen 1 Dollar pro Quadratmeter ein, so erhöht sich der Obolus bereits auf 2100 Dollar pro US-Amerikaner und Jahr, und bei einem Landpreis von 10 Dollar müssten die USA bereits fast ihr ganzes Bruttosozialprodukt ans Ausland abtreten.

Nun wird es natürlich kaum je eine globale Zahlstelle gegen, die diese Summen eintreibt, doch das ist auch gar nicht nötig: Wenn der Markt einigermaßen funktioniert, wird sich die Knappheit des fruchtbaren Bodens früher oder später genau so in höheren Preisen niederschlagen, wie etwa die Knappheit von Bauland in New York oder Frankfurt. Zahlen von Wackernagel & Co. zeigen, dass bereits relativ geringe Knappheitspreise für fruchtbares Land zu beträchtlichen globalen Umverteilungen führen kann.

Nun muss man sich natürlich fragen, warum sich denn die biologische Knappheit nicht schon bisher viel stärker in den Dollar-Preisen der Güter und Dienstleistungen niedergeschlagen hat. Oder präziser gefragt, warum nutzen die Bananen- oder Kaffeeexportierenden Länder ihre biologischen Kapazitäten, um die Welt zu Schleuderpreisen mit Biomasse zu versorgen, während die eigene Bevölkerung Hunger leidet?

Die kurze und vereinfachte Antwort auf diese Frage lautet: Die westlichen Industrieländer werden deshalb billig mit Biomasse versorgt, weil die wirtschaftliche Macht in den Entwicklungsländern sehr ungleich verteilt ist. 90 Prozent der dortigen Bevölkerung sind gar nicht in der Lage, ihre Ansprüche anzumelden. Aus der Sicht der relativ wenigen Reichen besteht deshalb ein Überschuss an Biomasse, den sie zu Schleuderpreisen in Dollar, Euro oder Franken umtauschen.

Sobald sich die Machtverhältnisse in den Entwicklungsländern ändern, d. h. sobald dort Entwicklung stattfindet, werden sich also auch die globalen Macht- bzw. Austauschverhältnisse ändern. Die biologische Knappheit wird ihren Preis fordern. Dies heißt allerdings nicht zwingend, dass die ökologischen Schuldnerländer verarmen müssen. Das kann verhindert werden, sofern es gelingt, die bereits bestehenden Möglichkeiten zur Verbesserung der ökologischen Effizienz auszuschöpfen.

Das entsprechende Potential ist bei weitem nicht ausgeschöpft: So können die Ressourcen besser genutzt werden, etwa mit Energiesparlampen, effizienteren Motoren, besser isolierten Häusern usw. Zweitens kann die Bioproduktivität der Natur erhöht werden, durch Rückgewinnung von Wüsten, besseren Bewässerungsanlagen, Permakulturen in den Städten usw. Schließlich gibt es auch

Möglichkeiten, den Konsum einzuschränken. Zu diesem Zwecke muss nicht nur das weltweite Bevölkerungswachstum unter Kontrolle gebracht werden.

Zumindest kurzfristig noch wichtiger ist jedoch, dass das reiche (und unfruchtbare) Viertel der Menschheit seinen Luxuskonsum zumindest solange einschränkt, als dies ohne Einbuße an Komfort und Lebensqualität möglich ist. Ferien am anderen Ende der Welt etwa sind wegen des Reisestress meist nicht sonderlich erholsam. Für Erdbeeren aus Chile im Dezember gibt es billige Alternativen. Weitere Beispiel könnten fünf Bücher füllen.

Fazit: In einer längerfristigen Perspektive reicht das Rechnen in Dollar und Euro nicht, um sich ein wahres Bild von der Wirtschaft und Gesellschaft zu machen. Geld betrifft gleichsam nur die Abrechnung unter Menschen. Letztlich aber muss die Menschheit mit der Natur abrechnen, und diese entscheidende Rechnung wird in Energieeinheiten oder in Biomasse geschrieben.

1 H. T. Odum, »Systems Ecology – an Introduction«, Wiley-Interscience, New York 1983

2 Gonzague Pillet, Element d'Enquete sur la Capacité de Charge des Nations. Bern 1991

3 Andreas Sturm, Mathis Wackernagel, Kaspar Müller: Die Gewinner und Verlierer im Globalen Wettbewerb, warum die Öko-Effizienz die Wettbewerbsfähigkeit stärkt: 44 Nationen im Test. Verlag Rüegger, 1999

Gibt es eine neue Ökonomie?

Seit 1992 hat sich in den USA die Arbeitslosenquote praktisch halbiert, und parallel dazu sind die Inflationsraten gesunken. Nach allen gängigen Theorien hätte genau das Gegenteil passieren müssen. Dies und die Tatsache, dass die USA zur Zeit den längsten Boom der Nachkriegsgeschichte erleben, hat den Verdacht geweckt, dass ein neues Zeitalter – eine »New Economy« – angebrochen sei. Daran ist etwas Wahres, doch im Wesentlichen ist nicht die wirtschaftliche Realität neu, sondern die Theorien, mit denen sie erklärt werden, sind falsch.

Es liegt in der Natur des Menschen – nicht der Sache – dass er diejenige Welt am besten kennt, die er selbst erlebt. Aus diesem Grund neigen wir auch dazu, einen Wandel als besonders einschneidend und »epochal« zu betrachten, dem wir selber unterworfen sind. So gesehen ist es nicht erstaunlich, dass sogar Wissenschafter den zunehmenden Gebrauch von Computern und die neuen Möglichkeiten der Telekommunikation als »Paradigmenwechsel« betrachten, der die bisherigen Regeln der Ökonomie außer Kraft setzt.

Aus historischer Perspektive muss man dieses Argument einerseits tiefer hängen: Technologischen Wandel gab es schon immer, beschleunigt hat er sich schon vor etwa 250 Jahren und dann nochmals nach dem 2. Weltkrieg. Gemessen an der Produktivität pro Arbeitsstunde fällt der technologische Wandel heute deutlich langsamer aus als noch vor 20 oder 30 Jahren. So gesehen gibt es eigentlich nichts Neues unter der Sonne, abgesehen natürlich von der Tatsache, dass der technologische Wandel immer in neuer Gestalt auftritt.

Anderseits lehrt aber gerade die Geschichte, dass es keine ökonomischen Gesetze gibt, bzw. dass die ökonomischen Gesetze immer nur unter bestimmten historischen Konstellationen ihre Gültigkeit haben. Der Wirtschaftshistoriker Paul Bairoch hat dies in einem Zeitungsinterview[1] wie folgt ausgedrückt: »Die einzige sichere Erkenntnis aus dem Studium der Wirtschaftsgeschichte ist, dass es keine ökonomischen Gesetze gibt, zumindest keine, die langfristig

Bestand haben. Ökonomische Zusammenhänge sind immer abhängig von einem sozialen, politischen, kulturellen und technologischen Umfeld. Sie verändern sich, wenn sich diese Umstände verändern.«

Das Problem dabei ist, dass man die Umstände, unter denen ökonomische »Gesetze« gelten, nie genau kennen kann. Mathematisch gesehen ist die Ökonomie ein chaotisches System, das auf minimale Veränderungen der Ausgangsbedingungen in unberechenbarer Weise reagiert, was Vorhersagen genauso erschwert wie nachträgliche Analysen. So wie der Flügelschlag eines Schmetterlings letztlich einen Orkan auslösen kann, ohne dass die Meteorologie je die Chance hätte, den schuldigen Schmetterling dingfest zu machen, so wäre es auch in der Ökonomie vermessen, die Existenz einer »New Economy« kategorisch zu verneinen. Die historische Erfahrung lehrt, dass ein »Pardigmenwechsel« bzw. das Entstehen neuer ökonomischer »Gesetze« nie ganz ausgeschlossen werden kann.

Dennoch: Bei nüchterner Betrachtung gibt es wenig Grund zur Annahme, dass sich die Funktionsweise der Wirtschaft in den letzten Jahren grundlegend geändert haben sollte. Viel wahrscheinlicher ist, dass die Erklärungsmuster, die heute angeblich nicht mehr stimmen sollten, schon immer falsch waren. Der US-Ökonom James Kenneth Galbraith, Professor an der Austin University of Texas und Sohn von John Kenneth Galbraith, des wohl bekanntesten Ökonomen der siebziger Jahre, hat die wesentlichen Irrtümer der geltenden ökonomischen Doktrin kürzlich[2] wie folgt zusammengefasst: »Inflation ist immer und überall ein rein monetäres Phänomen.«

Die Idee, dass die Inflation letztlich nur von der Geldmenge abhängt, stammt von Milton Friedman, der dafür 1976 den Nobelpreis erhalten hat. In der Folge war der sogenannte Monetarismus fast zwei Jahrzehnte lang die dominierende ökonomische Schule. Die Realität, so Galbraith, habe sich allerdings nie an Friedmans Theorie gehalten. Dass dies relativ lange verborgen bleiben konnte, hängt ganz einfach an der Tatsache, dass sowohl die Geldmenge als auch die Preise in einer wachsenden Wirtschaft eine steigende Tendenz haben. Erst in den neunziger Jahren, als die Geldmenge stieg und die Inflation dennoch zurückging, wurde der Fehler offensichtlich. In der Schweiz etwa ging die Geldmenge M1 von 1988 bis 1992 deutlich zurück. Dennoch stieg die Inflationsrate zwischen 1990 und 1991 über 5 Prozent. Als sich dann aber die Geldmenge von 1993 bis 1999 beinahe verdoppelte, gingen die Inflationsraten zeitweise bis auf 0 Prozent zurück.

»Vollbeschäftigung ohne Inflation ist unmöglich.« Auch diese Theorie ist erst in den neunziger Jahren von den Fakten definitiv widerlegt worden, weil die US-Notenbank den Mut hatte, sinkende Arbeitslosenquoten hinzunehmen, ohne aus lauter Angst vor steigenden Inflationsraten die Zinsen zu erhöhen. Die Theorie von der »natürlichen Arbeitslosenquote« (NAIRU: die Arbeitslosenquote, die nicht unterschritten werden kann, ohne eine galoppierende Inflation auszulösen) ist ein gutes Beispiel dafür, wie falsche ökonomische Theorien wahr – bzw. zur selbsterfüllenden Prophezeiung – werden können. Solange die Zentralbank an die NAIRU-Theorie glaubt, und die Zinsen immer dann erhöht, wenn die Arbeitslosigkeit unter die »natürliche« Rate sinkt, kann die Arbeitslosigkeit schwerlich unter den von der Theorie vorhergesagten Wert sinken. Damit wird die falsche Theorie scheinbar richtig.

»Die zunehmende Ungleichheit der Löhne hat ihren Grund im technologischen Wandel.« Auch diese These hält einer genaueren Überprüfung nicht stand. (Siehe auch die Kapitel über den Arbeitsmarkt.)

»Steigende Mindestlöhne führen zu höheren Arbeitslosenquoten.« Ökonomen sind im Allgemeinen davon überzeugt, dass staatliche Eingriffe die Märkte daran hindern, den natürlichen Ausgleich von Angebot und Nachfrage zu finden. Ferner glauben sie, dass ein Gut in umso größeren Mengen nachgefragt wird, je tiefer dessen Preis ist. Beide Glaubenssätze führen zwingend zum Schluss, dass die Existenz von staatlichen Mindestlöhnen, geschweige denn deren Erhöhung, zu einem Anstieg der Arbeitslosigkeit führen muss. 1995 haben die US-Ökonomen Alan Krueger (Princeton) und David Card (Berkeley) anhand eines Vergleichs verschiedener US-Bundesstaaten herausgefunden, dass höhere Mindestlöhne die Arbeitslosigkeit nicht erhöhen, sondern (falls sie überhaupt einen Einfluss haben) eher senken. Ihre Studie löste eine hitzige Kontroverse aus. Seither sind die Mindestlöhne zweimal erneut deutlich nach oben korrigiert worden (1996 von 4,25 auf 4,75 Dollar und 1997 auf 5,15 Dollar). Dennoch ist die Beschäftigung in dieser Zeit massiv gestiegen.

»Das nachhaltige Wachstum kann die Marke von 2,5 Prozent nicht übersteigen.« Die Zahl von 2,5 Prozent setzt sich zusammen aus 1 Prozent Wachstum der Arbeitsbevölkerung und 1,5 Prozent Produktivitätsfortschritt. In anderen Ländern halten die Regierungen bzw. die Zentralbanken die 1,5 Prozent Produktivitätssteigerung noch immer für ein ehernes Gesetz. Höhere Wachstumsraten sind für sie ein sicheres Zeichen einer »Überhitzung« bzw. einer nicht nachhaltigen Überlastung der Kapazitätsreserven, die zwangsläufig zur Inflation und zu einem Rückgang der Produktivität und damit des Wachstums führen müsse. Galbraith hält dies für Unsinn. Nach seiner Theorie zwingt gerade die Knappheit der Arbeitskräfte die Arbeitgeber dazu, die Arbeit produktiv einzusetzen, statt sie für unproduktive Dienstleistungen, wie etwa das Füllen der Einkaufskörbe im Supermarkt, zu verplempern. Die Fakten geben Galbraith recht. Seit 1995 steigt die Stundenproduktivität in den USA im Jahresrhythmus von 2,8 Prozent.

Hinter all diesen Fehlprognosen und falschen Theorien sieht Galbraith eine gemeinsame Ursache, nämlich den Glauben der Ökonomen daran, dass die Märkte die einzige oder doch zumindest die alles überragende strukturierende Kraft der Wirtschaft seien. Nach dieser heute zur nicht mehr hinterfragten Selbstverständlichkeit gewordenen Theorie gibt es eine über alle denkbaren Konsumenten aggregierte (zusammengezählte) Nachfragekurve. Ihr gegenüber steht die aggregierte Angebotskurve aller Produzenten. Aus dieser Konstruktion folgt zwangsläufig, dass steigende Mindestlöhne die Arbeitslosigkeit erhöhen, dass Vollbeschäftigung zur Inflation führt, dass der technologische Wandel die Löhne ungleich macht usw.

Das heißt nicht, dass Angebot und Nachfrage keine Rolle spielen. Für den Markt von Fischen oder Erdöl mögen die Angebots- und Nachfragekurven ein einigermaßen zutreffendes und deshalb nützliches Denkmodell sein. Für den Arbeitsmarkt sind sie es weit weniger. Auf allen Märkten spielen soziale und politische Institutionen (Spielregeln) eine Rolle. Märkte sind verfasst. Den Altvätern der Ökonomie, Adam Smith, David Ricardo, Thomas Malthus oder Karl

Marx war dies noch voll bewusst. Erst die spätere Generation um Alfred Marshall oder Leon Walras rückten gegen Ende des 19. Jahrhunderts die Angebots- und Nachfragekurve in den Mittelpunkt allen ökonomischen Denkens. Später haben Maynard Keynes, Joseph Schumpeter, John K. Galbraith und einige andere versucht, die politischen und institutionellen Aspekte zurück in die Ökonomie zu bringen. Sie blieben jedoch in der Minderheit und zwar nicht zuletzt darum, weil sich ihre Überlegungen nicht in die mathematischen Modelle einbauen ließen, die der Ökonomie den Anschein naturwissenschaftlicher Genauigkeit gaben und ihr zu sozialem Ansehen verhalfen.

Inzwischen zeichnet sich ein Wandel ab. Dank der Datenverarbeitung und neuen Methoden der empirischen Forschung ist eine junge Generation von Ökonomen heute besser in der Lage, die alten Theorien zu widerlegen. Auf der Suche nach neuen Erklärungsmustern nehmen sie vermehrt Anleihen bei der Soziologie und Psychologie auf. Der Buchtitel *Ökonomie ist Sozialwissenschaft* von Professor Bruno S. Frey, dem meist zitierten deutschsprachigen Ökonomen der neunziger Jahre, ist in dieser Hinsicht bezeichnend.

Die »Marktmechaniker« der alten klassischen bzw. neoklassischen Schule sind inzwischen unter den akademischen Ökonomen in die Minderheit geraten. Sie dominieren zwar noch immer die wirtschaftspolitische Debatte, aber die einst makellose Fassade bröckelt.

Für den Laien mag das so aussehen, als habe sich die Wirtschaft selbst und nicht bloß die Theorie verwechselt. Er befindet sich in derselben Situation wie im Bahnhof, wo auf dem Nebengleis der Zug wegfährt und man einen Moment lang glaubt, man fahre selbst.

Ein Beispiel für das Aufeinanderprallen der alten marktmechanistischen Theorien und den »neuen« institutionellen Ansätzen liefert die Diskussion um die »New Economy« in den USA, bzw. die Debatte ›amerikanisches versus europäisches Modell‹. Die klassische Theorie erklärt die Überlegenheit des US-Systems (bzw. deren höhere Wachstumsraten und tiefere Arbeitslosenquoten) im Wesentlichen mit der größeren Flexibilität des amerikanischen Arbeitsmarktes.

Dahinter steckt wiederum die Vorstellung von gesamtwirtschaftlichen Nachfrage- und Angebotskurven: Wenn die Nachfrage der Unternehmen nach Arbeit aus irgendeinem Grund abnimmt (wenn sich also die Nachfragekurve nach unten verschiebt), dann müssen sich die Arbeitnehmer mit weniger Lohn zufrieden geben (sie müssen sich entlang ihrer Angebotskurve nach unten bewegen). Wenn es zudem zutrifft, dass qualifizierte Arbeit mehr nachgefragt wird als unqualifizierte, dann müssen vor allem die unqualifizierten Arbeitnehmer Lohneinbußen hinnehmen. Nur so kommen Angebot und Nachfrage von Arbeit wieder ins Gleichgewicht, und zwar auf einem tieferen Niveau.

Falls diese Theorie stimmt, so muss die gegenüber Europa tiefere Arbeitslosenquote der USA zwingend daran liegen, dass die Löhne der US-Arbeitnehmer erstens ganz allgemein gegen unten flexibler sind als die der Europäer. Zudem müssen auch die Lohnunterschiede zwischen qualifizierten und unqualifizierten Arbeitnehmern in den USA größer sein.

In der Tat sind die Lohnunterschiede in den USA im Allgemeinen größer als innerhalb der meisten europäischen Länder. Nimmt man allerdings die EU als Gesamtmarkt, so stimmt dies bereits nicht mehr. Der Vergleich USA-EU stützt also die These von der Arbeitslosigkeit durch mangelnde Flexibilität nur bedingt. Und sie fällt ganz in sich zusammen, oder schrumpft zumindest zur vagen Vermutung, wenn man einen Zeitvergleich innerhalb der USA bzw. der europäischen Länder anstellt.

Wenn die Flexibilitäts-These stimmt, dann müssten nämlich die sinkenden Arbeitslosenquoten in den USA durch eine Zunahme der Flexibilität erklärt werden können und umgekehrt müssten in Europa die Arbeitsmärkte weniger flexibel geworden sein. Die Überprüfung ist nicht ganz einfach, weil die Flexibilität der Arbeitsmärkte sehr unterschiedlich definiert werden kann (Mindestlöhne, Kündigungsschutz, Gewerkschaften usw.) Die Quintessenz ist jedoch, dass die Flexibilität der europäischen Arbeitsmärkte eher zugenommen hat. (Siehe auch die Kapitel über den Arbeitsmarkt).

Bei den USA ist der empirische Befund erst recht niederschmetternd für die Flexibilitätsthese. Vergleicht man nämlich die Entwicklung der Einkommensverteilung, so zeigt sich, dass der Anstieg der Wachstumsraten ziemlich genau zusammenfällt mit dem Ende des Trends zur Ungleichheit. Seit 1993 ist die Verteilung der Familieneinkommen in den USA wieder stabil. Die Einkommen des ärmsten Fünftels sind sogar etwas schneller gewachsen als die des reichsten Fünftels.

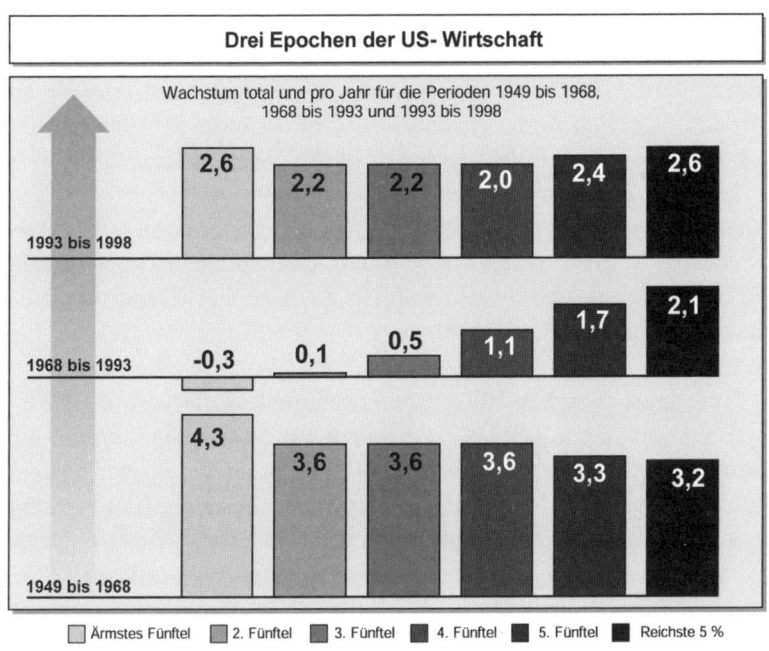

Drei Epochen der US- Wirtschaft

Wachstum total und pro Jahr für die Perioden 1949 bis 1968, 1968 bis 1993 und 1993 bis 1998

1993 bis 1998: 2,6 | 2,2 | 2,2 | 2,0 | 2,4 | 2,6

1968 bis 1993: -0,3 | 0,1 | 0,5 | 1,1 | 1,7 | 2,1

1949 bis 1968: 4,3 | 3,6 | 3,6 | 3,6 | 3,3 | 3,2

☐ Ärmstes Fünftel ◼ 2. Fünftel ◼ 3. Fünftel ◼ 4. Fünftel ◼ 5. Fünftel ◼ Reichste 5 %

Legende: Die Periode stark wachender Ungleichheit von 1968 bis 1993 brachten den USA die tiefsten Wachstumsraten der Nachkriegsgeschichte. Sogar für die bevorteilten Reichen waren es relativ magere Jahre. (Quelle: Federal Reserve Bank, eigene Berechnungen)

Verfolgt man die Entwicklung über einen längeren Zeitraum hinweg, so zeigt sich ein Muster, das der Flexibilitäts-Theorie klar widerspricht: Das Wirtschaftswachstum in den USA fällt immer dann besonders hoch aus, wenn der Zuwachs der Einkommen gleichmäßig verteilt wird, und es sinkt, wenn die Ungleichheit zunimmt. Sogar für die oberste Spitze der US-Einkommen fiel der 213

Zuwachs in der Periode der Ungleichheit deutlich geringer aus als in den beiden Perioden der Gleichheit.

Diese Beobachtung stimmt ziemlich gut mit den Erkenntnissen der modernen, empirisch fundierten Wachstumstheorie überein. Eine Übersicht über die einschlägige Literatur, so schrieb kürzlich das Journal of Economic Literature[3] (JEL), »ergibt ein überraschend einheitliches Bild, denn alle Studien zeigen, dass eine zunehmende Ungleichheit der Verteilung die Wachstumsraten reduziert.« Begründung: Zu tiefe Einkommen für die Unterschicht erschweren die Investitionen in die Ausbildung. Und zu hohe Einkommen der Oberschicht vereiteln Investitionen in das Sachkapital.

Wenn, wie in den USA der Periode 1968/93 rund 70 Prozent der zusätzlichen Einkommen in die Taschen des obersten Fünftels fließt, das ohnehin schon fast alles hat, dann entsteht kaum zusätzliche Nachfrage und es gibt folglich auch keinen Grund, die Produktionskapazitäten zu erhöhen. Stattdessen fließt das Geld an die Börse.

Nun passt diese Erklärung zwar zur Entwicklung von Gleichheit und Einkommen in den USA. Zwischen 1993 und 1998 hat zwar die Ungleichheit nicht mehr zugenommen, sie ist aber weiterhin extrem hoch. Und die 12530 Dollar, die das ärmste Fünftel 1998 verdient hatte, sind zwar 1540 Dollar mehr als 1993, aber immer noch zu wenig, um eine Familie gesund über die Runden zu bringen. Das reichste Fünftel hingegen verdient mit 247'000 Dollar nach wie vor gut 20 mal mehr.

Es ist schwer vorstellbar, wie unter diesen nach wie vor höchst ungleichen Umständen ein konsumgetriebener Investitions- und Wachstumsboom zustande kommen kann. Doch auch hier helfen die neueren Erkenntnisse der Wachstumsforschung. Das JEL schreibt dazu: »Es besteht ein definitiver und signifikanter Zusammenhang zwischen Wachstum und der Verfügbarkeit von Krediten. Kredite beeinflussen das Wachstum umso mehr, je geringer der Anteil der ärmsten 40 Prozent der Bevölkerung an Gesamteinkommen ist.«

Bingo. Das trifft genau auf die USA zu! Von 1993 bis 1998 haben die US-Haushalte ihre privaten Hypo- und Konsumschulden jährlich um rund 360 Milliarden Dollar erhöht. Dadurch wurden sie in die Lage versetzt, rund 125 Prozent ihres zusätzlichen Lohnes für Konsum und Wohnhäuser auszugeben. Dabei waren es vor allem die ärmeren Schichten, die ihre Kaufkraft mit Hilfe von Krediten vergrößert haben. Mit anderen Worten: Gemessen an der effektiven Kaufkraft inklusive Kredite dürfte die Ungleichheit der USA in den neunziger Jahren deutlich abgenommen haben.

Für James K. Galbraith ist klar, dass die Zunahme der Kredite eng mit der Verbilligung der Zinsen und mit der Trendwende von 1993 zusammenhängt. Bis zu diesem Zeitpunkt sind nämlich die realen Einkommen der ärmsten rund 40 Prozent der US-Familien real gesunken. Das unterste Fünftel war 1993 wieder auf dem Niveau von 1966 angelangt, rund 20 Prozent unter dem noch immer unerreichten Allzeithoch von 13'200 Dollar im Jahre 1974. Zudem waren die Einkommen angesichts von Massenentlassungen und hohen Arbeitslosenquoten unsicher. Welche Bank mochte da noch Kredite gewähren?

Seit 1993 hat sich die Kreditwürdigkeit der Mittel- und Unterschicht stark verbessert: Sie arbeitet nicht nur mehr und länger, sondern auch die Stundenlöhne weisen erstmals seit über 20 Jahren wieder eine leicht steigende Tendenz auf. Nach den Berechnungen von Galbraith nimmt zudem die Ungleichheit bei den Industrielöhnen seit 1995 stark ab – ein klares Zeichen für einen allgemeinen Trend zu mehr Gleichheit.

Fazit: Die »New Economy« der USA widerspricht zwar den simplen »Gesetzen« der neoklassischen Marktmechanismen, nicht aber den historischen Erfahrungsmustern. Wirtschaftliche Entwicklungen werden zwar auch durch Angebot und Nachfrage beeinflusst, doch die eigentlichen Ursachen liegen tiefer. Alle Märkte müssen irgendwie organisiert sein. Wie sie organisiert sind, hängt aber letztlich von den sozialen und politischen Kräfteverhältnissen ab.

Wachstum total und pro Jahr für die Perioden 1949-1968; 1968-1993; 1993-1998

	1949–1968	1968–1993	1993–1998
Ärmeres Fünftel	+124,0% (4,3)	−7,4%(−0,3)	+14,0% (2,6)
2. Fünftel	+97% (3,6)	+1,7% (0,1)	11,7% (2,2)
3. Fünftel	+97% (3,6)	12,8% (0,5)	11,6% (2,2)
4. Fünftel	+95% (3,6)	+8,1% (1,08)	10,2% (2,0)
5. Fünftel	+86% (3,3)	+66,3% (1,7)	+12,5% (2,4)
Reichste 5%	+83% (3,2)	+88,0% (2,1)	+14,0% (2,6)

Quelle US-Census Büro und eigene Berechnungen

1 CASH, 8. Mai 1998
2 James K. Galbraith, »How The Economists Got It Wrong« *The American Prospect* February 2000
3 Cecilia Garcia-Penalosa, »Inequality and Economic Growth«, *Journal of Economic Literature* Dezember 1999

Literaturverzeichnis

Bairoch, Paul *Victoires et Déboires: Histoire économique et sociale du Monde du XVI siècle à nos jours.* 3 Bände. Gallimard 1997

Bairoch, Paul *Mythes et paradoxes de l'Histoires économique* Ed. La Découverte, Paris 1994

Bairoch, Paul und Kozul-Wright, Richard *Globalisations Myths: Some Historical Reflections on integration, Industrialization and Growth in the World Economy* Unctad Discussion Papers Nr. 113, 1996

Ball, Lawrence »Disinflation and the Nairu« in D. Romer und D. Romer *Reducing Inflation, Motivation and Strategy*, University of Chicago Press, 1998

Bell, Brian und Nickell, Stephen, »Would cutting payroll taxes on the unskilled have an significant impact on unemployment« in *Unemployment Policy*, Cambridge University 1997

Bénabou, Roland *Inequality and Growth*, New York University 1996 in NBER Macroeconomics Annual 1997

Blanchard, Olivier *The Natural Rate of Unemployment: Reflections on 25 Years of the Hypothesis* Working Paper, Cambridge 1995

Blanchard, Olivier *The Role of Shocks and Institutions in the Rise of European Unemployment: The Aggregate* Evidence March 1999

Blanchard, Olivier »Macroeconomic and policy implications of shifts in the relative demand for skills«, in *Unemployment Policy*, Cambridge University Press 1997

Blinder, Alan *Central Banking in Theory and Practice* MIT Press, 1998

Bowles, Samuel; Gintis, Herbert, »Efficient Redistribution: New Rules for Markets, States and Communities«, Working Paper 1994-7 Univ. of Mass., Boston 1994

Bowles, Samuel, »Endogenous Preferences: The Cultural Consequences of Markets and other Institutions«, *JEL* 1998

Boyer, Robert *Contemporary Capitalism: The Embeddedness of Institutions* New York, Cambridge University Press, 1997

Boyer, Robert *Les Capitalismes vers le XXIème siècle* Notas Economicas 1993

Buffett, Warren, »Warren Buffets Letters to Berkshire Shareholders«, 1999, http://www.berkshirehathaway.com

Cohen Daniel, *Fehldiagnose Globalisierung* Campus, Frankfurt, New York 1998

Fehr, Ernst »On the Nature of Fair Behavior«. Working Paper No. 17, University of Zurich 1999 (with Armin Falk and Urs Fischbacher)

Fehr, Ernst, »A Theory of Fairness, Competition, and Cooperation«, *Quarterly Journal of Economics* 114, 1999, 817-868 (with Klaus Schmidt).

Fehr, Ernst, »When Social Norms Overpower Competition, Gift Exchange in Experimental Markets« *Journal of Labor Economics* 16, 1998, 321-354 (with Erich Kirchler, Andreas Weichbold and Simon Gächter)

Fehr, Ernst und Gächter Simon *Arbeitslosigkeit in Europa*, Arbeitspapier 2/98

Fogel, Robert W., »Catching up with History«, *The American Economic Review*, März 1999

Frey, Bruno S. *Markt und Motivation - wie ökonomische Anreize die (Arbeits-)Moral verdrängen* Vahlen, München 1997

Frey, Bruno S. *Ökonomie ist Sozialwissenschaft* Vahlen, München 1991

Heilbronner, Robert *21st Century Capitalism* Norton New York 1994

Heinsohn, Gunnar und Otto Steiger *Eigentum, Zins und Geld* Rowohlt Hamburg 1996

Galbraith, James K.,»How the Economists got it Wrong«, *The American Prospect,* Feb. 2000

Galbraith, James K. *Created Unequal: The Crisis In American Pay* Free Press New York, 1998

Galbraith, John K. *The Affluent Society* Penguin Book 1998

Garcia-Penalosa, Cecilia, »Inequality and Economic Growth«, *JEL* Dec. 1999

Gregg, Paul und Manning, Alan Labour »Market Regulation and unemployment« in *Unemployment Policy,* Cambridge University Press 1998

Kirchgässner, Gebhard, Feld, Lars P. und Savioz Marcel R. *Die direkte Demokratie. Modern, erfolgreich, entwicklungs- und exportfähig* Helbing & Lichtenhahn. 1999

Kleinewefers, Henner, Pfister, Regula, Gruber, Werner *Die Schweizerische Volkswirtschaft,* Verlag Huber, Frauenfeld 1993

Kruck, Roswitha *Eine Kapitalbestandsrechnung für die Schweiz* Zürich 1994

Krugman, Paul *The Accidental Theorist,* Norton, New York, 1998

Krugman, Paul *Peddling Prosperity,* Norton, New York, 1994

Lawrence, Robert Z. *Single World, Divided Nations, International Trade and OECD Labour Markets,* OECD, 1996

Layard, Richard und Nickell Stephen *Labour Market Institutions and Economic Performance,* University of Oxford Discussion Paper Series Nr. 23 1997

Maddison, Angus *Dynamic Forces in Capitalist Development,* Oxford University Press 1991

Marchand, Olivier und Thélot Claude *Deux Siècles de Travail en France,* INSEE Etudes, 1991

Odum, H. T., *Systems Ecology – an Introduction,* Wiley New York, 1983

Oswald, Andrew J. und Trostel, Philip A. *What Can Recent Labour Research Teach Us About Economics,* University of Warwick, 1998

Peyrefitte, Alain *La Société de Confiance - Essai sur les origines de la nature du developpement* Odile Jacob, Paris 1995

Pillet, Gonzague, *Element d'Enquête sur la capacité charge des Nations,* Bern 1991

Powelson, John P. *Centuries of Economic Endeavour,* Michigan 1994

Riese, Hajo »Arbeitslosigkeit in der Krise« In: K. Eicker-Wolf, R. Käpernick, T. Niechoj, F.

Reiner, J. Weiß (Hrsg) *Wirtschaftspolitik im theoretischen Vakuum?* Marburg 1996, 171-203

Rodrik, Dani *Making Openness Work: The New Global Economy and the Developing Countries* Overseas Development Council, Washington, DC, 1999.

Rodrik, Dani *Has Globalization Gone Too Far?* Institute for International Economics, Washington, DC, 1997.

Schulmeister, Stephan *Zinssatz, Investitionsdynamik und Staatsverschuldung,* Österreichisches Institut für Wirtschaftsforschung, Wien 1996

Schulmeister Stephan, *Beschäftigungsdynamik in den USA im Vergleich zu Deutschland und Japan,* WIFO, Wien 1998

Scitovsky, Tibor »Towards a Theory of Second-Hand Markets« *Kyklos* Vol. 47, 1994

Siebert Horst *Geht den Deutschen die Arbeit aus?* C. Bertelsmann, München 1994

Strange, Susan *Mad Money* Manchester University Press 1998

Sturm, Andreas; Wackernagel, Mathis; Müller, Kaspar *Die Gewinner und Verlierer im globalen Wettbewerb, warum die Öko-Effizienz die Wettbewerbsfähigkeit stärkt,* Verlag Rüegger 1999

Wyplosz, Charles »International Financial Instability«, in: I. Kaul, M. Stern and I. Grunberg (eds.) *International Development Cooperation and Global Public Goods: Towards Sustainable Development in the 21st Century,* Oxford University Press, New York, 1999.

Stichwortverzeichnis